Colección Filosofía y Derecho | Serie Diálogos

VERDAD, JUSTICIA Y DERECHO

Colección Filosofía y Derecho

Serie Diálogos

Michele Taruffo

Juan Pablo Alonso - María Isolina Dabove - Jorge E. Douglas Price (coords.)

Verdad, justicia y derecho

Cárcova • Chaumet • Díaz Cantón
Douglas Price • Ferrer Beltrán
Gozaíni • Vigo

1ª reimpresión

ASTREA

BUENOS AIRES - BOGOTÁ - PORTO ALEGRE - SANTIAGO - ASUNCIÓN
2023

Taruffo, Michele
Verdad, justicia y derecho / Michele Taruffo;
coordinación general de Juan P. Alonso; María I. Dabove;
Jorge E. Douglas Price
1ª ed. - Ciudad Autónoma de Buenos Aires: Astrea, 2020; 1ª reimp. 2023.
280 p.; 23×16 cm.

ISBN 978-987-706-341-7

1. Justicia. 2. Derecho. I. Alonso, Juan P., coord. II. Dabove, María I., coord. III. Douglas Price, Jorge E., coord. IV. Título.

CDD 340.114

Astrea está indexada como Editorial de Calidad Científica
con Claro Prestigio Internacional (Fondecyt).

1ª edición, 2020.
1ª reimpresión, 2023.

Lavalle 1208 - (C1048AAF) Ciudad de Buenos Aires
(54-11) 4382-1880 - 0800-345-ASTREA (278732)
www.astrea.com.ar - editorial@astrea.com.ar

La edición de esta obra se realizó en Editorial Astrea, y fue impresa en su taller, Berón de Astrada 2433, Ciudad de Buenos Aires, en la primera quincena de marzo de 2023.

Queda hecho el depósito que previene la ley 11.723
IMPRESO EN LA ARGENTINA

PREFACIO

Este libro surgió de los trabajos que se presentaron en el taller de discusión (*workshop*) sobre la obra del prestigioso procesalista y filósofo italiano MICHELE TARUFFO, llevado a cabo el 29 de setiembre de 2015 en el Salón Azul de la Facultad de Derecho de la Universidad de Buenos Aires.

El seminario fue coorganizado por el Departamento de Filosofía del Derecho de la Facultad y el Seminario Permanente de Lógica de Normas y Teoría del Derecho "Alchourrón & Bulygin", en tanto que contó con la colaboración y auspicio de la Asociación Argentina de Filosofía del Derecho (AAFD). Su organización, tanto en lo que respecta a la coordinación de la presencia del profesor TARUFFO, como la de los debatidores, así como el orden de las temáticas, se debió a la ingente e inteligente tarea del por entonces presidente de la AAFD, JUAN PABLO ALONSO, quien cuidó, con todo esmero, cada uno de los detalles de lo que fue una jornada extraordinaria.

La metodología de trabajo aplicada viene siendo utilizada tanto por el Departamento como por la AAFD, en esta –como en muchas otras ocasiones trabajando de consuno– con indudable repercusión y éxito, tanto en lo que respecta a la concurrencia y participación del público, como, principalmente, en la obtención de debates profundos, ágiles, no exentos de rispideces y humor, que señalan un sesgo del diálogo intelectual que se procura conservar.

Participaron de ese debate con TARUFFO, CARLOS MARÍA CÁRCOVA, RODOLFO VIGO, JORDI FERRER BELTRÁN, OSVALDO GOZAÍNI, MARIO CHAUMET, FERNANDO DÍAZ CANTÓN y el suscripto.

El taller se dividió en dos partes, en la que los participantes brindaron sus opiniones, comentarios y críticas sobre la obra del invitado y al cabo de cada una de ellas, el mismo homenajeado respondió a sus intervenciones, así como a preguntas o cuestiones del público en general.

El volumen se ha organizado para facilitar al lector el acercamiento al pensamiento de TARUFFO, por cierto de modo parcial, dada la extensión y profundidad de su obra.

Así, se abre con la conferencia de apertura del profesor TARUFFO de las XXIX Jornadas de la Asociación Argentina de Filosofía del Derecho, bajo el tema "Verdad, Justicia y Derecho", llevadas a cabo los días 1°, 2 y 3 de octubre de 2015, en la Casa de la Cultura de Ushuaia, Tierra del Fuego. Fue traducida del italiano por el profesor ALEJANDRO D. CALZETTA, en tanto que los textos de respuestas a las formulaciones de los debatidores fueron traducidos por quien escribe estas líneas.

Es una excelente demostración de la versación a un tiempo jurídica y filosófica del maestro italiano. Desde el análisis teórico de a qué podemos considerar y a qué no un precedente, pasando por la incidencia de los precedentes supranacionales, su eficacia, y arribando al debate universalismo versus particularismo, insumido en la propia doctrina de las fuentes, TARUFFO nos propone un incitante viaje a las entrañas de un concepto clave en el derecho contemporáneo.

El maestro italiano expone con metáforas traídas desde el campo de las ciencias duras, más exactamente de la fisicoquímica (PRIGOGINE-STENGERS), su visión del fenómeno, proponiendo observar al derecho como un caso de sistema complejo en el sentido de estar compuesto de varias partes que interactúan, a su vez, de varias maneras, pero no de un modo simple, y que cambian con el tiempo, lo *que aparece más bien como un conjunto complejo de elementos caóticos y, por lo tanto, de desorden, y de momentos en los que cesa el desorden y se crean estructuras ordenadas... las islas de orden emergen del mar del caos, de modo que el equilibrio entre orden y desorden se coloca "at the edge of chaos"*.

El primer texto-comentario que hemos elegido, es el de JORDI FERRER BELTRÁN, el reconocido profesor de Filosofía del Derecho y director de la cátedra de Cultura Jurídica en la Universidad de Girona (España). Expone *las cuatro dimensiones* de la teoría de TARUFFO sobre el precedente: la institucional, la objetiva, la estructural y la de la eficacia. Enfatiza luego la relación entre el precedente y los hechos, apuntando las similitudes entre la técnica del precedente y el argumento analógico, mas remarca la condición triádica de esta relación, desde que la analogía –sostiene FERRER– solo podrá ser marcada a la luz de la regla con la que se pretende decidir "el caso".

En segundo lugar, afirma el profesor de Girona, es discutible que la estructura del razonamiento de aplicación de un precedente sea la de un argumento analógico. En un tercer paso advierte que TARUFFO diseña una teoría general del precedente desde unas concretas posiciones en el ámbito de la teoría del derecho, posiciones que cabe denominar escépticas o, simplemente, iusrealistas radicales, destacando que la teoría que TARUFFO aquí abraza no es otra que la del realismo jurídico en su versión más radical, que podríamos encontrar en el realismo escandinavo o americano, admitiendo también la influencia de uno de los maestros de TARUFFO, GIOVANNI TARELLO, y tras él la escuela genovesa fundada especialmente en una fuerte concepción escéptica de la interpretación. Allí comienza FERRER a criticar la posición de TARUFFO en base a un elaborado argumento (sobre el cual no nos podemos permitir abrir juicio en esta introducción) en el que sostiene básicamente que de tal posición radical se producen estas tres consecuencias: *1*) no se puede sostener que se aplica un precedente sin caer en la hipocresía o el autoengaño; *2*) no queda espacio para hablar de la racionalidad de las decisiones judiciales en el sentido en que lo hace el propio TARUFFO y tampoco tiene sentido preocuparse por la exigencia de motivación de esas mismas decisiones, y *3*) no hay razones que permitan sostener conjuntamente una posición escéptica en materia de precedente y una posición cognoscitivista (incluso moderada) en materia de interpretación legal. El identificar la posición de TARUFFO como iusrealista, lo lleva a advertir que la expresión "el derecho es lo que los jueces dicen que es" mantiene una relevante ambigüedad que merece ser advertida y que, en su momento, lo llevo a acuñar la idea de un realismo moderado, que concluye en que la interpretación judicial no es libérrima, que de las convenciones existentes fungen de patrones de corrección y, en consecuencia, cabe el error por parte de cada juez individual; sostiene a su vez que desde su posición se niegan los extremos (el formalista y el realista), y por tanto se niega que el significado de las disposiciones esté fijado *a priori* desde su formulación y de una vez por todas, como así también que lo pueda determinar individualmente cada uno de los intérpretes que tienen que aplicar esas disposiciones.

A su turno, FERNANDO DÍAZ CANTÓN señala que el profesor de Pavia critica en la obra por él tratada, la postura consistente en considerar que la "naturaleza" de la casación y de sus funciones es unívoca, simple, homogénea, clara y evidente; postura que juzga ontologizante y reduccionista y en suma infundada, pues se trata en realidad de concepciones diversas, que no comprenden la complejidad, la variabilidad y la ambigüedad del fenómeno.

Agrega que TARUFFO dedica varios ensayos a poner en evidencia dicha ambigüedad, ofreciendo un cuadro compuesto por algunas distinciones o contraposiciones, deteniéndose a analizar los aspectos salientes de la controversia. De una parte trabaja sobre la cuestión de la "finalidad" o la "dirección" del control de legitimidad, y de la otra, el ámbito o idea de la "nomofilaquia". También señala que existen variaciones y distinciones en cuanto a otra función que se le asigna a la casación cual es la de la unificación de la jurisprudencia, incluso –señala DÍAZ CANTÓN– detecta diversidades en cuanto al propio concepto de *uniformidad,* desde que cabe distinguir una sincrónica y otra diacrónica, marcando que las variaciones e incertezas no desaparecen siquiera cuando se observa la función de la casación como garantía de legalidad. En definitiva, sostiene TARUFFO (en el parecer de DÍAZ CANTÓN), que la casación está destinada a permanecer como un híbrido entre el instituto delineado por CALAMANDREI en función de intereses generales, y un remedio creado para responder al interés privado de las partes, con el fin de obtener un reexamen de la sentencia de mérito, es decir un diseño situado en la relación dialéctica entre el "*ius constitutionis*" y el "*ius litigatoris*".

Seguidamente señala que, desde la perspectiva del autor bajo examen, tampoco faltan incertezas en la función de la casación de control de la coherencia y congruencia de la motivación del juicio de hecho, que no implica un reexamen sobre dicho juicio, que hay ambigüedades en lo que la casación efectivamente hace, comportándose a veces como Corte Suprema y, más a menudo, como juez de tercera instancia, o a veces como custodio de la legitimidad, o más a menudo, como juez del caso concreto, o a veces como garante de la racionalidad o, más a menudo, como juez de hecho.

El juicio del participante en el debate, en suma, es que la obra de TARUFFO es de una utilidad inestimable, más por los problemas que plantea que por las soluciones que ofrece.

La tercera es la contribución al debate del profesor RODOLFO VIGO, expresidente de la Asociación Argentina de Filosofía del Derecho. Comienza por señalar el sesgo "iusfilosófico" de la obra de TARUFFO, remarcar su condición de jurista absolutamente consustanciado con el derecho del Estado de derecho constitucional y democrático (EDCD) que Europa construye después de Núremberg.

A partir de allí relata los que define como *postulados taruffianos,* que juzga importantes, trascendentes y suscribibles desde su perspectiva iusfilosófica. Ellos serían: *a*) una teoría procesalista no descriptivista; *b*) una teoría jurídica no insularista (modelo que adjudica a KELSEN siguiendo terminología empleada por NINO); *c*) el derecho humano a la jurisdicción; *d*) el valor de la verdad; *e*) la confianza en la razón argumentativa, y *f*) una teoría no positivista.

A partir de allí, anuncia VIGO, se propone plantear algunos interrogantes, como ¿la razón y la verdad práctica?, tras analizar obras como *Páginas sobre la justicia civil,* tiende a concluir que más allá del rechazo de TARUFFO al consensualismo; la moral o la axiología que defiende remite a la moral intersubjetiva o relativa a cada sociedad, por lo que pregunta: ¿no hay moral racional desde la cual juzgar a esas morales relativas y concluir que ellas incluyen mandatos insostenibles desde la justicia o la moral racional? Casi correlativamente advierte que le gustaría contar con más precisiones por parte del autor en orden a la fundamentación y alcance de los derechos humanos. También se pregunta sobre los principios y su ponderación, y aunque advierte que TARUFFO se ha inclinado en obras como la antes citada a sostener el poder creativo del juez frente a la inercia culpable de los legisladores, no se cuenta con referencias explícitas por su parte acerca de las visiones principalistas del derecho que sostienen autores como ALEXY o DWORKIN.

Seguidamente VIGO pone en tensión el rechazo de TARUFFO hacia la retórica, en tanto ciencia o arte de la persuasión, considerando un vicio la concepción retórica de la racionalidad que no puede dar cuenta de la distinción entre argumentaciones eficaces y argumentaciones válidas.

Remite luego al problema de la relación entre ética y prudencia del juez y, si bien advierte las numerosas menciones de TARUFFO a lo que podríamos llamar el *modelo de juez*, al que identifica con el principio de imparcialidad, nuevamente VIGO demanda saber más sobre las posiciones de su interlocutor en el debate, pidiendo *que nos explicite directamente su convicción ética, en el sentido si se suscribe una ética cognitivista y objetiva, cuya universalidad no compromete eventuales adaptaciones a tiempo y espacio.*

El siguiente trabajo es el del profesor de la Universidad Nacional de Rosario, MARIO EUGENIO CHAUMET. Comienza por señalar, aspecto que –en mi opinión todos los participantes en el debate compartimos sin excepción– que el "*caso de Michele Taruffo nos confirma la tesis de que la filosofía y la teoría del derecho deben preocuparse con mayor intensidad sobre los temas 'relevantes para la comunidad jurídica entendida en un sentido amplio', a cerrar las puertas a mucho de lo que BOBBIO llamó 'filosofía del derecho de los filósofos'*".

Sostiene que su obra, en el terreno *de la construcción judicial de los hechos,* ha coadyuvado a instalar un más alto requisito a los jueces, para adoptar un punto de partida que no esté basado en la pura emocionalidad.

Señala a renglón seguido que TARUFFO es enérgicamente crítico de la teoría silogística de la decisión judicial y lo halla próximo de aquellos que suponen que la reducción de la argumentación al silogismo adquiere un carácter nocivo, en la medida que disfraza a la decisión judicial con una pátina de neutralidad inexistente y encubre intereses que están ineludiblemente presentes; señalando que la estructura del razonamiento judicial es dialéctica, dinámica, que no sigue una lógica lineal.

Al propio tiempo advierte CHAUMET que el ilustre visitante italiano no desestima tampoco los aspectos axiológicos de la decisión judicial, remarcando que solo un juez muy ligado al formalismo positivista de mediados del siglo XX puede no darse cuenta de sus propias elecciones de valor, posición que el jurista rosarino comparte al señalar que *"en reiteradas oportunidades hemos acordado con quienes sostienen que para poder establecer un panorama más completo sobre la decisión judicial, ha de superarse el presupuesto sustancialmente mecánico de la actividad judicial, dando cuenta de los instrumentos intelectuales y volitivos en dicha labor".*

Desde su punto de vista TARUFFO no elude los problemas que plantea la decisión judicial en un *Estado constitucional,* es decir que la argumentación de la adjudicación judicial en el derecho continental de este tiempo implica partir de un paradigma que reconozca su complejidad: *"Las normas no constituyen por sí solas el material a tener en cuenta en una adjudicación judicial, en igual medida en que tampoco lo son los hechos o los valores".*

CHAUMET remarca la concepción realista de TARUFFO, en particular su duda sobre la pretendida *coherencia* del sistema, que despeja como un mito, para contrastarla con la visión del trialismo, en el que se sostiene que *todo el derecho puede funcionar en forma ordenada o desordenada,* que de hecho toda juridicidad *tiene grados de orden y desorden,* que en función de ello postulan que cada jurista debe hacerse cargo del grado de desorden que puede evidenciar el derecho con el que trata.

Concluye el profesor de Rosario que no puede calificarse a TARUFFO como un escéptico radical frente a las normas, pero sí como un jurista que, en el decir de BOBBIO, no reduce sus planteos a un problema de validez, sino que se preocupa por la eficacia y justicia de sus decisiones y lo define vertebralmente así: *"En esta instancia podríamos afirmar que, así como en el ámbito de la correcta aproximación de los hechos reputaríamos el pensamiento de* TARUFFO *como marcadamente racionalista (considera a la razón como fuente principal del conocimiento de los hechos y le atribuye un papel predominante sobre la voluntad o la emoción), en el terreno de la decisión procesal nos encontramos con un pensador singularmente realista, con una fuerte tendencia a representar fielmente la realidad sin llevar a cabo ninguna idealización".*

Los siguientes tres trabajos, de algún modo introducidos por los dos agudos trabajos que lo preceden, versan sobre la concepción de TARUFFO acerca de la verdad, en particular –pero no solo– de la verdad en el terreno del proceso.

El primero de ellos, por cierto exhaustivo, es del profesor emérito de la Universidad de Buenos Aires y director, al tiempo del debate, del Instituto de Investigaciones Jurídicas "Ambrosio Gioja" de la misma Universidad, CARLOS MARÍA CÁRCOVA. En su introducción, señala que desde hace tiempo, en la corriente que ha contribuido a formar en la Argentina, se sostenía que el derecho era una práctica social que debía entenderse como productora de sentido, es decir, como práctica discursiva y que el discurso por ella generado circulaba en los textos, pero también en las interpretaciones, en las prácticas materiales, en los símbolos, en las arquitecturas y en el reparto de los espacios, de los sitiales, de los embanderamientos y de las togas.

Señala que la cuestión central que lo ocupará es la de la verdad en el proceso, o si se prefiere, de la verdad en el derecho judicial. Comenzará así por delinear una apretada síntesis, que él mismo denomina "jibarizada exposición conceptual", de la evolución de las teorías filosóficas sobre la verdad, intentando dar cuenta de las tradiciones más importantes en la materia, para luego pasar a analizar bajo el rótulo de *verdad y episteme* las ideas acerca de verdad, realidad, objetividad que se entrelazan en la historia de Occidente, de manera compleja y sorpresiva.

Seguidamente CÁRCOVA aborda el debate entre explicativismo y comprensivismo, en el que recorre en primer lugar el desarrollo de las teorías acerca del método científico insumidas en el primer paradigma (uso aquí el término en un sentido aún más lato que el de KUHN), para luego exponer la reacción antipositivista, destacando la riqueza y diversidad de los planteos que se ofrecen bajo una u otra mirada acerca de la *verdad*.

Con la imprescindible referencia a NIETZSCHE, se dirige luego a lo que llama *heterodoxias* para traer los trabajos de ANSCOMBE, DRAY y por supuesto el propio KUHN, para señalar en particular que la transformación o tránsito de un paradigma a otro no siempre está fundado en términos racionales; y, como no podía ser de otro modo –desde la perspectiva que sostiene CÁRCOVA–, FEYERABEND: *"la idea de que junto con las metodologías tradicionales debe contarse, al mismo tiempo, con otras que contengan el error como ingrediente, pues la historia misma de las ciencias muestra que buena parte de los más importantes descubrimientos son producto de fallas metódicas, de desviaciones experimentales o de meras casualidades"*.

Sostiene que la filosofía de nuestra época, aquella que alude a la condición posmoderna del conocimiento o al *"pensiero devole"*, y encuentra en la obra de MICHEL FOUCAULT, como heredero del *"pensamiento de la sospecha"* que reconoce su paternidad en MARX, NIETZSCHE y FREUD, teoría que –en el parecer del autor de *La opacidad del derecho*–, no es la conciencia de los sujetos individuales la hacedora (de la verdad), ni el resultado comunicativo de la interacción humana como postularía HABERMAS, sino el discurso, una sucesión de hechos lingüísticos impersonales, anónima y libre de intenciones, discurso que produce al *sujeto humano como un artefacto semántico,* por lo que la verdad es en FOUCAULT a un tiempo condición de posibilidad y efecto de poder.

Llegado a este punto, CÁRCOVA aborda el problema central de su trabajo: las relaciones entre *verdad y política* tras haber mostrado cuán evanescente es el anclaje del concepto de verdad, tanto en la mirada filosófica como epistemológica. La verdad, como afirman VATTIMO o RORTY, ha dejado de ser una preocupación, y grandes filósofos, como ADORNO, LEVINAS o BLOCH, han expresado el temor a que la metafísica objetivista, basada en la idea de verdad como correspondencia (culminada en el positivismo) determine, como lo sugiere Chaplin en *Tiempos modernos,* el advenimiento de una sociedad de la organización total.

Arriba entonces, en su extensa contribución, al tópico *verdad y proceso,* para sostener con CALVO GONZÁLEZ, que los hechos no hablan por sí mismos, que es preciso *oírlos,* que es menester reconstruirlos como una narración, narración que recoge textualidades heterogéneas y dispares, mas todas portadoras de sentido, que el juez debe "ecualizar" *editando la multiplicidad de relatos del proceso,* decidiendo cuáles son las normas aplicables al caso, "seteo" para el cual no existen criterios mecánicos e irrefutables para su determinación. Se trata de un juez *receptor-narrador,* idea que afirma ya estaba en CALAMANDREI (el juez como historiador). Se trata, como diría Eco, no ya de la verdad sino de la verosimilitud en los *mundos posibles,* sean estos los *Hamlet,* los de *Lo que el viento se llevó* o los de un expediente judicial cualquiera.

En ello intervienen, entonces, los elementos *paracontextuales,* los factores que operan en el imaginario social, por ello el discurso de los jueces es un objeto singular y trascendente para la vida social, desde que constituye *la realidad del mundo,* es decir que tiene carácter performativo, por lo que se hace más agudo reconocer su carácter ficcional, lo que aleja al discurso jurídico, a su vez, paradojalmente, de las ficticias seguridades con las que supo ser envuelto.

El último texto que incorporamos es de mi autoría. A lo largo de la obra que he elegido para debatir, TARUFFO, con formidable erudición, insiste una y otra vez –examinando las teorías adversas– en que debemos rechazar la teoría de la verdad como coherencia narrativa para optar por el camino que supone la teoría de la verdad como correspondencia.

A partir del propio TARUFFO y el brillante primer capítulo de su obra, sugiero que las mismas *ordalías* fungían como un recurso a la verdad como presupuesto dirimente, que se pone de manifiesto en el resultado de la prueba, lo que permite ver que la *verdad* es siempre parte del discurso legitimador de las decisiones, que no se trata de negar que un enunciado pueda coincidir con la realidad y entonces ser verdadero (según la conocida fórmula de TARKSI), sino que se trata de debatir acerca de cómo es posible que lleguemos a hacer tal afirmación.

Discuto entonces con nuestro interlocutor a partir de las observaciones epistemológicas de MATURANA, acerca de la tesis sobre la verdad que subyace, o más bien emerge claramente, en su discurso. Sostenemos, dice el eminente biólogo y psicólogo chileno, implícita o explícitamente, que nuestros argumentos son racionales y que los contrarios son arbitrarios, ilógicos o absurdos, porque estamos convencidos de poseer un acceso privilegiado a la realidad (a la verdad) que hace a nuestros argumentos objetivamente válidos, pero se pregunta: "*¿es esta actitud sobre la razón y lo racional, racionalmente válida?*".

El mismo TARUFFO señala –lo que decididamente comparto, tal como lo podrían hacer, nuevamente, CÁRCOVA o CALVO GONZÁLEZ– que "*historias y narraciones son necesarias, tanto en el contexto del proceso como fuera de él, porque son los instrumentos principales mediante los cuales elementos de información fragmentarios y dispersos, y 'piezas' de acontecimientos, pueden ser combinados y articulados como un conjunto de hechos coherente y dotado de sentido*", pero, advierto, el mismo autor parece volverse contra esta afirmación al expresar que "*hay, con todo, una objeción decisiva contra esta teoría –así como contra cualquier teoría de la verdad que se base en la coherencia del texto–: narraciones coherentes y persuasivas pueden ser completamente falsas"*, es decir que aparece aquí un punto que fue señalado por VIGO, respecto del rechazo de TARUFFO por el rol persuasivo de la argumentación.

Señalo que esto es fundamental, y TARUFFO que es –hay que remarcarlo una vez más– un autor erudito y brillante, no lo omite y señala que el juez hace *una de las narraciones posibles* y que no está regido para ello por determinados criterios o factores de carácter jurídico, sino que *al formular el razonamiento que concluye con la decisión y lo mismo cuando la justifica, emplea como se acostumbra decir, el material y las formas más dispares y heterogéneas*, lo que implica admitir –sostengo– que el *background* cultural del juez, en un modo mucho más radical que aquel de Ross, determina su modo de contar la historia.

Comparto también con el autor de *Simplemente la verdad* que *"los hechos deben ser tomados en serio,* que *es cierto que muchos casos se ganan o se pierden en la prueba de los hechos,* que es *cierto que muchos casos son* hard cases *porque los hechos son demasiado complejos para ser subsumidos en una regla jurídica"*, pero al mismo tiempo sostengo que ello es tan cierto como que también es el juez el que, tomando una parte del mosaico hasta ayer considerada irrelevante, transforma un caso fácil en uno difícil.

Culmino señalando que, aún si asumiera que la teoría de TARUFFO es prescriptivista y está pretendiendo indicar a los jueces que deben saber más epistemología y más ciencia, y admito que así debería ser, pero a su vez advierto contra el *optimismo* de TARUFFO (en cierto modo enfrentado a su *realismo* marcado por varios de los autores precedentes) en que los métodos para evaluar las pruebas del proceso, aun cuando puedan ser conocidos, son en muchos casos inciertos, y que ello aumenta las dificultades de los jueces para construir el mosaico del caso que terminará en muchas ocasiones insinuando la también dudosa figura de un ornitorrinco, es decir un *animal construido por un hábil taxidermista,* como recuerda Eco pensaron los científicos ingleses al ver un ejemplar disecado por primera vez.

Cada una de estas intervenciones ha sido respondida por el entrañable maestro con altísimas dosis de cuidado y respeto por las ideas diversas, con la misma inteligencia y cuidado que su texto inicial y los libros por nosotros comentados. Pude disfrutar de ello al emprender la ardua y dificultosa tarea de la traducción[1], confío en que –pese a mis errores– TARUFFO se "abrirá paso" como dijera alguna vez BORGES.

Hemos preferido no adelantar esas respuestas en esta introducción, para dejar al lector el seguro placer del descubrimiento.

JORGE E. DOUGLAS PRICE

Profesor titular regular de Teoría General del Derecho I y II
de la Universidad Nacional del Comahue. Expresidente
de la Asociación Argentina de Filosofía del Derecho

[1] La considerable distancia temporal entre aquel debate y la aparición de este libro obedece en parte a las dificultades que conlleva una fiel traducción.

ÍNDICE GENERAL

CAPÍTULO PRIMERO

EL PRECEDENTE JUDICIAL

por MICHELE TARUFFO

CAPÍTULO II

EL GEN IUSREALISTA DE TARUFFO. LA TEORÍA DEL PRECEDENTE JUDICIAL

por JORDI FERRER BELTRÁN

Capítulo III

COMENTARIOS SOBRE "EL VÉRTICE AMBIGUO. ENSAYOS SOBRE LA CASACIÓN CIVIL"

por Fernando Díaz Cantón

Capítulo IV

FILOSOFÍA DEL DERECHO Y DERECHO PROCESAL EN MICHELE TARUFFO

por Rodolfo Vigo

CAPÍTULO V

EL PENSAMIENTO TEÓRICO JURÍDICO DE TARUFFO. SU VERTIENTE REALISTA

por MARIO EUGENIO CHAUMET

CAPÍTULO VI

¿VERDAD O VEROSIMILITUD?

por CARLOS MARÍA CÁRCOVA

CAPÍTULO VII

PRUEBAS CIENTÍFICAS Y VERDAD. EL MITO DEL RAZONAMIENTO INCUESTIONABLE

por OSVALDO A. GOZAÍNI

Capítulo VIII

LA COMPLEJIDAD DE LA VERDAD

por Jorge E. Douglas Price

Capítulo Primero

EL PRECEDENTE JUDICIAL

por Michele Taruffo

§ 1. *Introducción*

Desde que advertimos que, incluso en los sistemas de *civil law*, las decisiones de los casos sucesivos suelen ser consistentes con las decisiones de casos anteriores, especialmente si estos últimos provienen de tribunales supremos o superiores[1], la invocación al precedente judicial se ha convertido en una especie de mantra recitado de manera reiterada por la doctrina[2], la jurisprudencia y también por algunos legisladores.

[1] Para consultar la amplia literatura sobre la cuestión, cfr. los trabajos recogidos en AA.VV., *El precedente judicial y el ejercicio del derecho ante las altas cortes*. También confr. especialmente, para el análisis de carácter comparativo relativo a los países del *civil law*, los trabajos publicados en Hondius (ed.), *Precedent and the law*, y los ensayos recogidos en MacCormick - Summers (eds.), *Interpreting precedents. A comparative study*. Ver, también, Taruffo, *Precedente e giurisprudenza*, "Rivista Trimestrale di Diritto e Proceduria Civile", 2007, p. 709, y *Dimensioni del precedente giudiziario*, "Rivista Trimestrale di Diritto e Proceduria Civile", 1994, nº 2, p. 411, también para numerosos temas varios.

[2] Con especial referencia al derecho penal ver, por todos, Manes, *Il giudice nel labirinto*, p. 29. En lo que respecta al derecho administrativo, confr. Pesce, *L'adunanza plenaria del Consiglio di Stato e il vincolo del precedente*, y Rojas López, "Reflexiones en torno a la aplicación del precedente jurisprudencial en el campo administrativo", en AA.VV., *El precedente judicial y el ejercicio del derecho ante las altas cortes*, p. 329 y siguientes.

Las razones de este fenómeno son variadas, y pueden tener diferentes aspectos en distintos contextos, pero una de ellas se impone sobre todas las demás explicaciones: la *uniformidad* en la interpretación y en la aplicación de la ley, que durante mucho tiempo ha constituido un valor que se considera fundamental, una especie de objeto de deseo para quienes se ocupan de la administración de justicia. Nada particularmente nuevo en este sentido: para limitar el discurso a Italia, simplemente recuérdese el CALAMANDREI de *La cassazione civile*[3] o el art. 65 de la ley sobre el Poder Judicial, que dice que la Corte de Casación "garantiza el cumplimiento exacto y la interpretación uniforme de la ley, así como garantiza 'la unidad del derecho objetivo nacional'"[4].

Por lo tanto, la uniformidad se considera como un fin que debería tenderse a lograr en todos los sistemas jurídicos, y encuentra varias justificaciones, que van desde la necesaria igualdad de trato de todos los ciudadanos hasta la decisión de casos iguales o, mejor dicho, de casos similares, hasta oportunidades para que las decisiones judiciales sean predecibles (incluso con la esperanza de que esto reduzca el número de disputas), a la necesidad de garantizar la seguridad jurídica mediante la continuidad de las pautas interpretativas[5]. Por lo tanto, generalmente se considera que el precedente es el instrumento fundamental para asegurar la realización de ciertos valores o principios que se consideran esenciales para el sistema jurídico y para su implementación coherente por la jurisprudencia, también en los sistemas de *civil law* y no solo en los de *common law*.

Sin embargo, si se dirige una mirada superficial también al complejo panorama doctrinal, jurisprudencial y nor-

[3] Cfr. CALAMANDREI, "La cassazione civile. II. Disegno generale dell'istituto", 1920, en *Opere giuridiche*, vol. VII, p. 57 y siguientes.

[4] En relación con el tema, ver TARUFFO, "La Corte di Cassazione e la legge", en *Il vertice ambiguo*, p. 59 y 70; RICCI, *Il giudizio civile di cassazione*, p. 32 y siguientes.

[5] En relación con este tema, TARUFFO, *Le funzioni delle corti supreme tra uniformità e giustizia*, "Rivista Trimestrale di Diritto e Proceduria Civile", 2014, p. 35.

mativo que concierne al precedente, emergen a la evidencia algunos problemas relevantes que caracterizan el tema, al menos en la forma en que generalmente se trata y se discute este problema. En particular, nos encontramos con una serie de malentendidos que hacen vagos, inexactos y, a menudo, poco fiables muchos de los discursos que se hacen en torno al precedente.

§ 2. *Qué es un precedente*

Un primer equívoco, muy relevante, se refiere a de qué estamos hablando cuando nos referimos al precedente. El malentendido surge del hecho de que la palabra "precedente" se usa para indicar cosas muy diferentes, algunas de las cuales no tienen nada que ver con el precedente en el sentido correcto.

Una primera distinción que debe tenerse en cuenta es la que se impone entre "precedente" y "jurisprudencia". El "verdadero" precedente, de hecho, está constituido o puede estar constituido por *una* decisión que posteriormente se considera como una regla que también se aplica en casos sucesivos. En cambio, la jurisprudencia consiste en un conjunto de decisiones, que también pueden ser numerosas, y pueden incluir cientos o miles de juicios sobre las mismas cuestiones jurídicas. Nada extraño es, entonces, que la jurisprudencia pueda ser, y con frecuencia es, redundante, variable, ambigua y contradictoria, porque en la misma cuestión de derecho se pueden verificar orientaciones interpretativas diferentes y variables. Extendiendo el discurso (pero no demasiado), podemos decir que una jurisprudencia como la producida por la casación italiana es comparable a una especie de gran supermercado donde, con la debida paciencia, todos pueden encontrar lo que buscan (y también su opuesto)[6].

[6] Para un desarrollo más amplio de estos temas, ver TARUFFO, *Precedente e giurisprudenza*, "Rivista Trimestrale di Diritto e Proceduria Civile", 2007, p. 713.

De vuelta al precedente en sentido estricto, se debe tener en cuenta que esencialmente se define como una función de dos factores. El primer factor se deriva del hecho de que lo que "hace precedente" no es todo lo que se dice en la decisión en cuestión, sino la *ratio decidendi*, que es la regla jurídica a la que se refirió el juez para calificar legalmente el caso en cuestión y para, de hecho, decidirlo. Los *obiter dicta*, es decir, todos los argumentos o consideraciones que contiene la sentencia, pero que no son directamente relevantes para la decisión del caso, no constituyen un precedente. Nada impide que un juez posterior se refiera también a los *obiter dicta*, pero en este caso eso no sería un precedente en el sentido apropiado del término[7]. El segundo factor esencial está constituido por la *necesaria analogía entre los hechos* del primer caso y los del siguiente[8]: debido a que en el último caso se puede aplicar la misma *ratio decidenci* que determinó la decisión en el primero, es necesario que los hechos de los dos sean bastante similares, siendo obvio que, en caso de discrepancia de las situaciones fácticas, una decisión según la *ratio decidendi* no estaría justificada. En esta situación, el segundo juez apelará al *distinguishing*, es decir, demostrar esta discrepancia, justificando así la no aplicación del precedente al caso en cuestión.

Desde este punto de vista, parece razonable una observación que, a primera vista, puede parecer paradójica; es en realidad el segundo juez quien, por así decirlo, crea el precedente al adoptar la *ratio decidendi* del caso precedente. Solo bajo esta hipótesis, de hecho, podemos decir correcta-

[7] Sobre estos conceptos, fundamentales y obvios en la teoría del precedente, existe una literatura vastísima, sobre la cual cualquier citación parecería casual e incompleta. En la literatura italiana, sin embargo, vale la pena ver los ensayos recogidos en Visintini (ed.), *La giurisprudenza per massime e il valore del precedente con particolare riguardo alla responsabilità civile*, p. 25 y 113 a 125; Taruffo, *Dimensioni del precedente giudiziario*, "Rivista Trimestrale di Diritto e Proceduria Civile", 1994, nº 2, p. 420 y siguientes.

[8] Al respecto, ver ampliamente Serio, "La rilevanza del fatto nella struttura del precedente giudiziario inglese", en Vacca (ed.), *Casistica e giurisprudenza*, p. 91; Whittaker, "Precedent in english law: a view from the citadel", en Hondius (ed.), *Precedent and the law*, p. 41 y siguientes.

mente que la primera decisión tiene el efecto de un precedente respecto de la segunda. Está claro que el primer juez puede adoptar una *ratio decidendi* hipotéticamente universalizable y, por lo tanto, potencialmente aplicable también a casos posteriores, pero el éxito de esta predicción, sin embargo, depende de lo que decidan los jueces de estos casos ulteriores[9]. Además, debe notarse que el *distinguishing* no es la única técnica que un *segundo juez* posee si quiere evitar seguir un precedente y, por lo tanto, justificar la ineficacia de este: el juez inglés tiene de hecho un vasto repertorio de técnicas para "liberarse" de un precedente[10]. La referencia a los hechos sigue siendo, sin embargo, el factor determinante para la aplicación o desaplicación del precedente en casos sucesivos.

De esto se deriva una consecuencia relevante de la perspectiva de definir el precedente en el sentido correcto. Es que no hay ningún precedente en el sentido adecuado cuando el segundo juez no razona sobre los hechos de su caso, porque el primer juez tampoco razonó sobre ellos. Esto es lo que sucede todas las veces en las que la decisión que se asume como un precedente hipotético no trata los hechos, sino que se limita, meramente, a enunciar una regla sin que exista ninguna conexión con los hechos de ese caso.

Sin embargo, es necesario tener en cuenta el hábito de usar la palabra "precedente" ampliamente, no en su significado propio y originario (que se acaba de definir), sino en uno genérico, impreciso, carente de rigor y sustancialmente diferente. Básicamente, hablamos de precedentes en relación con cualquier decisión, independientemente de la forma y contenido de esta, pero la referencia más frecuente es a las sentencias de los tribunales superiores o supremos, que de alguna manera influyen, o pueden influir, en la decisión de casos posteriores (sobre las modalidades de esta influencia ver § 5).

[9] WHITTAKER, "Precedent in english law: a view from the citadel", en HONDIUS (ed.), *Precedent and the law*, p. 42.

[10] Para un análisis interesante de estas técnicas, cfr. MARSHALL, *Trentatré cose che si possono fare con i precedenti*, "Ragion Pratica", fasc. 6, 1996, p. 29.

§ 3. *El precedente supranacional*

Las consideraciones hechas hasta ahora se han basado en la premisa de que el fenómeno del precedente surge dentro de sistemas jurídicos nacionales específicos. Sin embargo, es necesario tener en cuenta la compleja realidad constituida, por un lado, por la existencia de tribunales supranacionales de diversos tipos y las consecuencias que pueden vincularse a sus decisiones, y, por otro lado, ese aspecto importante de la globalización jurídica representado por la "circulación" supranacional de precedentes, especialmente cuando se trata de decisiones de los tribunales supremos. Es fácil comprender que el tema es demasiado amplio y complejo para ser tratado aquí con la profundidad que merece[11]. No obstante, permaneciendo en el contexto del discurso sobre los precedentes, vale la pena hacer una referencia sintética a estos dos fenómenos, dada su particular relevancia.

El primero de estos fenómenos se refiere a los efectos de las decisiones de los tribunales establecidos por convenciones o tratados internacionales: los ejemplos más importantes son el Tribunal Europeo de Derechos Humanos, la Corte Interamericana de Derechos Humanos, establecido por el Pacto de San José de Costa Rica, y, en muchos aspectos, también el Tribunal de Justicia de la Unión Europea y los tribunales penales internacionales. Se sabe que las decisiones de estos tribunales tienen una efectividad que puede definirse como *directa* con respecto a la controversia específica que se decide y con respecto a los Estados involucrados en las disputas[12], pero esto no es lo particularmente relevan-

[11] Ver Lamarque, *Le relazioni tra l'ordinamento nazionale, sovranazionale e internazionale nella tutela dei diritti*, "Diritto Publico", 2013, p. 727. Con referencia al derecho penal, confr. en particular Manes, *Il giudice nel labirinto*, p. 77 y 131.

[12] Ver García Ramírez, "Relación entre la jurisdicción interamericana y los Estados (sistemas nacionales). Algunas cuestiones relevantes", en AA.VV., *El precedente judicial y el ejercicio del derecho ante las altas cortes*, p. 411. A propósito de las decisiones de la Corte de Justicia de la Unión Europea, ver D'Alessandro, *Il*

te aquí. El aspecto importante de estas decisiones es que constituyen precedentes para todos los jueces de los Estados que participan en las controversias, pero también para los jueces de los Estados que se han adherido a la convención o al tratado respectivos, que llegan a ser considerados como pertenecientes a un sistema judicial que de alguna manera es homogéneo (en los asuntos regidos por tales convenciones y tratados)[13]. Con este alcance, es probable que podamos hablar de precedentes en el sentido apropiado, tanto porque presentan una dimensión vertical, que se dirige a los jueces de alguna manera "inferiores" que pertenecen a ese sistema, como por su aplicación a los casos subsiguientes basada generalmente en la analogía entre las situaciones de hecho a las que se refiere la decisión anterior y los casos posteriores.

El segundo de los fenómenos que merece ser mencionado aquí recibe, desde hace algún tiempo, el nombre de *judicial globalization*. Esta es la tendencia que en los últimos años se ha manifestado, en casos cada vez más numerosos, para referirse a las decisiones tomadas por los tribunales que pertenecen a otras jurisdicciones. Se manifiesta sobre todo a nivel de los tribunales supremos y los tribunales constitucionales, que adoptan argumentaciones utilizadas por otros tribunales del mismo nivel, especialmente en las decisiones relativas a la interpretación y las garantías de los derechos fundamentales[14]. Es fácil comprender que aquí no

---

procedimento pregiudiziale interpretativo dinanzi alla Corte di Giustizia. Oggetto ed efficacia della pronuncia, p. 212 y 314.

[13] Con referencia a la Corte Europea de Derechos Humanos, ver ZAGREBELSKY, "La giurisprudenza casistica della Corte europea dei diritti dell'uomo; fatto e diritto alla luce dei precedenti", en AA.VV., *La fabbrica delle interpretazioni*, p. 61. En general, sobre los precedentes en materia penal de las cortes europeas, ver MANES, *Il giudice nel labirinto*, p. 28; DONINI, *Europeismo giudiziario e scienza penale. Dalla dogmatica classica alla giurisprudenza-fonte*.

[14] Confr. GROPPI, *"El uso de precedentes extranjeros por parte de las cortes constitucionales"*, en AA.VV., *El precedente judicial y el ejercicio del derecho ante las altas cortes*, p. 339; MARKESINIS - FEDTKE, *Judicial recourse to foreign law. A new source of inspiration?*, y *Engaging with foreign law*, p. 134 y 159; SLAUGHTER, *Judicial globalization*, "Virginia Journal of International Law", vol. 40, 1999-2000, p. 1103;

estamos tratando con precedentes en el sentido correcto, ni vertical ni horizontal, dado que estas son referencias a decisiones tomadas en *diferentes* sistemas. Sin embargo, no podemos ignorar la importancia de este fenómeno, del cual surge la tendencia globalizadora de basarse en principios comunes (entendidos como universales) para crear una jurisprudencia posiblemente constante y consistente en la protección de los derechos fundamentales[15].

§ 4. *QUÉ COSA NO ES UN PRECEDENTE*

La uniformidad en la interpretación y aplicación de la ley se persigue con diversas formas. Algunas se basan, como acabamos de ver, en el precedente, entendido este tanto en el sentido correcto del término o en un sentido amplio, mientras que otras formas no deben confundirse con el precedente.

Una técnica peculiar de este tipo, que está teniendo cierto éxito en algunas jurisdicciones, se basa en declaraciones o enunciaciones hechas por cortes supremas o tribunales con el objetivo de determinar la interpretación de las disposiciones legislativas, eliminando cualquier duda que haya surgido o pueda surgir a este respecto. Estas declaraciones son vinculantes para todos los jueces inferiores (y generalmente también para todos los demás organismos públicos) en cualquier caso que esté dentro del alcance de las normas in-

---

TARUFFO, "Globalization, processes of judicial", en CLARK (ed.), *Encyclopedia of law & society. American and global perspectives*, vol. 2, p. 656; BAHDI, *Globalization of judgment: transjudicialism and the five faces of international law in domestic courts*, "The George Washington International Law Review", vol. 34, 2002-2003, p. 555.

El precedente supranacional puede también tener eficacia en el ordenamiento interno (cfr. DAMARIS PABÓN, "Incidencia de criterios jurisprudenciales desarrollados por algunos tribunales internacionales en las reformas procesales y práctica judicial colombiana", en AA.VV., *El precedente judicial y el ejercicio del derecho ante las altas cortes*, p. 357.

[15] Esto no quita que existan casos, como los de Estados Unidos de América y Francia, de ordenamientos que no participan de esta tendencia, por razones diversas. Al respecto, ver ampliamente MARKESINIS - FEDTKE, *Engaging with foreign law*, p. 187.

terpretadas. Hay ejemplos significativos de estas técnicas: uno relevante consistió en las *directivas* emitidas por el Tribunal Supremo de la URSS, y que actualmente son emitidas por la casación cubana, y aun por el Tribunal Supremo de la Federación Rusa[16]. Estas directivas no se basan en decisiones relacionadas con casos específicos, sino en decisiones "normativas", dado que tienen como objetivo establecer cómo deben interpretarse ciertas normas. No parece, por tanto, que puedan ser asimiladas a los precedentes.

Una técnica sorprendentemente similar (no parece, de hecho, que el legislador brasileño se haya inspirado en el modelo soviético) es la que actualmente (después de la reforma constitucional de 2004) se basa en las *súmulas vinculantes*. Estas son las máximas que el Supremo Tribunal da Justiça enuncia después de una reunión de sus miembros que votan (con una mayoría de dos tercios) cuando se trata de resolver conflictos interpretativos surgidos en la jurisprudencia de los tribunales inferiores. Son vinculantes para todos los jueces y también para otros organismos públicos. Las *súmulas* brasileñas también tienen la naturaleza de actos "normativos" en un sentido más amplio y no se emiten durante la decisión de casos específicos. También en esta oportunidad, por lo tanto, no parece apropiado referirse al concepto de precedente, incluso en un sentido muy amplio[17]. Consideraciones similares también son válidas para el fenómeno de los *plenos no jurisdiccionales* con los que los tribunales supremos de varias jurisdicciones del área hispana declaran, sin decidir casos específicos, la interpretación que consideran correcta de las normas sobre las cuales surgen los problemas interpretativos.

16 Cfr. Rudovkas, "Precedente giudiziario come fonte di diritto nell'ordinamento giuridico della Federazione Russa", en Vacca (ed.), *Casistica e giurisprudenza*, p. 129.

17 Con relación al tema, cfr. Soares, "O precedente judicial e a súmula com efeito vinculante no novo Código de Processo Civil brasileiro", en AA.VV., *El precedente judicial y el ejercicio del derecho ante las altas cortes*, p. 115; Higashiyama, *Teoria do direito sumular*, "Revista de Processo", 2011, p. 74; Bahia, *As súmulas vinculantes e a Nova Escola da Exegese*, "Revista de Processo", nº 206, p. 362.

§ 5. EFICACIA DEL PRECEDENTE

Un aspecto muy importante del precedente judicial se refiere a su efectividad, es decir, la capacidad que tiene para influir, o incluso determinar, la decisión de casos posteriores. A menudo se dice que el precedente tiene una fuerza *vinculante*[18], pero esta definición parece ser impropia, además de producir confusiones con fallos que no son precedentes, como los que se examinaron en el § 4.

De hecho, existen varias razones para excluir que el precedente, si se entiende correctamente, realmente tiene un efecto vinculante para los jueces de los siguientes casos similares.

Una de estas razones se deriva de la teoría de las fuentes: se puede argumentar, por ejemplo, en el sistema jurídico italiano, que la Constitución excluye el hecho de que los precedentes sean vinculantes, es decir, que los jueces tengan una *obligación* real de seguirlos[19]; sería más bien inconstitucional que una norma ordinaria apuntara a introducir en nuestra ley la regla del precedente vinculante[20]. Esto no excluye que la uniformidad en la interpretación y aplicación de la ley se considere como un valor que se debe perseguir en nuestro ordenamiento[21], pero esto no implica en absoluto que para este fin podamos o debamos considerar al primero como vinculante.

Otro argumento relevante es de naturaleza comparativa, y se deriva de la consideración de que el precedente no

[18] Cfr. MARINONI, *O STJ enquanto corte de precedentes. Recompreensão do sistema processual da Corte Suprema*, p. 154 y 162; PESCE, *L'adunanza plenaria del Consiglio di Stato e il vincolo del precedente*, p. 153.

[19] En la jurisprudencia italiana ver Cass. Civ., Sez. VI, 9/1/15, nº 174, y cfr. GUASTINI, *Teoria e dogmatica delle fonti*, p. 480.

[20] Cfr. GUASTINI, *Teoria e dogmatica delle fonti*, p. 480.

[21] Así, en efecto, en la jurisprudencia italiana, Cass. Civ., Sez. Un., 6/11/14, nº 23675, donde se afirma, con argumentos varios, que tales valores deberían haberse realizado más que nada en materia procesal, dado que en ella estarían los mayores inconvenientes derivados de una variabilidad excesiva de la jurisprudencia.

es realmente vinculante incluso en los sistemas que normalmente se basan en él, a saber, Inglaterra y los Estados Unidos de América. En cuanto a Inglaterra, ya se ha visto que el juez tiene un gran repertorio de instrumentos que puede usar para apartarse del precedente, además de la *Practice Statement*, de 1966, por la que la Cámara de los Lores declaró que a partir de ese momento ya no seguiría sus propios precedentes, lo cual también se aplica a la Corte Suprema, que desde hace algunos años ha ocupado el lugar de la Cámara de los Lores en la cúspide del Poder Judicial inglés. Entonces, en esencia, el juez inglés no tiene en cuenta el precedente cuando lo considera apropiado para llegar a una decisión más justa[22]. En cuanto a los Estados Unidos de América, la Corte Suprema no solo ejerce el poder de apartarse de sus precedentes siempre que lo considere apropiado, sino que cada juez en todos los niveles tiene la posibilidad de no ajustarse al precedente cuando cree que esto llevaría a una decisión injusta e inaceptable en un caso específico[23]. Además, en los diversos sistemas de *civil law*, por regla general, al precedente no se le atribuye ninguna eficacia vinculante, incluso si se reconoce que los precedentes pueden influir en las decisiones posteriores[24].

Es claro, sin embargo, que negar en general que el precedente tenga fuerza vinculante no significa que no tenga *efecto*. En su lugar, debe reconocerse que puede tener su propia *fuerza* hacia los jueces posteriores. En otras palabras, cabe admitir que el precedente puede *influir*, pero no determinar formalmente las decisiones de estos jueces.

[22] Cfr. Bankowski - MacCormick - Marshall, "Precedent in the United Kingdom", en MacCormick - Summers (eds.), *Interpreting precedents. A comparative study*, p. 325 y ss.; Taruffo, *Precedente e giurisprudenza*, "Rivista Trimestrale di Diritto e Proceduria Civile", 2007, p. 716.

[23] Cfr. Summers, "Precedent in the United States (New York State)", en MacCormick - Summers (eds.), *Interpreting precedents. A comparative study*, p. 369.

[24] Cfr. los trabajos de Alexy - Dreier, "Precedent in the Federal Republic of Germany"; Aarnio, "Precedent in Finland"; Eng, "Precedent in Norway", y Bergholtz - Peczenik, "Precedent in Sweden", en MacCormick - Summers (eds.), *Interpreting precedents. A comparative study*, p. 17, 65, 189 y 293, respectivamente.

Mencionar la fuerza del precedente significa, entonces, reconocer que tiene una eficacia puramente *persuasiva*[25], y, por lo tanto, considerar que esta efectividad puede existir en grados muy diferentes dependiendo de cómo operan los diversos factores, como, por ejemplo, la estructura del sistema jurisdiccional, la función de los diversos tribunales y, en particular, de los tribunales supremos, la autoridad de estos tribunales, el mérito de los argumentos con los que se justifica la decisión del precedente, la correspondencia de esta decisión con los valores que inspiran el orden jurídico del lugar y el momento en que se toma la decisión, la posibilidad de que induzca a los jueces posteriores a tomar decisiones justas, y así sucesivamente.

La consecuencia que se sigue es que, en principio, el juez siguiente nunca está realmente obligado a someterse al precedente. Más bien, está obligado a *justificar* adecuadamente su decisión cuando decide no cumplir con este, expresando las razones por las que toma dicha decisión[26]. Por lo tanto, no hay obligación de *aplicar* el precedente, sino la de motivar la decisión en la que no se aplica el precedente. Es esta obligación la que puede tener más o menos intensidad en los diversos sistemas, y se siente que es más fuerte en los sistemas en los que existe una regla del *stare decisis*, y en los que podemos decir que existen verdaderas cortes de precedentes, mientras que se siente de una manera más débil y más flexible en sistemas en los que, en lugar de tener precedentes en el sentido adecuado, estamos ante una jurisprudencia que, como ocurre en Italia, es pletórica, variable y, a menudo, contradictoria.

También se debe tener en cuenta que la *fuerza persuasiva* de una decisión, es decir, su capacidad para influir en de-

[25] Cfr., en particular, PECZENIK, "The binding force of precedent", en MACCORMICK - SUMMERS (eds.), *Interpreting precedents. A comparative study*, p. 461 y ss.; GUASTINI, *Teoria e dogmatica delle fonti*, p. 480.

[26] Cass. Civ., Sez. Un., 6/11/14, nº 23675, comparte esta perspectiva afirmando que el juez que no sigue un precedente debe aducir "buenas razones" para justificar su decisión (razones que deben ser "óptimas" en materia procesal).

cisiones posteriores, también puede existir en relación con decisiones que no pueden considerarse precedentes en el sentido adecuado (y quizás ni siquiera en el sentido amplio). Por otro lado, es posible distinguir, de hecho, en comparación con decisiones que de alguna manera constituyen precedentes, otras decisiones que, sin embargo, pueden ser puntos de referencia para decisiones posteriores porque pueden tomarse como un *ejemplo para tales decisiones*[27]. Su función, de hecho, no es indicar una regla que deba seguirse en otros casos, sino simplemente indicar que una cierta norma se ha aplicado de cierta manera en ese caso. También pueden darse ejemplos negativos, es decir, decisiones erróneas o infundadas que, por lo tanto, no deben tomarse como modelo. En este caso, el juez se refiere a un tipo de decisión que él rechaza como errónea o injusta.

Si resumimos las situaciones más relevantes de los ejemplos mencionados, y no precedentes, podemos recordar los casos en los que un tribunal se refiere a las decisiones de los tribunales del mismo nivel (como los tribunales supremos del mismo sistema, a los cuales nos referimos anteriormente), o incluso los casos en que un tribunal se expresa en torno a la decisión de un juez de menor rango.

Además, el caso más relevante, y en muchos aspectos más interesante, en cuanto a los ejemplos, es el de la *judicial globalization* mencionada anteriormente: es claro, de hecho, que, si el tribunal supremo de un país se refiere a una decisión pronunciada por un tribunal supremo en otro país, esto no tiene nada que ver con el precedente. Sin embargo, precisamente este fenómeno deja claro que puede haber ejemplos que en realidad manifiestan una fuerza persuasiva significativa en las decisiones subsiguientes[28].

[27] Sobre esta distinción, ver más ampliamente TARUFFO, "Precedente ed esempio nella decisione giudiziaria", en GIANFORMAGGIO - JORI (eds.), *Scritti per Uberto Scarpelli*, p. 783, y *Precedente e giurisprudenza*, "Rivista Trimestrale di Diritto e Proceduria Civile", 2007, p. 720.

[28] Ver más ampliamente TARUFFO, *Precedente e giurisprudenza*, "Rivista Trimestrale di Diritto e Proceduria Civile", 2007, p. 720.

§ 6. *Universalismo versus particularismo*

En las páginas anteriores hemos seguido una perspectiva que parece prevalecer en gran medida, según la cual la uniformidad en la interpretación y aplicación de la ley es un valor fundamental, y la función principal atribuida a los tribunales supremos es garantizar que este valor se logre mediante la producción y gestión de precedentes que deben condicionar la decisión de casos posteriores. Es fácil ver que esta perspectiva es común a varios sistemas y que está basada, más o menos explícitamente, en una imagen ideal del sistema jurídico según el cual este debe ser sincrónicamente coherente, uniforme y estático, y también debe garantizar que todas las controversias que surjan en él se resuelvan de la manera más unitaria posible. Permanece en el borde del horizonte conceptual que caracteriza esta perspectiva la posibilidad de que dentro del sistema legal haya excepciones y variaciones, y la posibilidad de que el sistema evolucione y, por lo tanto, cambie, se admita, pero sin darle una importancia particular con el tiempo.

Nada particularmente nuevo en todo esto: es la imagen de "un sistema jurídico perfectamente homogéneo, unitario y ordenado" que, según Frosini, "no existe sino en las abstracciones de los juristas formales, pero no pertenece al mundo real de la experiencia jurídica"[29]. Si consideramos la tarea asignada a los tribunales supremos en esta imagen, también existe una dimensión claramente burocrática, y esencialmente autoritaria, del funcionamiento del sistema. De hecho, los tribunales supremos ocupan las cumbres de las respectivas pirámides judiciales y, como en todas las estructuras burocráticas centralizadas, todo el poder verdadero está en la cima, y de allí desciende, influyendo en el comportamiento de los sujetos (en nuestro caso, los jueces) que, siendo colocados en los niveles inferiores, están subordinados a lo que dice la cumbre. Por otro lado, el tribunal

[29] Cfr. Frosini, *Ordine e disordine nel diritto*, p. 23.

supremo termina siendo más importante que el propio legislador: produce normas generales y abstractas, pero es el que establece el significado "verdadero" de estas normas y tiende a imponerlo en todos los tribunales inferiores.

Esta imagen representa un caso específico, que es, sin embargo, muy importante, de lo que en la teoría general del derecho se da en llamar "universalismo jurídico", a saber, la concepción según la cual el derecho está constituido por normas generales y abstractas. Además, estas reglas deben ser aplicadas uniformemente por los jueces mediante la "subsunción" de casos particulares individuales en ellas[30].

Sin embargo, el universalismo ha sido objeto de varias críticas, basadas sobre todo en la consideración de que la decisión judicial nunca es el resultado de la aplicación mecánica de normas generales, dado que su interpretación y aplicación dependen directamente de la complejidad del caso específico que es objeto de la decisión[31]. Es suficiente considerar, a este respecto, que, como regla, los hechos sobre los cuales el juez debe decidir condicionan y determinan la interpretación y aplicación de las normas que regulan el caso[32]. Surgen perspectivas diferentes y alternativas con respecto al universalismo, que se reúnen bajo el nombre común de "particularismo jurídico"[33]. La idea fundamental del particularismo es, de hecho, que la decisión judicial debe tener en cuenta especialmente[34] las circunstancias específi-

[30] Al respecto, en la amplia literatura sobre el tema, cfr. Bouvier, *Particularismo y derecho. Un abordaje postpositivista en el ámbito práctico*, p. 19 y 38. Cfr., también, Palazzo, *Il diritto penale tra universalismo e particolarismo*; Grossi, *Universalismo e particolarismo nel diritto*; Sacco, *Il diritto tra uniformazione e particolarismi*.

[31] Cfr., en más de un sentido, a los autores de la nota precedente.

[32] Ver Taruffo, "Il fatto e l'interpretazione", en AA.VV., *La fabbrica delle interpretazioni*, p. 123. Para un tratamiento análogo cfr. Bin, *A discrezione del giudice*, p. 22.

[33] Ver sobre todo Bouvier, *Particularismo y derecho. Un abordaje postpositivista en el ámbito práctico*, p. 58, 175, 309 y 349; Taruffo, *La semplice verità. Il giudice e la ricostruzione dei fatti*.

[34] En algunas variantes extremas se afirma que el juez debe dar cuenta *solo* de estas circunstancias, sin referirse a norma alguna, pero estas versiones son

cas –los llamados *particulars*– del caso concreto individual[35]. En las versiones más moderadas del particularismo no se excluye que la decisión tenga en cuenta también las reglas referibles al caso[36], entendiéndose que son las circunstancias del caso las que determinan la interpretación de las reglas.

Sin extender más el análisis de la visión particularista de la decisión judicial, vale la pena enfatizar que de esta visión se derivan al menos dos consecuencias importantes para el discurso que está teniendo lugar aquí.

La primera de estas consecuencias es que, cuando insistimos en la importancia esencial de los hechos en cuanto *particulars* del caso concreto individual y como factores determinantes para la interpretación y aplicación de las reglas que el juez asume como criterio de decisión, surge una conexión clara con la concepción original y rigurosa del precedente en el sentido correcto del término. De hecho, si la aplicación del precedente por parte de un segundo juez se basa esencialmente en la analogía que observa entre los hechos del caso que deben decidirse y los que fueron objeto de la decisión precedente, es claro que el precedente en sentido estricto implica necesariamente el examen y consideración de los detalles de los dos casos.

La segunda consecuencia relevante se refiere a la forma en que se configura la estructura del sistema jurídico. De hecho, es fácil ver que nos enfrentamos a dos modelos o paradigmas divergentes. Por un lado, el paradigma universalista se refiere a un modelo piramidal en el que básicamente hay una sola cumbre para "decir lo correcto" de una manera vinculante para todos y para siempre. De esta manera, ade-

obviamente inaceptables en el contexto de un sistema jurídico en el que rija el principio de legalidad.

35 Cfr. especialmente los ensayos recogidos en Bankowski - MacLean (eds.), *The universal and the particular in legal reasoning.*

36 Cfr., por ejemplo, MacCormick, "Particulars and universals", en Bankowski - MacLean (eds.), *The universal and the particular in legal reasoning*, p. 3; Walker, "The burden of universalism", en Bankowski - MacLean (eds.), *Between the universal and the particular in legal reasoning*, p. 53.

más, el derecho se "dice" al pronunciar fórmulas con un alto grado de abstracción, sin considerar una cosa obvia, es decir, cuanto más alto subimos en la escala de abstracciones, más perdemos de vista la realidad concreta. El paradigma particularista, por otro lado, no implica un sistema piramidal rígidamente gobernado por los tribunales supremos, sino que se refiere a los niveles más bajos de la administración de justicia, sobre todo a los jueces de primera instancia, dado que estos jueces suelen tratar los hechos, y por lo tanto los *particulars*.

Por consiguiente, si bien son paradigmas divergentes, no son necesariamente contradictorios. De hecho, es bastante posible, y es lo que sucede en general, que cohabiten –incluso si determinan una tensión relevante[37]– dentro del mismo sistema jurídico[38]. Por un lado, puede haber un paradigma universalista centrado en la formulación e interpretación de reglas generales y abstractas; por otro, está el paradigma particularista centrado en la consideración de los hechos particulares del caso concreto. Nada excluye la existencia de una correlación entre los dos paradigmas, si admitimos que la atención necesaria para los detalles se combina con la identificación de reglas generalmente universales aplicables a una pluralidad de casos. Por otro lado, la situación prevaleciente en cada sistema jurídico se coloca en el espacio existente entre los dos paradigmas y, según el caso, puede estar más cerca del paradigma universalista o del paradigma particularista. Por ejemplo, se puede argumentar que el derecho penal está más cerca del paradigma particularista pero debería tender hacia el universalista en vistas a la implementación de valores universales y la protección de los derechos humanos[39]. En otras áreas parece posible que el

[37] Palazzo, *Il diritto penale tra universalismo e particolarismo*, p. 7, habla, en relación con este tema, de *tensione vitale* (tensión vital) y de *dinamismo complesso* (dinamismo complejo), sin excluir (p. 10) que aquello puede convertirse en una conflictividad exasperada.

[38] Al respecto y más ampliamente, ver Taruffo, *La semplice verità. Il giudice e la ricostruzione dei fatti*, p. 44.

[39] En este sentido, ver Palazzo, *Il diritto penale tra universalismo e particolarismo*, p. 11, 17 y 24, con una valoración sustancialmente negativa del particularismo penal.

derecho esté relativamente más orientado hacia el particularismo, especialmente cuando se trata de considerar adecuadamente las situaciones sociales, culturales y económicas de los sujetos involucrados, sobre todo cuando estos objetos son "débiles" y sus derechos fundamentales. Necesitan estar particularmente protegidos. Desde este punto de vista, puede haber varias razones jurídicas y metajurídicas para interpretar las mismas reglas de manera diversa en diferentes situaciones concretas. Debido a esta posible variedad de situaciones, la función asignada a la anterior y la forma en que determina el grado de su eficacia también variarán: la fuerza condicionadora de la anterior será mayor si uno está en un sistema dominado por el paradigma universalista orientado rigurosamente hacia el valor de la uniformidad, mientras que el paradigma particularista implica precedentes más "débiles", debiendo referirse a diferentes realidades fácticas, variables en el tiempo y el espacio.

§ 7. *UN PUNTO DE VISTA DIFERENTE*

La atención que necesariamente se debe dar al paradigma particularista deja claro que cuando nos referimos al "derecho" no es posible limitarnos a lo que dicen aquellos que siguen estrictamente el paradigma universalista, sino a costa de perder de vista el "mundo real de la experiencia jurídica"[40]. Esto, sin embargo, puede verse como un primer paso hacia una consideración más realista de este "mundo real" y de la naturaleza que el primero asume en esta "experiencia". Quizás esta consideración puede adoptar la forma de un paradigma diferente, que tenga en cuenta adecuadamente el *desorden* que caracteriza al sistema legal en su complejidad.

El problema del desorden del sistema jurídico ciertamente no es nuevo en la teoría del derecho[41], y se enfoca en

[40] Cfr. FROSINI, *Ordine e disordine nel diritto*, p. 23.

[41] Cfr., por ejemplo, FROSINI, *Ordine e disordine nel diritto*, p. 19; VAN DE KERKHOVE, *Le système juridique entre ordre et désordre*, p. 160; BIN, *A discrezione del giudice*, p. 22.

que el derecho no solo está constituido por reglas (y por un sistema de conceptos), sino también por decisiones, actos administrativos, contratos, laudos arbitrales, convenciones y tratados internacionales, etc., y por lo tanto es irreductiblemente heterogéneo[42]. Más aún, incluso si solamente se tomara en consideración el nivel de normas, nos enfrentaríamos a factores significativos de complejidad y desorden. Por un lado, por ejemplo, al analizar solo las *fuentes del derecho italiano* (y, por lo tanto, excluyendo la jurisprudencia[43], los actos privados, los actos administrativos y el *softlaw*[44]), resulta que se distinguen en no menos de diecinueve tipos[45]. Por otro lado, nadie sabe el número de actos legislativos en vigor, y algunas estimaciones arrojan resultados impresionantes, que van de 40.000 a 150.000[46], por lo que, incluso si se quieren ignorar los numerosos defectos, a veces ridículos, que caracterizan la producción normativa en Italia[47], parece evidente que nos enfrentamos a una situación de inmenso desorden[48], en claro contraste con cualquier idea de orden y coherencia. De hecho, si se puede admitir que esta idea es una *aspiración* válida y aceptable en todos los sistemas legales, se debe notar que, en realidad, los sistemas jurídicos están dominados por el desorden. Entonces, sin embargo, parece que la mejor manera de abordar el asunto no es tratar de exorcizar el desorden del derecho con conceptos o paradigmas abstractos como los que ofrece el universalismo legal, sino pensar en un pa-

[42] Cfr. VAN DE KERKHOVE, *Le système juridique entre ordre et désordre*, p. 49.

[43] En el sentido de que los precedentes constituyen fuente de derecho, cfr. PIZZORUSSO, *Fonti del diritto*, p. 705 y 723.

[44] En relación, ver BIN, *A discrezione del giudice*, p. 38.

[45] Cfr. GUASTINI, *Teoria e dogmatica delle fonti*, p. 80, y para el amplio análisis de las distintas fuentes, p. 271, 307, 414, 494, 549, 587, y 615. Análogamente, cfr. el enfoque de PIZZORUSSO, *Fonti del diritto*, p. 353, 431, 491, 643, y 747.

[46] Cfr. AINIS, *La legge oscura. Come e perché non funziona*, p. 20.

[47] Al respecto, cfr. AINIS, *La legge oscura. Come e perché non funziona*, p. 10 y 135.

[48] Con relación al cambiante sistema de fuentes del derecho penal, cfr. en particular MANES, *Il giudice nel labirinto*, p. 14 y 19.

radigma diferente que nos permita comprender mejor la realidad.

Entre las diversas posibilidades existentes, una opción que parece razonable es la de referirse a las teorías del caos (o sistemas complejos)[49]. Además de su origen científico y matemático[50], también se hace referencia a estas teorías para el análisis de los fenómenos sociales[51], dado que los sistemas complejos se encuentran en numerosas áreas de la vida social, económica, política y cultural[52]. No es difícil ver que la ley, como se describe ahora, presenta precisamente las características básicas de un sistema caótico. Sin duda, es un sistema complejo en el sentido correcto, puesto que está compuesto de varias partes que interactúan de varias maneras, pero no de forma simple, y que cambian con el tiempo[53]. El sistema se caracteriza por la creciente tendencia al desorden entrópico[54], pero las teorías del caos coinciden en enfatizar que dentro del desorden general pueden surgir momentos de orden determinados por varios factores: en esencia, el caos no es total y no afecta a todas las áreas del sistema, que aparece más bien como un conjunto complejo de elementos caóticos y, por lo tanto, de desorden, y de momentos en los que cesa el desorden y se crean estructuras ordenadas. Como se ha dicho, las islas de orden[55] emergen del mar del caos, de modo que el equilibrio entre orden y desorden se coloca *at the edge of*

[49] Con un enfoque distinto, pero en muchos aspectos digno de ser compartido, cfr. BIN, *A discrezione del giudice*, p. 18 y 55.

[50] Sobre la amplia literatura sobre el tema cfr., por ejemplo, SMITH, *Caos*.

[51] Cfr. PRIGOGINE - STENGERS, *La nuova alleanza. Metamorfosi della scienza*, p. 175.

[52] Cfr. TAYLOR, *The moment of complexity*, p. 141.

[53] Sobre estos aspectos cfr. TAYLOR, *The moment of complexity*, p. 141 y 158.

[54] Cfr. FROSINI, *Ordine e disordine nel diritto*, p. 19. Sobre la entropía en el derecho ver en particular BIN, *A discrezione del giudice*, p. 61. A la formación del desorden entrópico colabora la imprevisibilidad de la justicia y de la administración, sobre lo cual ver AINIS, *La legge oscura. Come e perché non funziona*, p. 27.

[55] Cfr. WEISSERT, "Representation and bifurcation: Borges's garden of chaos dynamics", en HAYLES (ed.), *Chaos and order*, p. 224.

chaos[56]. Un aspecto esencial es que el sistema es dinámico, se mueve y se desarrolla según la flecha del tiempo y, por lo tanto, la formación de las islas de orden es aleatoria, móvil, nunca definitiva y abierta al cambio: esto determina la evolución del sistema[57]. La idea de que pueden existir áreas de orden en el sistema caótico puede hacer que el espectro de un sistema perenne dominado por la entropía sea menos alarmante, un espectro que asusta a juristas, jueces y legisladores y los empuja, como dijimos al principio, a colocar la uniformidad de la interpretación y aplicación de la ley como un valor fundamental del sistema legal, incluso si este valor es, en el mejor de los casos, difícil de lograr. Para exorcizar este espectro será oportuno mencionar brevemente cómo pueden surgir dentro del derecho en continuo desorden islas de "orden jurídico".

Las teorías del caos proporcionan sugerencias útiles al respecto. Con una terminología que deriva del origen químico-matemático de estas teorías, las zonas de orden que surgen del trastorno se definen comúnmente como *estructuras disipativas*[58]. Se originan esencialmente en eventos que se llaman *bifurcaciones* y ocurren cuando un elemento del sistema que se mueve en el tiempo, al tener que optar por dos o más alternativas posibles, adopta una y continúa moviéndose en esa dirección hasta que se propone una bifurcación adicional[59]. En esencia, la bifurcación determina un

[56] Cfr. Taylor, *The moment of complexity*, p. 146 y 165; análogamente, Prigogine - Stengers, *La nuova alleanza. Metamorfosi della scienza*, p. 187.

[57] Para la concepción del desorden como posibilidad permanente de nuevos órdenes "menores", entre ellos relacionados o disociados, e incluso acumulados y redundantes, cfr. Frosini, *Ordine e disordine nel diritto*, p. 20 a 24.

[58] Cfr., por ejemplo, Prigogine, *Le leggi del caos*, p. 1; Prigogine - Stengers, *La nuova alleanza. Metamorfosi della scienza*, p. 148; Porush, "Fiction as dissipative structures. Prigogine's theory and postmodernism's roadshow", en Hayles (ed.), *Chaos and order*, p. 56.

[59] La idea de bifurcación ya fue anticipada por Borges en un cuento de 1941 (cfr. Borges, "Il giardino dei sentieri che si biforcano", en *Finzioni*, p. 79), pero viene siendo utilizada luego por las teorías del caos para explicar la dinámica fundamental de los sistemas. Cfr. Prigogine, *Le leggi del caos*, p. 16 y 81; Prigogine - Stengers, *La nuova alleanza. Metamorfosi della scienza*, p. 173 y 187;

"nuevo punto" de orden en la fluctuación del sistema, y el conjunto de bifurcaciones crean, al mismo tiempo, la dinámica del sistema y la aparición de áreas de orden dentro de esta dinámica.

Sin profundizar más en estos conceptos en el contexto de las teorías del caos, se puede ver que proporcionan un punto de vista útil para el análisis de ese sistema caótico particular que es la ley. Más específicamente, las estructuras disipativas creadas por las bifurcaciones corresponden a los momentos en que se crean las zonas de orden "local" y temporal dentro del sistema general (caótico y dinámico)[60]. Esto puede suceder por varias razones, como, por ejemplo, la introducción de una nueva ley que tiende a aplicarse más adelante, o la derogación de una regla, u otros eventos que conciernen a este o aquel punto de las fuentes de la ley. En este contexto, sin embargo, se puede enfatizar que lo anterior corresponde bien a la idea de una estructura disipativa: es el resultado de una bifurcación, en el sentido de que opta por una alternativa entre las diversas interpretaciones posibles de una norma, o enuncia una nueva interpretación, y tiende a establecer un área de orden, si y en la medida en que se siga en decisiones posteriores, es decir, dado que puede hacer que estas decisiones sean uniformes. Por así decirlo, mientras dure, y dependiendo de cuántas y cuáles sean las decisiones subsiguientes, la anterior crea una isla de orden, es decir, de *uniformidad*, dentro del desorden general. Esta isla no es ni estable ni eterna, se eleva en gran parte de manera aleatoria, debido a las "fluctuaciones" del sistema[61], y está destinada a fallar debido a bifurcaciones pos-

---

WEISSERT, "Representation and bifurcation: Borges's garden of chaos dynamics", en HAYLES (ed.), *Chaos and order*, p. 234; PORUSH, "Fiction as dissipative structures. Prigogine's theory and postmodernism's roadshow", en HAYLES (ed.), *Chaos and order*, p. 59; TAYLOR, *The moment of complexity*, p. 150; SMITH, *Caos*, p. 70.

60 Cfr. WEISSERT, "Representation and bifurcation: Borges's garden of chaos dynamics", en HAYLES (ed.), *Chaos and order*, p. 232, y, en sentido análogo, FROSINI, *Ordine e disordine nel diritto*, p. 19.

61 Cfr. PRIGOGINE - STENGERS, *La nuova alleanza. Metamorfosi della scienza*, p. 170.

teriores[62]. Sin embargo, y a pesar de estas limitaciones, sigue siendo un importante factor de orden dentro del caos de la ley.

Si, en conclusión, fuese posible indicar con una metáfora literaria cuáles son los precedentes en el contexto de un derecho que fluye en creciente desorden a lo largo de la flecha del tiempo, se podría decir que son islas en la corriente. Islas inestables, provisionales, limitadas en el espacio, que, sin embargo, representan todo el orden que puede crearse en un derecho caótico.

[62] BIN, *A discrezione del giudice*, p. 81, subraya justamente cómo la eficacia de un precedente, a pesar de su autoridad, puede muy bien desaparecer debido a una decisión posterior que toma un camino diferente.

Capítulo II

EL GEN IUSREALISTA DE TARUFFO. LA TEORÍA DEL PRECEDENTE JUDICIAL

por Jordi Ferrer Beltrán*

§ 1. *Introducción*

La obra de Taruffo es un ejemplo paradigmático si se quiere mostrar la diferencia gradual, no categórica, entre la dogmática y la teoría del derecho. Suele concebirse la dogmática como aquella disciplina consistente en el estudio y sistematización del contenido del derecho positivo, normalmente de un determinado país y de una específica rama (penal, civil, procesal, entre otras). Por el contrario, la teoría general del derecho abordaría el estudio de aquellos conceptos y características que pueden predicarse o resultar útiles en cualquier sistema, además de aquellos que, precisamente,

* Para llevar a cabo esta investigación he contado con el apoyo del proyecto de investigación del Ministerio de Economía y Competitividad "Prueba y atribución de responsabilidad: definición y contrastación del daño" (DER2014-52130-P). Pude exponer una versión previa del trabajo en el congreso "Un jurista pluridisciplinar: en torno al pensamiento de Michele Taruffo", celebrado en su homenaje en Girona los días 24 y 25 de enero de 2015, y en la jornada "Michele Taruffo en la Facultad de Derecho", celebrado en la Universidad de Buenos Aires el día 29 de septiembre del mismo año. Quiero agradecer a todos los participantes en los dos eventos por su fructífero debate y, muy en especial, a Michele Taruffo, por apreciar siempre el valor del argumento. También a José Juan Moreso, Álvaro Núñez, Diego Papayannis y Carmen Vázquez por su atenta lectura de un borrador de este trabajo y sus siempre útiles observaciones.

distinguen el fenómeno jurídico, en cuanto instrumento social, frente a otros fenómenos normativos.

Sucede, sin embargo, que el dogmático necesita usar las categorías de la teoría del derecho y, en cierto modo, adaptarlas y presentarlas de un modo coherente en su funcionamiento en el sistema y en la rama del derecho que haya escogido como objeto de estudio. Por supuesto, su trabajo puede consistir en la descripción más o menos detallada de una determinada regulación o línea jurisprudencial, a un nivel muy bajo de generalidad. Pero, en cambio, si lo que el dogmático se propone es, además, ofrecer una visión comparada entre diversos sistemas o familias de sistemas, que permita obtener una perspectiva más global de las distintas posibilidades regulativas, los condicionantes culturales que están entre sus presupuestos, o las consecuencias de adoptar una u otra comprensión de una institución jurídica, entonces el nivel de generalidad resulta ya muy alto y raya en las fronteras de la teoría del derecho.

A TARUFFO le gusta ver el derecho desde arriba, volando a altura suficiente para observar sus perfiles generales, para comprender el encaje general de sus instituciones y para ver las similitudes y diferencias entre sistemas. Por ello, practica una dogmática procesal que no ha sido muy habitual entre los procesalistas de tradición romanística, partiendo de las fronteras entre la teoría del derecho, el derecho comparado y la dogmática, y bebiendo de otras disciplinas como la sociología, la historia o la epistemología. Es con ese bagaje que enfrenta, finalmente, problemas interpretativos de esta o aquella disposición del Código Procesal, procurando llegar a lo más concreto desde una concepción general del derecho o de la institución en cuestión.

Esta forma de trabajar ha hecho muy fructífera la relación, por ejemplo, entre procesalistas de distintos sistemas, filósofos del derecho y epistemólogos para abordar los problemas de diseño y aplicación de la prueba como mecanismo cognoscitivo en el proceso judicial. Ahí TARUFFO ha sido una guía imprescindible para muchos de nosotros.

Pero en este trabajo no pretendemos abordar el razonamiento probatorio ni los presupuestos epistemológicos en la obra de TARUFFO, sino tomar otro argumento, al que ha dedicado diversos artículos[1], en el que se muestra muy claramente el punto de conexión entre la dogmática, la perspectiva comparatista y la teoría del derecho. Analizaremos, pues, la teoría del precedente judicial que ha sostenido TARUFFO, mostrando sus características principales, y sostendremos que ella presupone una concepción iusrealista de la interpretación, en sede de teoría del derecho, que no es compatible con la concepción de la interpretación presupuesta en el desarrollo de otros argumentos, como, por ejemplo, el probatorio, por parte del mismo autor.

Este es un trabajo en el que se pretende ofrecer el mejor homenaje que se puede dar a las ideas de TARUFFO: discutirlas. Vayamos por partes.

§ 2. *UNA TEORÍA GENERAL DEL PRECEDENTE JUDICIAL*

TARUFFO parte de la constatación de la inexistencia de una teoría general del precedente, paliándose su ausencia normalmente en los países de *civil law* mediante la pretendida extensión de la concepción angloamericana de él. Sucede, sin embargo, que tampoco puede decirse que exista *una* concepción angloamericana y, de haberla, tampoco sería simple su importación e implantación en contextos culturales y ordenamientos estructuralmente muy diversos.

Por todo ello, propone los lineamientos básicos de lo que podría ser una teoría general del precedente que sea capaz de ofrecer un abanico de características entre las que puedan encontrarse las formas en que la institución en estudio se concrete en cada ordenamiento. Para esto propone considerar cuatro dimensiones, cada una de las cuales

[1] Nos referimos fundamentalmente a los trabajos publicados en español en TARUFFO, *Páginas sobre justicia civil*; *Dimensioni del precedente giudiziario*, "Rivista Trimestrale di Diritto e Procedura Civile", 1994, nº 2, p. 542 a 544; *Precedente e giurisprudenza*; "Precedents in Italy", en HONDIUS (ed.), *Precedent and the law*, y *Per un'analisi comparata del precedente giudiziario*, "Ragion Pratica", fasc. 6, 1996.

incluirá distintas posibilidades o graduaciones. De la combinación de posibilidades de cada una de esas dimensiones surgirían las diversas concreciones del precedente que podemos encontrar en la literatura y en los ordenamientos[2].

a) *Dimensiones del precedente.* Las dimensiones o parámetros cuya combinación, según Taruffo, permitirá captar las distintas modalidades del precedente son las siguientes:

1) La dimensión institucional, que tiene que ver con la estructura organizativa del Poder Judicial y con las relaciones de autoridad entre tribunales. Así, por ejemplo, la existencia de un precedente vertical presupone una organización jerárquica del Poder Judicial; la configuración de la Corte Suprema como un tribunal de legitimidad o como una instancia más, con o sin facultad de seleccionar los casos sobre los que se pronuncia, disminuye o aumenta las posibilidades de incoherencia en su jurisprudencia y, por tanto, de que pueda hablarse de un precedente horizontal[3].

2) La dimensión objetiva, que tiene que ver "con la determinación de aquello a lo que se atribuye eficacia de precedente, es decir, la capacidad de influir la decisión posterior"[4]. Aquí se apela habitualmente a la distinción entre *ratio decidendi* y *obiter dictum*, para señalar la primera como aquella que tiene fuerza vinculante, reservando al segundo una eficacia meramente persuasiva. Taruffo observa, con acierto, que este planteamiento es directamente inaplicable allá donde se atribuya fuerza persuasiva, no vinculante, al precedente mismo. Por otro lado, aun en el caso contrario, la propia noción de *ratio decidendi* es fuertemente discutida y en absoluto pacífica. Añade que "debe considerarse que la determinación de la *ratio decidendi* depende en buena medida de la interpretación del precedente que le da el juez del

[2] Taruffo, *Dimensioni del precedente giudiziario*, "Rivista Trimestrale di Diritto e Procedura Civile", 1994, nº 2, citado en *Páginas sobre justicia civil.*

[3] Taruffo, *Dimensioni del precedente giudiziario*, "Rivista Trimestrale di Diritto e Procedura Civile", 1994, nº 2, p. 544 a 546.

[4] Taruffo, *Dimensioni del precedente giudiziario*, "Rivista Trimestrale di Diritto e Procedura Civile", 1994, nº 2, p. 546.

caso posterior, lo que introduce un elemento adicional de variabilidad"[5]. Volveremos más tarde sobre esta última observación, que resultará de importancia en el argumento.

3) La dimensión estructural "tiene que ver con lo que constituye el precedente que se usa como punto de referencia para una decisión posterior"[6]. Aquí podemos encontrarnos con situaciones en las que lo común sea alegar un único precedente, o una jurisprudencia conforme, o podemos enfrentarnos también a varios precedentes en conflicto o incluso una situación de caos jurisprudencial (que facilita situaciones que el autor denomina "abuso del precedente"[7]).

4) Finalmente, la dimensión de la eficacia "tiene que ver con la naturaleza e intensidad de la influencia que ejerce [el precedente] sobre la decisión posterior"). Clásicamente se ha distinguido entre eficacia vinculante y no vinculante, pero nuestro autor, con buenas razones, considera reductivista esta dicotomía y propone alternativamente una escala gradual de la eficacia.

Expuestas someramente las dimensiones que presenta TARUFFO, concluimos este punto recordando que la propuesta radica en que la combinación de las distintas posibilidades que ofrece cada dimensión nos situará ante un modo de concretar el precedente y, a la inversa, podemos dar cuenta de los diversos modelos de precedente existentes en los ordenamientos jurídicos vigentes a partir de la combinación de posibilidades de estas cuatro dimensiones.

b) *EFICACIA DEL PRECEDENTE.* Como se ha señalado, TARUFFO considera reductiva la dicotomía entre fuerza vinculante en sentido estricto y persuasiva del precedente, por cuanto no da cuenta de la diversidad de intensidades con las que los

[5] TARUFFO, *Dimensioni del precedente giudiziario*, "Rivista Trimestrale Di diritto e Procedura Civile", 1994, nº 2, p. 547.

[6] TARUFFO, *Dimensioni del precedente giudiziario*, "Rivista Trimestrale Di diritto e Procedura Civile", 1994, nº 2, p. 549.

[7] TARUFFO, "Precedents in Italy", en HONDIUS (ed.), *Precedent and the law*, p. 577.

jueces de los distintos ordenamientos históricos y actuales se sienten constreñidos por la fuerza de una decisión previa[8].

Por ello, TARUFFO[9] propone adoptar una escala gradual, en cuyo extremo superior se situaría la obligación sin excepciones de seguir el precedente[10]. Señala, sin embargo, que esta es solo una hipótesis teórica, actualmente inexistente en la realidad. Además, hay que considerar que existen diversas técnicas para apartarse del precedente, de manera que es el segundo juez quien decide si se siente vinculado: "el precedente solo es eficaz cuando el juez del caso posterior considera conveniente no separarse de él: pero entonces se está en el terreno de la eficacia persuasiva del precedente o de una *bindingness* atenuada, y no en la vinculación rigurosa"[11].

En el siguiente escalón de la graduación se sitúa la obligación de seguir el precedente excepto en ciertas situaciones tasadas. En realidad, se podría decir aquí que, si no aplica las excepciones previamente establecidas, el juez tendría el mismo tipo de vinculación estricta que en el escalón superior.

Más abajo en la escala queda la obligación de seguir el precedente excepto que el segundo juez estime que hay razones relevantes para no hacerlo (precedente derrotable). Aquí es ya el segundo juez quien determina las razones y, por tan-

[8] Por la misma razón, tampoco se sostiene la dicotomía entre los sistemas de *common law* y *civil law* basada, respectivamente, en la eficacia vinculante o meramente persuasiva del precedente (TARUFFO, *Per un'analisi comparata del precedente giudiziario*, "Ragion Pratica", fasc. 6, 1996, p. 56 y 59).

[9] TARUFFO, *Dimensioni del precedente giudiziario*, "Rivista Trimestrale di Diritto e Procedura Civile", 1994, nº 2, p. 551 a 553; *Per un'analisi comparata del precedente giudiziario*, "Ragion Pratica", fasc. 6, 1996, p. 60 a 62.

[10] Vale la pena señalar aquí que, tanto en la crítica a la falsa dicotomía entre fuerza vinculante y persuasiva como en la elaboración y justificación de la escala de la eficacia del precedente, TARUFFO mezcla consideraciones que tienen que ver con lo que CHIASSONI denomina la "relevancia formal" del precedente (esto es, la fuerza, relevancia, eficacia, según se prefiera, que le otorgan normas jurídicas del sistema) con otras de "relevancia empírica" (es decir, con la influencia que, de hecho, ejercen los precedentes sobre las decisiones judiciales) ["Il precedente giudiziale: tre esercizi di disincanto, en COMANDUCCI - GUASTINI (eds.), *Analisi e diritto 2004. Ricerche di giurisprudenza analitica*, p. 96].

[11] TARUFFO, *Dimensioni del precedente giudiziario*, "Rivista Trimestrale di Diritto e Procedura Civile", 1994, nº 2, p. 552.

to, estas no están previamente establecidas. Sin embargo, se exige del juez que decide apartarse del precedente que justifique esa decisión y aporte explícitamente las razones justificativas. Ahora bien, aplica de nuevo aquí la advertencia escéptica de TARUFFO, quien señala que "las hipótesis en las que este efecto [vinculante] no se produce por las razones más variadas y las técnicas de las cuales se sirven los jueces para dudar de la existencia del vínculo del precedente son suficientes para dudar de la existencia de un vínculo jurídico efectivamente operante"[12].

Más atenuada es la eficacia persuasiva del precedente en el supuesto en que se considera *prima facie* valioso que se siga el precedente, pero el juez se puede apartar de él sin necesidad de justificarlo.

Por último, estarían los casos de uso meramente ejemplificativo de decisiones anteriores, a las que no se atribuiría propiamente ninguna capacidad de vincular las decisiones posteriores sobre otros casos: las decisiones de jueces de nivel inferior o de igual nivel, las de jueces de otras jurisdicciones o también las decisiones de tribunales de otros países pueden ser buenos ejemplos de este tipo de utilización[13].

c) *RELACIÓN ENTRE EL PRECEDENTE Y LOS HECHOS*. "El precedente es siempre una decisión relativa a un caso particular: hace falta que el significado de la regla jurídica usada como criterio de decisión sea concretado para referirlo a la solución del caso particular"[14]. Aquí se produce la vinculación del precedente con los hechos de un caso. Se acude al uso del precedente individualizando la o las reglas utilizadas por el primer juez para decidir sobre el caso que enfrentó, que el segundo juez podría considerar aplicables al suyo.

Aquí se manifestarían, al decir de TARUFFO, importantes similitudes entre la técnica del precedente y el argumen-

[12] TARUFFO, *Dimensioni del precedente giudiziario*, "Rivista Trimestrale di Diritto e Procedura Civile", 1994, nº 2, p. 552.

[13] TARUFFO, *Precedente e giurisprudenza*, p. 566 y 567.

[14] TARUFFO, *Precedente e giurisprudenza*, p. 558.

to analógico, por cuanto el segundo juez deberá mostrar la analogía entre los hechos del primer caso y los hechos del segundo[15].

Añade, en su línea escéptica, que "naturalmente, la analogía de las dos hipótesis concretas no está dada *in re ipsa*, y es afirmada o excluida por el juez del segundo caso, según que estime prevalecientes los elementos de identidad o los de diferencia entre los hechos de los dos casos. Es, entonces, el juez del caso siguiente quien establece si existe o no el precedente y, por tanto –por decirlo así–, 'crea' el precedente"[16].

Aquí, antes de avanzar, creemos conveniente hacer un pequeño alto en el camino para analizar con más detenimiento la idea de la prioridad de los hechos, por un lado, y la vinculación entre precedente y analogía[17].

En primer lugar, en nuestra opinión, no hay forma de plantear la analogía entre dos hechos (o dos casos, si se prefiere) sin identificar una norma de referencia que regule uno de ellos. En otros términos, la analogía es una relación triádica entre dos casos (uno de ellos no regulado, o por decidir, y otro sí regulado, o decidido) y una norma (legal o jurisprudencial, aquí da igual). Evidentemente, los casos no pueden ser idénticos si de la aplicación de la analogía se trata, sino semejantes[18]. Ello significa que compartirán algunas características y no otras. Decidir si las características que comparten son las relevantes o, por el contrario, lo son las no compartidas, solo puede hacerse previa respuesta a la cuestión de a efectos de qué. Por ejemplo, puede decirse que la pareja de hecho es un caso análogo al matrimonio

15 Taruffo, *Precedente e giurisprudenza*, p. 59.

16 Taruffo, *Precedente e giurisprudenza*, p. 559.

17 En esta vinculación, Taruffo no está precisamente solo. Puede verse también, entre otros muchos, Weinreb, *Legal reason. The use of analogy in legal argument*; Duxbury, *The nature and authority of precedent*, p. 59; Marinoni, *Precedentes obrigatórios*, p. 223; Walton, *Similarity, precedent, and argument from analogy*, "Artificial Intelligence and Law", vol. 18, nº 3, Sep. 2010.

18 De hecho, si los dos casos tuvieran exactamente las mismas propiedades, serían el mismo caso, en virtud de la ley de la identidad de los indiscernibles de Leibniz.

a efectos del derecho a la subrogación en el alquiler por el miembro de la pareja supérstite, pero nada impide conceptualmente sostener que no lo es a los efectos de la adopción. En definitiva, para determinar si un caso no regulado es análogo a otro sí regulado debe plantearse cuál es la razón por la cual el caso sí regulado ha sido regulado precisamente de ese modo y, posteriormente, determinar si esa misma razón se da en el caso no regulado. Por ello, determinar si dos casos son análogos solo puede hacerse en relación con una norma (la que disciplina el caso regulado) y nunca de forma previa e independiente de ella.

Al ser así, en el ámbito del precedente no es posible identificar si la regla usada en el primer caso es un precedente para el segundo comparando si los hechos son análogos, puesto que solo podemos decir que los hechos son o no análogos a la luz de la regla[19].

En segundo lugar, es discutible que la estructura del razonamiento de aplicación de un precedente sea la de un argumento analógico. En nuestra opinión, en cambio, se trata más bien de una normal estructura subsuntiva[20]. Así, el juez que decidió el primer caso no pudo justificar su decisión más que en una norma general (una regla particular universalizable, dice Taruffo siguiendo a MacCormick[21]) y, al decir que aquella decisión es un precedente para un segundo caso, lo que se afirma no es más que los hechos del segundo caso pueden subsumirse en la norma general con la que

[19] Exactamente del mismo modo se procede para fundar el *distinguishing*: "La necesidad del *distinguishing* exige, como antecedente lógico, la identificación de la *ratio decidendi* del precedente" (Marinoni, *Precedentes obrigatórios*, p. 327).

[20] Una concepción parecida se puede encontrar en Chiassoni, "Il precedente giudiziale: tre esercizi di disincanto, en Comanducci - Guastini (eds.), *Analisi e diritto 2004. Ricerche di giurisprudenza analitica*, p. 92, bajo la denominación de modelo objetivo o modelo de Wróblewski de la interpretación del precedente.

[21] Taruffo, *Precedente e giurisprudenza*, p. 558. Respecto de la necesidad conceptual de justificar las decisiones en normas generales, ver Bulygin, "Sentencia judicial y creación del derecho", en Alchourrón - Bulygin, *Análisis lógico y derecho*, p. 358.

se resolvió el primero[22]. Es precisamente esta estructura la que permite plantear la vinculación entre la técnica del precedente y la igualdad en la aplicación de la ley[23].

§ 3. *La teoría de la interpretación implícita en la teoría general del precedente de Taruffo: el escepticismo interpretativo (realismo jurídico)*

Como hemos señalado ya en diversas ocasiones, Taruffo diseña una teoría general del precedente desde unas concretas posiciones en el ámbito de la teoría del derecho, posiciones que cabe denominar escépticas o, simplemente, iusrealistas radicales.

Para llegar a esa conclusión, vale la pena destacar dos órdenes de razones: por un lado, según Taruffo, "debe considerarse que la determinación de la *ratio decidendi* depende en buena medida de la interpretación del precedente que le da el juez del caso posterior"[24], de modo que es el juez del segundo caso quien crea el precedente. Por el otro, debe considerarse también que el grado de eficacia persuasiva del precedente depende también de la que quiera darle el segundo juez[25]. En otros términos, "el precedente no es otra cosa que un expediente argumentativo usado para justificar *ex post* una decisión que no puede realmente ser considerada como una consecuencia del precedente. Esto equivale a de-

[22] Esto encaja perfectamente, por ejemplo, con la clásica definición de *ratio decidendi* de Cross y Harris, en cuanto a que "la *ratio decidendi* de un caso es cualquier norma jurídica expresa o implícitamente tratada por el juez como un paso necesario para alcanzar su conclusión" (*Precedent in english law,* p. 77). Otra cosa es qué dificultades interpretativas se encuentren para identificar cuál es la norma general utilizada en ese primer caso. Pero solo después de identificar la norma general tendrá sentido plantear si la decisión judicial que la creó es o no un precedente para un segundo caso. Un argumento parecido al expresado en el texto puede encontrarse también en Schauer, *Thinking like a lawyer,* p. 85.

[23] Al respecto, por todos, Gascón Abellán, *La técnica del precedente y la argumentación racional,* p. 30.

[24] Taruffo, *Dimensioni del precedente giudiziario,* "Rivista Trimestrale di Diritto e Procedura Civile", 1994, nº 2, p. 547.

[25] Taruffo, *Precedente e giurisprudenza,* p. 562 y 563.

cir que el precedente no determina efectivamente la decisión sucesiva. El juez del caso sucesivo lo decide sobre la base de sus propios criterios y parámetros de juicio y, después, cuando es necesario, hace referencia al precedente para justificar la decisión"[26].

Al ser así, debe concluirse que el segundo juez no está vinculado por el precedente, porque no se puede estar vinculado solo si uno mismo decide estarlo[27]. Estaríamos aquí más bien ante una eficacia persuasiva del precedente, pero dirigida a otros, al auditorio de la sentencia del segundo juez. Es de destacar este punto relativo a los destinatarios de la eficacia persuasiva, por cuanto hemos visto anteriormente que, aun poniendo en duda la fuerza vinculante en sentido estricto del precedente, TARUFFO plantea una gradación de lo que llama la eficacia del precedente, que incluye distintos grados de *bindingness* hacia el juez que aplica el precedente. Esa graduación pierde directamente todo su sentido si se asume una concepción escéptica radical acerca de qué cuenta como precedente y se postula su "construcción" por parte del propio juez que lo debe aplicar.

En cualquier caso, más allá de este problema de coherencia interna de la teoría del precedente de TARUFFO, quisiéramos poner el énfasis en la teoría del derecho presupuesta en las tesis que se acaban de presentar. Pues bien, como resultará obvio a cualquier jurista avezado en cuestiones iusfilosóficas, la concepción teórica que abraza TARUFFO aquí no es otra que el realismo jurídico en su versión más radical, que podemos encontrar en autores clásicos del realismo escandinavo o americano. Sin embargo, podríamos intuir también la influencia de uno de los maestros de TARUFFO, GIOVANNI TARELLO, y tras él la escuela genovesa que ha dado lugar a lo que muchos denominan el realismo genovés, fundado especialmente en una fuerte concepción escéptica de la interpretación.

26 *Per un'analisi comparata del precedente giudiziario*, "Ragion Pratica", fasc. 6, 1996, p. 57.

27 SCHAUER, *Thinking like a lawyer*, p. 41.

En palabras de uno de sus representantes, COMANDUCCI, esta tesis podría caracterizarse de la siguiente forma.

"La interpretación es una actividad volitiva, en la que el intérprete elige, siempre y necesariamente, el significado que se le atribuye al documento: el intérprete crea el significado, no lo descubre. Por tanto, sería un mistificador quien sostuviera la existencia de significados preconstituidos a la interpretación y de textos cuyo significado fuera claro con independencia de la interpretación"[28].

Ahora bien, si se asume una concepción escéptica radical de la interpretación jurídica, como parece hacer TARUFFO en relación con el precedente, se producen tres consecuencias de la mayor importancia que deben ser convenientemente advertidas: *a*) no se puede sostener que se aplica un precedente sin caer en la hipocresía o el autoengaño; *b*) no queda espacio para hablar de la racionalidad de las decisiones judiciales en el sentido en que lo hace el propio TARUFFO y tampoco tiene sentido preocuparse por la exigencia de motivación de esas mismas decisiones, y *c*) no hay razones que permitan sostener conjuntamente una posición escéptica en materia de precedente y una posición cognoscitivista (incluso moderada) en materia de interpretación legal.

a) ¿Qué sentido tiene decir que se aplica un precedente, en tanto que regla adoptada en una decisión previa, si se sostiene que el precedente es creado por el juez del segundo caso, que decide la interpretación de la decisión-documento del primer caso? ¿Qué sentido tiene decir que el fundamento del precedente es la igualdad en la aplicación de la ley, si cada decisión es objeto de la interpretación de los jueces posteriores, en función de sus propios parámetros? ¿Qué sentido tiene hablar de eficacia del precedente, vinculante o persuasiva, como algo que tiene una regla de origen jurisprudencial dirigida a jueces que deben adoptar decisiones posteriores si qué constituye un precedente y cuál es su con-

[28] COMANDUCCI, "La interpretación jurídica", en FERRER BELTRÁN - RATTI (eds.), *El realismo jurídico genovés*, p. 58.

tenido prescriptivo y hasta su fuerza es objeto de decisión por quien sería su destinatario?

En nuestra opinión, puede y debe responderse a todas estas preguntas de un mismo modo: ningún sentido. Por ello, quien sostenga una tesis realista radical respecto del precedente debe concluir que este es una institución jurídica fallida[29], puesto que el segundo juez no puede estar vinculado y tampoco persuadido en mayor o menor medida por una regla que, mediante sus decisiones interpretativas y su reconstrucción de los hechos, construye él mismo. En esas condiciones, si dicho juez incluyera en su motivación de la sentencia la apelación al precedente en favor de su decisión, solo podría decirse que está utilizando una estrategia para convencer a terceros mediante el engaño o que él mismo se autoengaña al no ser consciente del alcance de sus decisiones interpretativas.

Evidentemente, esta conclusión, que es ineludible si se parte del escepticismo interpretativo, esto es, del realismo jurídico radical, hace inútil la pretensión de elaborar una teoría general del precedente y, en todo caso, una con los mimbres de la que elabora TARUFFO.

b) Es habitual en la obra del autor en comentario que se haga apelación a la conveniencia de garantizar la racionalidad de las decisiones judiciales. Aunque son muchas las concepciones de la racionalidad que se podrían traer al debate, entendemos que las piezas del razonamiento de TARUFFO son las siguientes: *1*) el proceso no es un mecanismo de resolución de conflictos, sino el instrumento para la aplicación del derecho, por ejemplo, las normas generales a los casos individuales; *2*) para que pueda considerarse correcta una decisión judicial, es requisito imprescindible que las premisas fácticas sean verdaderas, de modo que se aplique, por ejemplo, la norma que castiga el homicidio cuando el

[29] No es casualidad que un realista genovés como CHIASSONI titule su ensayo sobre el precedente "tres ejercicios de desencanto" ["Il precedente giudiziale: tre esercizi di disincanto", en COMANDUCCI - GUASTINI (eds.), *Analisi e diritto 2004. Ricerche di giurisprudenza analitica*, p. 96].

caso sea de homicidio (y el sujeto acusado lo cometió) y no se aplique en caso contrario, y *3*) aunque respecto de las premisas normativas TARUFFO no es tan explícito, parecería requerirse que las normas generales aplicadas al caso sean las aplicables según el ordenamiento vigente. En definitiva, hay un objetivo último, la aplicación del derecho al caso individual, y un objetivo mediato, la averiguación de la verdad, que es condición para el cumplimiento del primero. A partir de la asunción de esos objetivos para el proceso judicial, puede considerarse racional una decisión judicial adoptada mediante una metodología adecuada para alcanzarlos e irracional aquella que resulte de medios inadecuados para alcanzar esas finalidades. De ahí la insistencia de TARUFFO, en materia probatoria, en el objetivo de la averiguación de la verdad sobre los hechos[30]. Ello otorga, en definitiva, carácter previsible a las decisiones judiciales, que resulta imprescindible para que el derecho pueda funcionar como mecanismo de motivación de la conducta.

Pero, ¿acerca de qué hechos estamos interesados en averiguar la verdad en el proceso? La respuesta no puede ser otra que de aquellos que son condición directa o indirecta de la consecuencia jurídica prevista en las normas. Es de este modo que se da una relación de ida-y-vuelta entre la *quæestio iuris* y la *quæestio facti*, como el mismo TARUFFO nos explica[31]. Cuáles son las normas aplicables depende de los hechos del caso y cuáles son los hechos a probar depende de las normas aplicables. Pero, si esto es así, el escepticismo interpretativo radical tiene gravísimas consecuencias para el esquema de la decisión judicial racional antes delineado. En efecto, si la determinación de cuál es la norma dependiera enteramente de la elección interpretativa realizada por el propio juez, entonces de él dependería también la determinación de qué hechos resultan relevantes. Entonces debería definirse de otro modo la importancia de la determinación de la verdad sobre esos hechos, puesto que esta no tendría ya nada que ver con

30 Ver TARUFFO, *La prueba de los hechos*, p. 56.

31 TARUFFO, *La motivación de la sentencia civil*, p. 228 y 229.

la previsibilidad de las decisiones y la aplicación judicial del derecho previamente establecido.

c) No es extraño, sino todo lo contrario, encontrar en la literatura de orientación iusrealista bases escépticas para la interpretación de la ley que no se aplican, en cambio, a la interpretación de las sentencias judiciales. Por decirlo en términos más coloquiales, se sostiene que el derecho es lo que dicen los jueces porque estos son los que toman las decisiones interpretativas y atribuyen, por tanto, significado a los textos legales. Pero no se responde a una cuestión no poco importante: ¿por qué ese mismo escepticismo interpretativo, al que hacía referencia la cita de COMANDUCCI reproducida más arriba, no se aplica a la interpretación de los textos emitidos por los jueces, esto es, a las sentencias? En nuestra opinión esta es una pregunta crucial para la sostenibilidad teórica del realismo jurídico[32].

Pero no es esta la posición teórica de TARUFFO. Más bien, en su caso, el panorama es inverso. En efecto, hasta aquí se han mostrado las bases escépticas de la teoría de la interpretación de las sentencias judiciales presupuestas en la teoría del precedente de TARUFFO, pero el autor no aplica ese mismo escepticismo interpretativo para la interpretación de la ley, respecto de la que toda su obra presupone una posición al menos moderadamente cognoscitivista. De hecho, toda su teoría de la prueba, por poner solo un ejemplo, no tendría sentido si no presupusiera la posibilidad de conocer el contenido de las normas y de predecir las decisiones judiciales que las aplican. Como ya hemos argumentado, tampoco resultaría comprensible preocuparse por la racionalidad de las decisiones probatorias en el proceso judicial si no hubiera ningún patrón de corrección para las decisiones interpretativas (incluidas aquellas que versan sobre las reglas sobre la prueba misma). Pero ¿hay razones para sostener una concepción realista para la interpretación de las senten-

[32] Un desarrollo mayor de este argumento crítico puede verse en FERRER BELTRÁN - RODRÍGUEZ, *Sobre dinámica jurídica y jerarquías normativas: algunas respuestas a los críticos*, "Analisi e Diritto", 2013, p. 104 a 108.

cias y una cognoscitivista para las normas legisladas? En nuestra opinión la respuesta no puede ser más que negativa. Por supuesto, en ocasiones puede resultar más o menos difícil identificar la *ratio decidendi* de una decisión judicial o, en otros términos, la o las premisas mayores de su argumentación[33]. Pero ello no es categorialmente distinto de las complicaciones que enfrentamos en ocasiones para identificar la norma expresada en una disposición legal[34].

Pero, es más, si hubiera razones para sostener un cognoscitivismo interpretativo moderado para la interpretación de la ley y un escepticismo radical para la interpretación de las decisiones judiciales, cabría entonces preguntarse cuál es el sentido de la exigencia de motivación de aquellas decisio-

[33] Cabe señalar que no solo es difícil en ocasiones identificar la *ratio decidendi*, sino que, antes de eso, es también controvertida la propia noción de *ratio decidendi*. Así se expresa MacCormick al respecto: "La mayor dificultad para alcanzar una clara comprensión de cualquier doctrina del precedente y, por tanto, de cualquier tipo de derecho jurisprudencial es la controvertida dualidad de la *ratio decidendi*" ["Why cases have rationes and what there are", en Goldstein (ed.), *Precedent in law*, p. 157]. Es importante advertir aquí una sutil diferencia entre sostener una concepción convencionalista de la interpretación y constatar que, en una determinada comunidad, y respecto de una determinada noción o documento, no hay convención interpretativa vigente, por un lado, y sostener una concepción escéptica de la interpretación que niega la posibilidad misma de determinar el significado convencionalmente, por el otro. Esto es importante porque un estudio de campo podría decirnos que en un determinado país o en una cultura jurídica no hay el más mínimo acuerdo acerca de lo que es la *ratio decidendi* de una sentencia, o, aun habiéndolo, la forma en que se redactan las sentencias (p.ej., con ausencia de motivación) hace imposible la identificación de su *ratio decidendi*. Esa situación, sin embargo, no puede servir de fundamento a una concepción escéptica de la interpretación de las sentencias, sino más bien a la conclusión de que en ese país no hay convención lingüística acerca de qué es una *ratio decidendi* y, por tanto, un precedente o, habiéndola, no es posible identificar los precedentes por la forma en que se redactan las sentencias. Dado que el derecho depende del lenguaje y el lenguaje es convencional, en ese caso, diríamos también que no hay precedentes en el sistema jurídico en cuestión.

[34] Tampoco son tan distintas las técnicas que se utilizan para no aplicar el precedente y para considerar no aplicable la ley. Piénsese, por ejemplo, en la similitud entre el *distinguishing* (ver una buena presentación al respecto en Marinoni, *Precedentes obrigatórios*, p. 327) y el argumento de la disociación (ver Guastini, *L'interpretazione dei documenti normativi*, p. 163). Evidentemente, no vale lo mismo para el denominado *overruling* (Marinoni, *Precedentes obrigatórios*, p. 390), por cuanto los jueces no tienen competencia para derogar normas legisladas.

nes en la que Taruffo insiste sin cansancio. En su obra clásica sobre la motivación de la sentencia civil, podemos leer que la *ratio* de la obligación de motivación "consiste esencialmente en la necesidad de que el contenido de la decisión pueda individuarse y definirse de manera adecuada, a partir de las afirmaciones del juez"[35]. Ello, claro, no es posible si se parte de una concepción escéptica radical acerca de la interpretación de las decisiones judiciales y, al no ser posible el objetivo, perdería sentido la exigencia de motivación fundada en él.

§ 4. *"El precedente es lo que dicen los jueces que es"*

Este podría ser el lema de una visión iusrealista del precedente, haciendo el paralelismo con el famoso "el derecho es lo que dicen los jueces que es". Hace unos años tuvimos oportunidad de discutir con Moreso precisamente acerca de esta última fórmula[36]. En ambos casos parece suponerse que la determinación de qué es derecho (legal o jurisprudencial) depende de las decisiones de cada juez que debe resolver un caso, de manera que no cabría referirse a derecho preexistente a la propia decisión. Es así que se afirma que el precedente lo crea el segundo juez o que el juez decide el contenido de la ley mediante sus decisiones interpretativas.

Sucede, sin embargo, que la expresión "el precedente es lo que dicen los jueces que es", al igual que "el derecho es lo que dicen los jueces que es", sufre de una muy relevante ambigüedad que debe ser advertida. Esas fórmulas admiten, en efecto, dos interpretaciones, que dan lugar a dos teorías muy distintas (del precedente y del derecho). Según la primera, es un precedente lo que dice cada uno de los (segundos) jueces en sus decisiones. Si así se sostiene, no habrá

[35] Taruffo, *La motivación de la sentencia civil*, p. 339 y 340.

[36] Ver Moreso, "La doctrina Julia Roberts y los desacuerdos irrecusables", en Moreso - Prieto Sanchís - Ferrer Beltrán, *Los desacuerdos en el derecho*; Ferrer Beltrán, "Sobre la posibilidad del error judicial y los desacuerdos irrecusables en el derecho. Once comentarios a las tesis de José Juan Moreso", en oreso - Prieto Sanchís - Ferrer Beltrán, *Los desacuerdos en el derecho*.

posibilidad conceptual de predicar error judicial y, por supuesto, tampoco de sostener que el juez está vinculado por norma previa alguna. La segunda interpretación, muchas veces obviada, sostendría en cambio que el precedente o el derecho es el resultado de las prácticas interpretativas convergentes, realizadas por los jueces, sobre las disposiciones contenidas en sentencias previas o en la ley[37]. Si se admite que el lenguaje, y por tanto el significado de esas disposiciones, es convencional, entonces es plausible sostener que el significado de esas disposiciones, esto es, las normas jurisprudenciales o legales, es el producto de las convenciones interpretativas de la comunidad de referencia. Esa comunidad está compuesta fundamentalmente por los juristas y, muy en especial, por los jueces en su conjunto. Claro está que en este caso las convenciones existentes fungen de patrones de corrección y, en consecuencia, cabe el error por parte de cada juez individual[38]. También es evidente que allá donde la convención interpretativa no llegue no podrá hablarse de derecho preexistente a la decisión interpretativa del juez que lo instituya. Denominamos la teoría que es resultado de esta segunda interpretación realismo jurídico moderado, aunque no queríamos en ese momento ni es nuestra intención ahora discutir sobre el nombre[39].

[37] Esta concepción del precedente (o de la jurisprudencia) como tarea colectiva no es ajena al punto de vista de los propios jueces. Como muestra, ver Xiol Ríos, *El precedente judicial en nuestro derecho, una creación del Tribunal Constitucional*, "Revista Poder Judicial", 2ª época, nº 3, 1986, p. 32 y 33; Peces Morate, *Valor de la jurisprudencia*, "Estudios de Derecho Judicial", nº 34, 2001, p. 60, que asumen explícitamente que la jurisprudencia y los precedentes son un producto de elaboración colectiva de todos los jueces y tribunales.

[38] Por supuesto, una decisión interpretativa contraria a los patrones interpretativos convencionalmente dominantes puede conseguir, en algunos casos, cambiar esos patrones interpretativos. En ese caso, suele considerarse correcta, de acuerdo con la nueva convención, pero no lo era en el momento en que fue adoptada, de acuerdo con la convención anterior. Por supuesto, no todo agente tiene *de facto* las mismas posibilidades de cambiar las convenciones vigentes. Así, por ejemplo, no tiene las mismas posibilidades un juez de primera instancia que el tribunal supremo, aunque no se puede descartar tampoco lo primero.

[39] De hecho, nada impediría asumir una concepción de este tipo a quien sostuviera un tipo de positivismo hartiano, por ejemplo. Se trata, pues, de una

En cambio, una vez que se advierte del falso dilema entre el formalismo y el realismo jurídico radical, se puede observar también que el debate acerca de la eficacia de los precedentes está también mal formulado. Se plantea, en efecto, la opción entre que el precedente esté predeterminado (a la decisión del segundo juez) desde el preciso momento en que la sentencia (del primer juez) fue dictada y una segunda opción, según la cual el precedente es creado mediante la decisión del segundo juez y, por tanto, su fuerza solo puede ser persuasiva hacia terceros, a quienes se presenta la imagen engañosa de que el juez al decidir ha seguido una regla previa realmente inexistente.

El realismo jurídico moderado se sitúa entre esas dos opciones. Niega que el significado de las disposiciones esté fijado *a priori* desde su formulación y de una vez por todas y niega también que lo pueda determinar individualmente cada uno de los intérpretes que tienen que aplicar esas disposiciones. El segundo juez se encontrará ante un precedente (que lo vincule en sentido estricto o tenga alguna otra fuerza menor, si se quiere siguiendo la propia escala de la eficacia diseñada por TARUFFO) cuando los patrones interpretativos vigentes en su comunidad así lo identifiquen. En cambio, si la combinación entre el modo en que está redactada la primera sentencia y los patrones interpretativos vigentes no permite identificar convencionalmente la regla que expresa, entonces no podrá decirse que el segundo juez dispone de un precedente y deberá fundar de algún otro modo su resolución.

Con ello, el realismo jurídico moderado ofrece la misma respuesta en el ámbito de la interpretación de la ley y en el de la interpretación de las decisiones judiciales, y explica también la eficacia persuasiva del precedente, que puede ser identificado utilizando los patrones interpretativos vigentes en la comunidad y es capaz, de este modo, de condicionar las decisiones posteriores de otros jueces.

elección nominativa que pretende solo poner el énfasis en el papel crucial de los jueces, como comunidad, en la determinación del derecho.

En definitiva, creemos que Taruffo hubiera hecho bien en asumir como presupuestos iusfilosóficos de su teoría del precedente los del realismo jurídico moderado (un convencionalismo lingüístico en lugar de su escepticismo), lo que habría dotado de coherencia interna las piezas fundamentales de la teoría del precedente de nuestro autor y ofrecería una imagen también coherente de la teoría del precedente con el resto de la teoría de Taruffo.

RESPUESTA DE MICHELE TARUFFO A JORDI FERRER BELTRÁN

Centra Ferrer Beltrán su argumento en algunos de mis escritos en los que, en los últimos años, me he enfrentado al problema del precedente judicial. Indica analíticamente las fuentes a las cuales hace referencia, enumeradas en la bibliografía, y por lo tanto no necesito hacer citas detalladas aquí[40]. Ferrer Beltrán analiza mi pensamiento sobre el problema del precedente de una manera sustancialmente correcta y, por lo tanto, remito al lector a lo que él escribe al respecto.

Antes bien, vale la pena desarrollar algunas consideraciones en respuesta a las críticas que él me dirige sobre algunos aspectos acerca de los cuales he escrito en varias ocasiones.

Un primer aspecto que me parece relevante surge cuando (§ 3) critica la idea (no solo la mía, dado que en realidad se remonta a la doctrina clásica del precedente) según la cual es el juez del caso sucesivo el que decide si se debe aplicar o no en su caso la *ratio decidendi*, que ha sido aplicada en el caso anterior, y esta decisión depende de si este segundo juez encuentra que existe una *analogía suficiente* entre los

[40] Me limito a indicar dos escritos recientes que Ferrer Beltrán no ha podido tener en cuenta, a saber, Taruffo, *Aspetti del precedente giudiziale*, "Criminalia, Anuario di Scienze Penalistiche", 2014, p. 37, y también cuanto escribo sobre el precedente en Ferrer Beltrán - Vázquez (eds.), *Debatiendo con Taruffo*, p. 422.

hechos sobre lo que debe decidir y los hechos del caso precedente. En este sentido, la crítica de FERRER BELTRÁN va dirigida sobre todo en el sentido de que no es posible establecer una analogía "entre hechos" sin referirse a una norma que se refiera a estos hechos. A propósito de ello, podría decir dos cosas.

Por un lado, es perfectamente posible establecer una analogía entre dos situaciones de hecho que se comparan. De acuerdo con la ley leibnitziana de los indiscernibles, dos hechos idénticos no existen, pero pueden existir –como ocurre millones de veces– situaciones de hecho *similares*: nada impide que se establezca una analogía entre el hecho de que estoy bebiendo en este momento un *gin-tonic* y el hecho de que FERRER BELTRÁN está bebiendo un *gin-tonic* en este momento. Naturalmente, esto presupone que determinamos los aspectos *relevantes* de las dos situaciones (descuidando, por ejemplo, los colores de nuestras corbatas), pero esto no significa que estamos parangonando dos *situaciones de hecho* que son similares porque ambos estamos bebiendo *gin-tonic* en el mismo lugar y al mismo tiempo. Si, mientras FERRER BELTRÁN toma *gin-tonic*, yo bebo un *whisky*, la consecuencia es que las dos situaciones son *menos similares*, pero siguen siendo bastante similares si lo que se hace notar es el hecho de que ambos estamos bebiendo algo en el mismo lugar y al mismo tiempo.

Por otra parte, en el caso del precedente judicial, es cierto que los hechos del primer caso se han determinado teniendo en cuenta una regla de derecho, o sea la regla que fue aplicada como *ratio decidendi* en aquel caso, pero esto no constituye un problema para el segundo juez: se puede decir, de hecho, que él debe determinar si los hechos de su caso son suficientemente similares a los del caso anterior, y *por lo tanto* si la misma regla también puede aplicarse a ellos. Se considera que es la diferencia entre las dos situaciones de hecho la que justifica distinguir el caso bajo examen, es decir, la que autoriza la decisión del segundo juez de no aplicar la misma regla en su caso. No creo, por lo tanto, que el razonamiento del segundo juez tenga necesariamente, como en cambio dice FERRER BELTRÁN, una estructura subsuntiva: podrá asumir esta estructura solo cuando el segundo juez considere que los hechos del caso son lo bastante similares a los del caso anterior y luego aplique la misma *ratio decidendi* él también.

Estas observaciones se refieren a lo que considero la noción *correcta* del precedente judicial. Es necesario observar, sin embargo, que el término "precedente", o sus equivalentes, es a menudo utilizado en otros modos, lo que causa una considerable confusión y muchas irregularidades lingüísticas y conceptuales. Esto es lo que sucede, por ejemplo, en muchos casos en los que hablamos de precedentes sobre decisiones de cortes supremas que, por función institucional, solo tratan cuestiones de derecho y no se ocupan, en cambio, de hechos.

Este es el caso de la Corte de Casación italiana, que decide solo cuestiones de legitimidad, sustantivas y procesales, especialmente cuando se refiere a las que denomina *máximas*, es decir, a textos de unas pocas líneas, extraídos de las motivaciones de las sentencias de la Corte, en los que se plantea la solución de una cuestión de derecho sin referencia a los hechos específicos del caso que ha sido objeto de decisión. Una observación análoga podría también ser hecha con respecto a las sentencias de las cortes constitucionales, dado que ellas se ocupan de la legitimidad constitucional de *normas*, mas no de hechos. También puede hacerse la misma observación sobre el fenómeno reciente, que se está extendiendo, del "precedente supranacional", que verifica cuando se citan decisiones de cortes supranacionales o cortes extranjeras, dado que en estos casos el juez cita decisiones tomadas fuera de su sistema judicial[41].

En este sentido, no estoy de acuerdo con FERRER BELTRÁN cuando dice que hay precedentes solo cuando hay prácticas interpretativas convergentes como resultado de las conven-

[41] Sobre estas hipótesis del uso anormal del término "precedente", ver más ampliamente TARUFFO, *Aspetti del precedente giudiziale*, "Criminalia, Anuario di Scienze Penalistiche", 2014, p. 44.

ciones interpretativas de la comunidad de referencia (§ 4). Las razones de mi desacuerdo son esencialmente que, de este modo, no se refiere al fenómeno propiamente dicho, sino al fenómeno diferente que se conoce con el nombre de "jurisprudencia", y que normalmente indica un conjunto de decisiones sobre la misma cuestión de derecho[42]. Sin embargo, como sucede a menudo, la jurisprudencia sobre la misma cuestión puede ser confusa y contradictoria, con la consiguiente dificultad o incluso imposibilidad de establecer si existen prácticas interpretativas "convergentes"[43]. Por otro lado, es evidente que incluso una sola decisión puede constituir un precedente real, siempre y cuando se aplique su *ratio decidendi* en casos posteriores (y también en un solo caso posterior) sobre la base de la analogía fáctica acerca de la cual ya me he expresado.

Otro aspecto importante del argumento de Ferrer Beltrán surge cuando él se ocupa de todo lo que he dicho sobre la eficacia del precedente (§ 2, b). En sustancia, mi tesis va en el sentido de afirmar que, en principio, el precedente no tiene fuerza vinculante en las decisiones posteriores, dado que solo puede tener un *efecto persuasivo*[44]. Como he tratado de explicar en mis escritos, haciendo referencia a un ensayo crítico de Peczenik[45], esta eficacia puede manifestarse en diferentes grados, por lo que la fuerza del precedente puede ser muy diferente dependiendo de varios factores, tales como la posición del tribunal que ha pronunciado la sen-

[42] Al respecto, ver más ampliamente Taruffo, *Precedente e giurisprudenza*, "Rivista Trimestrale di Diritto e Proceduria Civile", 2007, p. 709.

[43] Ver nota 48 y en el texto.

[44] Esto hace problemático el ejemplo brasileño, dado que el Código de Procedimiento introducido en Brasil prevé con normas específicas la eficacia vinculante del precedente y la jurisprudencia. Ver, por ejemplo, Lopes Filho, *Precedentes judiciais no constitucionalismo brasileiro contemporâneo*; Mitidiero, *Precedentes da persuasão à vinculação*; Marinoni, *Precedentes obrigatórios*. Para Ferrer Beltrán, sin embargo, el brasileño sería el único precedente verdadero, dado que cree que no hay precedente cuando una decisión es solo persuasiva (p. 11).

[45] Cfr. Peczenik, "The binding force of precedent", en MacCormick - Summers (eds.), *Interpreting precedents. A comparative study*, p. 461.

tencia en el caso anterior y la del segundo juez en el sistema judicial, o también en función de la calidad de la decisión y de las motivaciones que la justifiquen. Estos factores no solo operan –como piensa FERRER BELTRÁN en el § 3– en el *auditorio* del segundo juez, al que se enderezan los fundamentos de su decisión, que sigue o no sigue el precedente, sino, sobre todo –y este es mi pensamiento–, en la comparación del mismo *segundo juez*, cuando decide si aplicar o no aplicar el precedente a los hechos de su caso. A diferencia de lo que escribe FERRER BELTRÁN, no veo nada extraño ni problemático en el decir que, en realidad, es el segundo juez (pero con él también cualquier juez subsiguiente) el que "crea" el precedente, en suma: es el segundo juez (y por lo tanto, el tercero, el cuarto, el juez *n*, etc.) quien determina si lo anterior aplica o no en su caso.

De hecho, se trata de una decisión en gran parte discrecional, no solo por lo que se ha dicho anteriormente sobre la analogía entre las dos situaciones fácticas, sino también porque el juez del siguiente caso toma en consideración una variedad de factores que pueden inducirlo a que no siga el precedente, como lo hacen los jueces estadounidenses y los jueces ingleses ordinariamente[46]. FERRER BELTRÁN piensa (§ 3) que, por consiguiente, no tiene sentido alguno hablar de igualdad en la aplicación de la ley o de cualquier eficacia del precedente, si se admite que la eficacia del precedente depende de la decisión "creativa" del próximo juez. Me parece que esta opinión es excesiva. Por un lado, de hecho, se puede hablar de una concepción "particularista" de la justicia y la aplicación de la ley, poniendo entre paréntesis la concepción "universalista" de igualdad y uniformidad de tal aplicación[47], lo que permitiría admitir variaciones y diferencias, siempre que estén justificadas en las diversas situaciones de hecho. Por otro lado, el hecho de que el próximo

[46] Al respecto, ver en particular MARSHALL, *Trentatré cose che si possono fare con i precedenti*, "Ragion Pratica", fasc. 6, 1996, p. 29.

[47] En este sentido, ver más ampliamente TARUFFO, *Aspetti del precedente giudiziale*, "Criminalia, Anuario di Scienze Penalistiche", 2014, p. 51.

juez utilice los poderes discrecionales que le competen para *interpretar* el precedente implica solo que puede *no* seguirlo, si cree tener buenas razones para decidir en este sentido, pero no le impide seguir el precedente y entonces aplicar la misma *ratio decidendi* si cree que no tiene buenas razones para no hacerlo.

Todo esto no implica en absoluto que, como escribe FERRER BELTRÁN (§ 3), el precedente sea una institución "fallida" si no se le reconoce eficacia vinculante y en su lugar se reconozca, como lo hago yo, que tiene solo una eficacia persuasiva, aun si esta eficacia puede ser muy fuerte, y que su aplicación dependa esencialmente de la posibilidad de que el próximo juez decida aplicarla. Pero qué sucede si una decisión, tal vez de un tribunal supremo, no es seguida en los casos sucesivos (p.ej., porque está errada en derecho o porque se trata de una "mala" decisión), tal vez ni siquiera del mismo tribunal supremo (como suele pasar en la jurisprudencia de la Corte de Casación italiana)[48]. Lo mínimo que puede decirse es que esa decisión no constituye un precedente si ningún juez subsiguiente la ha considerado apropiada para seguirla.

Otro aspecto que me parece relevante en las observaciones de FERRER BELTRÁN sobre mi pensamiento surge en los diversos puntos en los que me atribuye una orientación iusrealista, pero luego dice que mi orientación contrastaría con el método que sigo en mi análisis del razonamiento probatorio. En este segundo punto no puedo discutir aquí tal como el problema lo requiere. Por lo tanto, me limito a dos breves observaciones. Una es que en estos análisis trato de identificar modelos racionales y modelos para la evaluación de las pruebas, sin dejar de tomar en cuenta cómo las decisiones sobre los hechos se formulan en la realidad procesal. La otra observación, consecuente, es que, por lo tanto, no veo ninguna contradicción entre el método que sigo en esos

[48] Cfr. MONETA, *I mutamenti nella giurisprudenza della cassazione civile. Ottocentosessantasette casi di contrasto nel quinquennio 1988-1992.*

análisis y la orientación iusrealista que seguiría cuando me ocupo del precedente. Incluso en este caso, de hecho, trato de entender qué cosa es realmente un precedente, en qué consiste una *ratio decidendi* y cómo se justifica racionalmente la decisión de seguir o no seguir el precedente.

En cuanto a mi orientación iusrealista, creo que FERRER BELTRÁN tiene básicamente razón, pero aquí se trata de entendernos sobre palabras. Ciertamente no estoy de acuerdo con las tesis radicales de los realistas estadounidenses de la década de 1930 o con otros autores que reducen el derecho a las consecuencias de los estados emocionales de los jueces[49]. Si tuviera que definir mi orientación, me pondría en la corriente de pensamiento que ahora se conoce con el nombre de "realismo genovés", en referencia al pensamiento de GIOVANNI TARELLO y los principales exponentes de su escuela. En este sentido, sin embargo, un punto en el argumento de FERRER BELTRÁN me parece dudoso. Básicamente dice que no puedo ser escéptico cuando hablo del precedente y no serlo cuando hablo sobre la interpretación de las reglas, especialmente las relativas a las pruebas. Sin embargo, no me parece que esta sea una interpretación correcta de mi pensamiento. Por un lado, de hecho, cuando hablo del precedente soy moderadamente realista porque excluyo que tenga fuerza vinculante y considero relevantes los factores que influyen en su eficacia persuasiva: factores que también sirven de criterio para justificar racionalmente la decisión del juez que trata el precedente. Por otro lado, no soy formalista cuando trato acerca de normas o de pruebas, dado que admito la pluralidad de las posibles interpretaciones, la variedad de decisiones particularistas y la posible racionalidad de la evaluación concreta de las pruebas y la decisión final sobre los hechos[50]. En otros términos, y para ponerlo en modo sucinto, no considero que existan diferen-

[49] Cfr. FORZA - MENEGON - RUMIATI, *Il giudice emotivo. La decisione tra ragione ed emozione*.

[50] Para tomar cuenta de ello, ver TARUFFO, *La semplice verità. Il giudice e la costruzione dei fatti*.

cias sustanciales entre la interpretación que el juez sucesivo debe hacer del precedente, para decidir si seguirlo o no, y la operación interpretativa que el juez debe hacer respecto de cualquier norma que pueda usarse como base para la decisión del caso.

Capítulo III

COMENTARIOS SOBRE "EL VÉRTICE AMBIGUO. ENSAYOS SOBRE LA CASACIÓN CIVIL"*

por Fernando Díaz Cantón

§ 1. *Complejidad y ambigüedad de la casación*

La metáfora mítica de la función de la casación ha sido el esfuerzo de Argos Panoptes, cuyos cien ojos vigilaban intermitentemente, día y noche, a la ninfa Io[1]. Se pretendía que la casación supervisara, obsesiva y celosamente, la observancia del derecho objetivo y defendiera la vigencia de la ley, y la uniformidad en su interpretación y aplicación. Aciago fue el destino de Argos cuando Hermes, con su flauta, logró que todos los ojos de Argos desfallecieran. Así ha pasado con la casación y su ambiciosa pretensión. Mucho tiempo después, con mayor sentido de la realidad, se ha comprendido que la función de la casación se parece más a la figura, también mítica, de Proteo, el dios de la metamorfosis, de la ambigüedad, del cambio, de la incerteza, de la inconstancia.

En esta obra Taruffo enrostra la muy difundida postura consistente en considerar que la "naturaleza" de la casación

* Título original del libro de Michele Taruffo: *Il vertice ambiguo. Saggi nulla cassazione civile*, Bologna, il Mulino, 1991. En español, Lima, Palestra, 2006.

[1] Cita de D'Amelio en Calamandrei, *Casación civil*, p. 17.

y de sus funciones es unívoca, simple, homogénea, clara y evidente. Esta postura, ontologizante y reduccionista, es –según sostiene TARUFFO– infundada: se trata, en realidad, de concepciones diversas, que demuestran la complejidad, la variabilidad y la ambigüedad del fenómeno.

Dedica TARUFFO todos los ensayos contenidos en este libro a poner en evidencia dicha ambigüedad, ofreciendo un cuadro compuesto por algunas distinciones o contraposiciones. Aquí solo habremos de detenernos en las más importantes.

§ 2. *DOS MODELOS*

La casación se encuentra en un lugar intermedio entre dos *modelos*, trayendo de cada uno elementos contradictorios.

a) Una Corte Suprema dotada de una función de control de legitimidad en estado puro, es decir, de interpretación de la ley en general (CALAMANDREI).

b) Una Corte Suprema que desarrolla dicho control de legitimidad sobre la sentencia pronunciándose sobre el mérito de la controversia.

§ 3. *FINALIDAD DEL CONTROL*

Aquello que importa y discrimina es, en cambio, la *finalidad* o la *dirección* del control de legitimidad.

a) La verificación de la legitimidad se puede realizar desde la decisión del caso concreto, considerándolo –por así decir– un "caso paradigmático", dirigida predominantemente *al futuro*, es decir, a los futuros casos idénticos o análogos, y su propósito principal consiste en establecer un criterio válido para la decisión de estos casos futuros e influenciar la jurisprudencia sucesiva de los jueces de mérito y de la casación misma (precedente).

b) Puede ocurrir que el control se realice solamente sobre la legalidad de la específica decisión impugnada. En esta situación, el caso particular no es paradigma de nada y solo se representa a sí mismo. El juicio de legitimidad se dirige solo *al pasado*, dado que interesa solo el supuesto de hecho (*fattispecie*) que se ha verificado y que ya ha sido decidido por otros jueces, lo cual tiene por finalidad descubrir y eliminar los errores eventualmente cometidos por aquellos en la aplicación de una norma al caso concreto. Aquí se trata, exclusivamente, de control en sentido propio, centrado esencialmente sobre la adecuación de la interpretación de la norma a las específicas exigencias decisorias del caso concreto.

§ 4. *Nomofilaquia*

En el ámbito de la idea general de nomofilaquia, se perfila también una posible distinción.

a) Esta puede ser entendida como orientada en el sentido de indicar *en términos generales* aquello que la Corte considera que es el significado propio de la norma. El análisis del caso singular puede ser útil para poner a prueba la interpretación.

b) Es también posible definirla como tutela de la legalidad de la decisión *en el caso concreto*, es decir, en la específica sentencia que ha sido impugnada. En tal caso, el núcleo esencial del control realizado por la casación no es la *interpretación* de la norma, sino su *aplicación* al caso concreto; se podría decir que aquí la casación no está siquiera orientada a la individualización de la "mejor" interpretación: si de una norma son posibles más interpretaciones lícitas, y la sentencia impugnada ha aplicado una de ellas, esto debe bastar para decir que la legalidad ha sido respetada en aquel caso, aunque la interpretación adoptada en él no sea la óptima o no sea idónea para funcionar como regla general.

En la primera concepción, es la casación la que escoge y propone una interpretación, indicándola como regla general e individualizándola entre diversas interpretaciones posibles; en la segunda, es en realidad el juez de mérito quien realiza las elecciones decisivas del caso concreto, mientras la casación se limita a verificar *ex post* que no sean violadas las condiciones mínimas de compatibilidad de la decisión específica con el sistema.

§ 5. *Legalidad formal y valorativa*

Hay también otra variación en el interior de la idea general de nomofilaquia.

a) Por un lado, se puede pensar en la legalidad *formal* que caracteriza todas las concepciones positivistas de la ley y del ordenamiento jurídico que excluyen opciones de valor por parte del órgano que efectúa la tutela, o al menos configura estas opciones como innecesarias: la legalidad formal de una interpretación o de una decisión deriva, en efecto, de relaciones de compatibilidad formal con el sistema y de criterios de validez, no de valoraciones "de contenido".

b) Por otro lado, se puede considerar que la legalidad corresponde a la *justicia* de la interpretación de las normas, es decir, a la elección de la interpretación que mejor corresponda a criterios "de valor" derivados de cualquier sistema que contemple calificaciones no formales de justo-injusto.

§ 6. *Unificación de jurisprudencia*

También existen variaciones y distinciones en la otra esencial función que tradicionalmente se le asigna a la casación: la unificación de jurisprudencia.

a) Esta puede ser vista como una indebida interferencia en la libertad que el juez debe tener en la interpretación y aplicación de la ley o, en la misma línea, como una expresión de una concepción abstracta y formalista, en la cual las exigencias de justicia del caso concreto son sacrificadas. En esta perspectiva, la existencia de numerosos conflictos e incoherencias al interior de la misma jurisprudencia de la casación, así como de diferencias muy marcadas entre las orientaciones de la Corte y de los jueces de mérito, no son en absoluto expresiones de un fenómeno patológico, sino consecuencias del todo obvias por el hecho de que cada caso concreto hace historia para sí y ninguna uniformidad puede ser encontrada, sino a costa de inútiles y peligrosas operaciones forzadas, en la infinita diversificación de los particulares supuestos de hecho.

b) Por otro lado, es posible considerar "en positivo" la uniformidad de la jurisprudencia que la casación debería tendencialmente garantizar: la uniformidad de la jurisprudencia puede aparecer estrechamente conexa a valores de fondo de los ordenamientos actuales, como la igualdad de los ciudadanos frente a la ley o la certeza del derecho, entendidos no de manera abstracta y formal, sino como objetivos a realizar en la administración concreta de la justicia.

Dado que la uniformidad total y absoluta no es realizable y no es ni siquiera auspiciable porque reduciría a cero la independencia del juicio, la relación uniformidad-diversidad o estabilidad-variación aparece como una relación esencial e insolublemente ambigua: así como la diversidad y la evolución no pueden significar el abandono de criterios generales en la interpretación de las normas, tampoco la uniformidad y la estabilidad pueden convertirse en jaulas vinculantes para el intérprete.

Se puede reconocer, dice TARUFFO, que la estabilidad y la uniformidad de la jurisprudencia de casación no son valores absolutos y que más bien resulta indispensable un notable grado de elasticidad interpretativa para asegurar la concreta adaptación del derecho a las necesidades y a los valores de una sociedad en rápida transformación. Pero cuando la elasticidad interpretativa se convierte en una desordenada casualidad, en una masa de decisiones que escapan a cualquier criterio racional, se verifica una degeneración que coloca a la Corte fuera de las coordenadas institucionales que definen su naturaleza y función.

§ 7. *UNIFORMIDADES SINCRÓNICA Y DIACRÓNICA*

Incluso dentro de la uniformidad se puede distinguir todavía entre una uniformidad *sincrónica* y una *diacrónica*.

a) Por uniformidad *sincrónica* se puede entender la aplicación de la misma interpretación a todos los casos que, en el mismo momento, son juzgados según una misma norma, entendiendo "el mismo momento", desde luego, como un razonable período de tiempo.

b) Por uniformidad *diacrónica* se puede entender el mantenimiento de la misma interpretación en el tiempo, o al menos por períodos de tiempo bastante largos.

Ambos conceptos de uniformidad, según TARUFFO, poseen alguna connotación positiva, pero si ellos fueran empleados juntos y de manera absoluta, de esto resultaría un sistema imposible e inoportuno: lo primero porque ninguna Corte podría garantizar una uniformidad absoluta, y lo segundo porque ello significaría cristalizar una interpretación, bloqueando la evolución del derecho y haciendo de la nomofilaquia una operación formalista, antes que una actividad de creaciones "justas".

El punto de equilibrio puede identificarse en la idea de variación *justificada*: la uniformidad debería ser mantenida por la casación en tanto no surjan razones que justifiquen una interpretación diversa, por ejemplo, cuando cambian los juicios de valor que inciden sobre la interpretación de la ley.

§ 8. *CASACIÓN COMO GARANTÍA DE LEGALIDAD*

Las variaciones e incertezas no desaparecen ni siquiera cuando se configura la función de la casación como garantía de legalidad:

a) Existe la posibilidad de configurar la garantía de legalidad en términos objetivos, atribuyendo a la casación la tarea de asegurar la legalidad del ordenamiento. El objeto de la garantía viene a ser, por lo tanto, el sistema de normas: por un lado, se trata de asegurar la reacción del ordenamiento contra las violaciones de las normas; por otro lado, la legalidad debe ser garantizada teniendo como principales puntos de referencia los valores del ordenamiento, como la igualdad frente a la ley, la certeza de la interpretación, la coherencia de las soluciones interpretativas. El control de legalidad sobre el caso concreto es, en esta perspectiva, la ocasión que se aprovecha para actuar la garantía de la legalidad del ordenamiento, pero no es más que eso.

b) Sin embargo, desde hace un tiempo surgió una concepción *subjetiva* de tal garantía, según la cual todo sujeto involucrado en una controversia tendría por esto mismo un derecho individual al control de legalidad sobre su caso, es decir, un derecho subjetivo individual al juicio de casación: los que están garantizados son los derechos subjetivos, mientras que la legalidad del ordenamiento permanece en el fondo y no es tomada en consideración. No es casual que el control de legalidad en casación tienda a ser configurado como objeto de una garantía individual, asistida por el principio constitucional, sobre todo en el ámbito del proceso penal. El hecho de que, como consecuencia de aquello, se realice también un fragmento de legalidad del sistema constituye una mera eventualidad, oportuna y auspiciable, pero en el fondo no dotada de relevancia autónoma.

En definitiva, sostiene TARUFFO, la casación está destinada a permanecer como un híbrido entre el instituto delineado por CALAMANDREI en función de intereses generales y un remedio creado para responder al interés privado de las partes para obtener un reexamen de la sentencia de mérito, es decir, entre la relación dialéctica entre el *ius constitutionis* y el *ius litigatoris*.

El autor tampoco descuida, de la mano de la teoría hermenéutica de la interpretación, que la solución del caso no se encuentra en la norma, sino que ella deriva, en cambio, de un complejo procedimiento dialéctico en el cual norma, supuesto de hecho concreto y hecho interactúan en diversas fases y niveles: el modo en el cual la norma es interpretada para ser aplicada al caso concreto implica siempre precisiones y transformaciones de su significado, en el que se combinan razonamiento y opciones valorativas.

§ 9. *Control de coherencia y congruencia*

Tampoco faltan incertezas en la función de la casación de control de la coherencia y congruencia de la motivación del juicio de hecho, que no implica un reexamen sobre dicho juicio. La duda, puesta en evidencia por CALOGERO, está en saber si es posible un control que recaiga solo sobre la logicidad de la motivación o, por el contrario, si el control sobre la motivación implica inevitablemente un reexamen del juicio sobre el hecho. En el plano teórico no parece discutible esta posibilidad, pero la praxis de la casación exhibe que a menudo dicho control se realiza "poco y mal", y que también se empeña en realizar –de manera más o menos subrepticia– una verdadera y propia revisión del juicio de hecho y de la valoración de las pruebas.

Hay ambigüedades en lo que la casación efectivamente hace, comportándose a veces como Corte Suprema y, más a menudo, como juez de tercera instancia, o a veces como custodio de la legitimidad, o más seguido, como juez del caso concreto, o a veces como garante de la racionalidad o como juez de hecho.

Esa ambigüedad, advertimos, se acentúa con el reconocimiento efectuado tanto en el ámbito americano como europeo al acusado condenado por una sentencia penal, de un derecho fundamental a reprobar en forma integral, comprensivo de las cuestiones de derecho y las de hecho y prueba que tolere la inmediación, el fallo condenatorio ante un tribunal superior, reconocimiento del que no es beneficiario el acusador, cuyo recurso sigue limitado por las fronteras tradicionales del recurso de casación. Aquí la contraposición entre legalidad formal y justicia del caso se produce de un modo más patente, dependiendo de cuál sea la parte que provoca, mediante su recurso, la actuación de la casación (el acusador o el acusado). Aun dentro de los acusadores (público o particular) se pueden encontrar diferencias de amplitud en sus recursos, lo que acentúa aún más las ambigüedades.

Como bien dice el autor, las cuestiones expuestas en sus ensayos no están destinadas a resolver las ambigüedades, sino a ponerlas en evidencia, sin fundarse en la aspiración de suministrar respuestas rápidas o soluciones fáciles. La razón reside en el ángulo opuesto: se encuentra en la insatisfacción por las posturas que no tienen en cuenta la complejidad de los problemas, escondiéndolos detrás de respuestas engañosamente simples. Es más útil, concluye TARUFFO, suscitar incertezas que suministrar respuestas: si este libro provocará dudas sobre lo que la casación es y sobre lo que debería ser, entonces habrá alcanzado su objetivo.

La utilidad de la obra de TARUFFO para los estudiosos de la casación y, en general, de la impugnación recursiva de las sentencias es inestimable, pero más por los problemas que plantea que por las soluciones que ofrece. Es que, bien mirado, en el planteo correcto que hace de los problemas está el único camino posible para encontrar las soluciones. Pese a las insuprimibles ambigüedades, TARUFFO no deja de formular una propuesta de reforma del sistema de casación que propenda a la recuperación de su rol institucional.

RESPUESTA DE MICHELE TARUFFO A FERNANDO DÍAZ CANTÓN

El texto de DÍAZ CANTÓN se refiere en modo particular a una colección de ensayos que publiqué hace varios años con el título *El vértice ambiguo*, que ponía en discusión varios aspectos problemáticos de la Corte de Casación italiana, aunque en la perspectiva de las funciones que se atribuyen a las cortes supremas. Estos ensayos fueron escritos originariamente en los años 80, y luego publicados en un volumen en 1991, pero si se considera aquello que ha acontecido o no ha acontecido sucesivamente en el sistema italiano, y también en otros sistemas procesales, se puede probablemente afirmar que muchas de las cosas que escribí entonces, y que

DÍAZ CANTÓN pone ahora en evidencia, no han perdido su originaria validez[2].

Un primer aspecto muy importante refiere a la presencia de varios modelos diferentes de cortes supremas, en los diversos ordenamientos procesales y también al interior de un mismo ordenamiento.

En el primer caso, uno puede, por ejemplo, distinguir los tribunales que tienen la función esencial de establecer precedentes destinados a influir o determinar la jurisprudencia posterior, de los tribunales que tienen esencialmente la función de controlar la legalidad de las decisiones tomadas por los tribunales inferiores. En el primer grupo se colocan adelante –pero no solos– los tribunales de *common law*. De hecho, se sabe que la función de la Corte Suprema de los Estados Unidos de América es gobernar los precedentes[3], y que la misma función pertenece a la *Supreme Court* que desde hace algunos años ha reemplazado a la Cámara de los Lores en el vértice superior del sistema judicial inglés[4]. También es bien sabido, sin embargo, que se va ampliando la tendencia a atribuir la función de establecer y gobernar los precedentes también a varias cortes de *civil law*, incluso cuando históricamente no ha sido esta la función original de esos tribunales. Es lo que sucede, por ejemplo, en Alemania[5], pero también –en cierta medida– en Italia y

[2] Para una exposición más reciente de mi pensamiento ver TARUFFO, "Las funciones de las cortes supremas. Aspectos generales", en TARUFFO - MARINONI - MITIDIERO (coords.), *La misión de los tribunales supremos*, p. 231.

[3] En la inmensa literatura sobre el tema ver en particular GIANNINI, *El certiorari. La jurisdicción discrecional de las cortes supremas*, t. I, p. 213.

[4] Al respecto, ver ANDREWS, *The United Kingdom's Supreme Court: four hopes (individual modesty; institutional neutrality; a diverse case load; clear and succinct judgments)*, "Annuario di Diritto Comparato e Studi Legislativi", 2011, p. 129; íd., "El Tribunal Supremo del Reino Unido y las sentencias de los tribunales ingleses", en TARUFFO - MARINONI - MITIDIERO (coords.), *La misión de los tribunales supremos*, p. 253; GIANNINI, *El certiorari. La jurisdicción discrecional de las cortes supremas*, t. I, p. 292.

[5] Cfr. STÜRNER, *The new role of Supreme Courts in a political and institutional context from the german point of view*, "Annuario di Diritto Comparato e Studi Legislativi", 2011, p. 335.

Francia[6], donde desde hace algún tiempo se atribuye a los tribunales supremos *también* la función de crear precedentes y de dirigir la aplicación de la ley en casos posteriores.

Para los tribunales supremos de *civil law* se trata ciertamente de una novedad relevante, si se considera que en la base de su origen moderno, ciertamente influenciado por el modelo de la casación francesa, se colocaba la función de asegurar y controlar la correcta aplicación de las leyes en casos concretos individuales, consistente con una particular concepción, analítica y específica, del principio de legalidad. No faltaba, como en el caso de CALAMANDREI en 1920, la idea de que la Corte de Casación tiene la función de unificar la jurisprudencia[7], pero esta idea venía presentada como una especie de función "adicional" respecto de la función principal consistente en asegurar la nomofilaxis en la resolución de los casos concretos individuales.

Por otro lado, esta era la función esencial que tradicionalmente se asignaba a las cortes supremas de modelo europeo. De hecho, solo en las últimas décadas, hemos empezado a considerar que la función de los tribunales supremos no debería volverse solo al *pasado*, es decir, corregir los errores de derecho cometidos por los jueces de mérito en sus decisiones, sino que también debería volverse también, o sobre todo, hacia el *futuro*, o sea a la creación de precedentes que puedan influenciar, unificando y uniformando, la posterior interpretación y aplicación de la ley.

Esta tendencia, que parece generalizarse, causa una serie de consecuencias de gran relevancia. Una de ellas es que cambia la forma de entender el control de la legalidad que constituye la función fundamental de los tribunales supre-

[6] Cfr. TARUFFO, "Las funciones de las cortes supremas. Aspectos generales", en TARUFFO - MARINONI - MITIDIERO (coords.), *La misión de los tribunales supremos*, p. 25. En particular sobre la *cassation* francesa, cfr. CADIET, *Le rôle institutionnel et politique de la Cour de Cassation en France: tradition, transition, mutation?*, "Annuario di Diritto Comparato e di Studi Legislativi", 2011, p. 183.

[7] Cfr. CALAMANDREI, "La cassazione civile. II. Disegno generale dell'istituto", en *Opere giuridiche*, p. 104; TARUFFO, *Il vertice ambiguo*, p. 59.

mos. Una cosa es, de hecho, creer que este control tiene esencialmente como objeto atender la legitimidad de las decisiones sobre los casos concretos individuales: en este caso el deber de la Corte Suprema sería aquel de asegurar aquello que se puede definir como "la justicia del caso concreto", como sugiere en particular la perspectiva del particularismo jurídico[8]. Cosa diferente es considerar que el control de legalidad deba estar orientado principalmente a la interpretación de la ley en general y que, entonces, como se ha hecho notar, la función principal de la Corte Suprema sea aquella de asegurar la constancia de tales interpretaciones en todos los casos particulares y, consecuentemente, aquella de crear una jurisprudencia sustancialmente uniforme Estas dos funciones pueden –por así decirlo– coexistir en el ámbito del mismo ordenamiento procesal, con la consecuencia de que la Corte Suprema –como sucede en la *Cassazione* italiana y en la *Cassation* francesa– sigue un modelo mixto, caracterizado por, precisamente, la presencia de dos diferentes concepciones del control de la legalidad que debe llevar a cabo. Sin embargo, esta es una característica típica de los sistemas de *civil law*, pero no de los sistemas de *common law*, en los que prevalece de manera clara la función de crear precedentes y, por lo tanto, orientar la jurisprudencia.

Aun más, en el ámbito de los sistemas de *civil law*, se debe notar una diferencia ulterior, según que la Corte Suprema también funcione como tribunal de tercera instancia, o solamente como tribunal de legitimidad. En el primer caso decide sobre cuestiones de derecho, pero también decide –si es necesario– sobre los hechos de la causa, mientras que en el segundo caso decide únicamente cuestiones de derecho, sustantivas y procesales, pero, si a continuación de su decisión debe sustanciarse un nuevo juicio sobre los hechos de la causa, el tribunal debe remitir esta sentencia a otro

[8] Sobre el tema, ver Bouvier, *Particularismo y derecho. Un abordaje postpositivista en el ámbito práctico*. Ver, además, Taruffo, *Aspetti del precedente giudiziale*, "Criminalia, Anuario di Scienze Penalistiche", 2014, p. 52.

juez de mérito, como ocurre, por ejemplo, en el caso de la casación italiana.

Como se puede ver desde estos breves y sintéticos rasgos, existe una gran variedad de modelos de cortes supremas, y el argumento se complica ulteriormente por el hecho de que en muchos casos se están conociendo transformaciones relevantes[9]. Sin ninguna pretensión de completitud, no obstante vale la pena señalar aquí sintéticamente dos aspectos ulteriores que están emergiendo en la experiencia reciente.

Uno de ellos esta constituido por la importancia que se atribuye al fenómeno del precedente judicial. Históricamente se ha pensado que este fenómeno era exclusivamente típico de los sistemas de *common law*, pero desde hace algún tiempo ha sido un tema recurrente también en el análisis de los sistemas de *civil law*[10]. De hecho, en estos últimos años hay constantes referencias al precedente judicial, aunque rara vez con conocimiento adecuado del fenómeno y de los problemas que eso provoca. En particular, la determinación de precedentes que pueden condicionar las decisiones posteriores es considerada la función principal atribuida a las cortes supremas. La cantidad de páginas escritas sobre esto en las literaturas de varios sistemas es realmente notable: es una pena que en gran medida no contribuya a la claridad de las ideas sobre el tema y, peor aún, produzca una confusión significativa en muchos de sus aspectos. No es posible realizar aquí un análisis adecuado de estos temas[11], pero algunos rasgos particularmente relevantes pueden ser brevemente indicados.

[9] Cfr. los numerosos ensayos recogidos en Taruffo - Marinoni. - Mitidiero (coords.), *La misión de los tribunales supremos*.

[10] La literatura sobre el tema está agotada, pero es todavía indispensable, aun si muy a menudo estas fuentes son ignoradas, el conocimiento de los ensayos recogidos en MacCormick - Summers (eds.), *Interpreting precedents. A comparative study*, y en Hondius (ed.), *Precedent and the law*.

[11] Sobre el tema, ver Taruffo, *Aspetti del precedente giudiziale*, "Criminalia, Anuario di Scienze Penalistiche", 2014, p. 37.

Uno de ellos es que tendemos a perder de vista la noción correcta de lo que constituye un precedente. El precedente, o sea la eventualidad de aplicar en un caso posterior la *ratio decidendi* de un caso anterior, se basa esencialmente en la analogía entre los *hechos* de los dos casos: es esta analogía, revelada por el segundo juez, la que justifica la aplicación de la misma regla seguida por el primer juez, pero, si el segundo juez no nota esta analogía (con el llamado *distinguishing*), él puede desviarse de la regla seguida por el primer juez[12]. Este aspecto fundamentalmente *factual* de la aplicación del precedente es, sin embargo, sustancialmente ignorado todas las veces, y son muchas, en las que nos referimos al precedente con respecto a decisiones que, como las de la casación italiana –por ejemplo– no toman en cuenta los hechos del caso, debiendo ocuparse solo de cuestiones de legitimidad. De allí que, entonces, enunciaciones sintéticas y abstractas, como las *máximas* que se extraen de las decisiones de esta Corte, se califican erróneamente como precedentes[13].

Otro aspecto discutible de los discursos que se hacen sobre el precedente se refiere a la eficacia que este debería tener en las decisiones de casos posteriores. La concepción originaria, y correcta, de esta eficacia está dada en el sentido de que el precedente puede tener una fuerza que puede variar de un caso a otro, dependiendo de varios factores, como la autoridad del tribunal del que emana y la calidad de la decisión en cuestión, pero que jamás es formalmente vinculante[14]. En efecto, tanto el juez inglés como el juez estadounidense, y *a fortiori* las respectivas cortes supremas, tienen amplios poderes discrecionales que les permiten *no* seguir los precedentes en las numerosas situaciones en las

[12] Ver más ampliamente TARUFFO, *Aspetti del precedente giudiziale*, "Criminalia, Anuario di Scienze Penalistiche", 2014, p. 39.

[13] Ver más ampliamente TARUFFO, *Aspetti del precedente giudiziale*, "Criminalia, Anuario di Scienze Penalistiche", 2014, p. 47.

[14] Al respecto, ver en particular PECZENIK, "The binding force of precedent", en MACCORMICK - SUMMERS (eds.), *Interpreting precedents. A comparative study*, p. 461.

cuales el *overruling* del precedente[15] aparece como la decisión más justa[16]. Es entonces que, en general, parece impropio atribuir al precedente un efecto formalmente vinculante para todos los jueces sucesivos, como si se tratara de una norma legal: por regla general, en efecto, el precedente tiene un valor más o menos persuasivo, pero no tiene un efecto verdaderamente vinculante. Luego sorprenden casos como el del reciente nuevo Código Procesal brasileño, en el que se prevé con normas específicas muy detalladas la eficacia vinculante de los precedentes y de la jurisprudencia[17].

El otro aspecto sobre el que se debe reclamar atención, y que está estrechamente relacionado con el problema general de las funciones de las cortes supremas en conjunto con la cuestión del precedente mencionada anteriormente, se refiere a la posibilidad de que estos tribunales tengan la facultad discrecional de seleccionar los casos que consideren apropiados o necesarios para decidir, es decir, el fenómeno que ahora lleva el nombre, de origen estadounidense, de *certiorari*[18]. De hecho, nos enfrentamos a modelos de Corte Suprema completamente diferentes que dependen de si la Corte Suprema tiene este poder o no, como sucede por ejemplo en la casación italiana, aunque sobre la base de una disposición constitucional (art. 111, párr. 7°) que garantiza el recurso a la Corte en todos los casos donde haya habido una violación de la ley, para decidir sobre el mérito de cualquier apelación que se le proponga. En el primer caso, es

[15] Cfr. BRENNER - SPAETH, *Stare indecisis. The alteration of precedents in the Supreme Court. 1946-1992.*

[16] Cfr. SUMMERS, "Precedent in the United States (New York State)", y BANKOWSKI - MACCORMICK - MARSHALL, "Precedent in the United Kingdom", en MACCORMICK - SUMMERS (eds.), *Interpreting precedents. A comparative study*, p. 325 y 355.

[17] Sobre el tema, ver sobre todo LOPES FILHO, *Precedentes judiciais no constitucionalismo brasileiro contemporâneo*; MITIDIERO, *Precedentes da persuasão à vinculação*; MARINONI, *Precedentes obrigatórios*; ZANETI JR., *O valor vinculante dos precedentes*.

[18] Sobre este tema es esencial la referencia al amplísimo análisis desarrollado por GIANNINI, *El certiorari. La jurisdicción discrecional de las cortes supremas*, t. I.

evidente que la función que desempeña el tribunal supremo está orientada sobre todo a crear o modificar precedentes destinados a influir en las decisiones de casos posteriores. Vale, al respecto, la observación de que la fuerza persuasiva del precedente es mayor cuando las decisiones destinadas a constituir precedentes son poco numerosas, por lo que el precedente goza de mayor autoridad y, por lo tanto, es más eficaz si aparece tendencialmente como la fuente única de la regla que debería ser seguida en casos posteriores. Un claro ejemplo de esto es la Corte Supremo de los Estados Unidos de América, donde el *certiorari* permite que el tribunal decida solo ochenta casos por año de todos los asuntos que caen dentro de su jurisdicción[19].

Al respecto, cabe señalar que este tribunal no se considera especialmente orientado a corregir errores de derecho cometidos por tribunales inferiores, sino a crear y gobernar precedentes, especialmente cuando se trata de resolver conflictos de jurisprudencia o de decidir casos de particular importancia[20]. Aquel de la Corte Suprema estadounidense es un caso límite por el escaso número de recursos que superan la selección y luego son decididos de manera efectiva[21].

El caso límite opuesto es, en cambio, el de la casación italiana, que cada año decide alrededor de treinta mil casos en materia civil y cerca de sesenta mil en materia penal. Una de las razones de esta absurda situación está constituida por la disposición constitucional ya mencionada, la que excluye –al menos de acuerdo con la interpretación prevaleciente– cualquier posibilidad de *certiorari*[22]. El caso ita-

[19] Cfr., en particular, GIANNINI, *El certiorari. La jurisdicción discrecional de las cortes supremas*, t. I, p. 242.

[20] Cfr., también, GIANNINI, *El certiorari. La jurisdicción discrecional de las cortes supremas*, t. I, p. 253.

[21] Alguna analogía se puede observar, sin embargo, con la *Supreme Court* inglesa, sobre ello ver GIANNINI, *El certiorari. La jurisdicción discrecional de las cortes supremas*, t. I, p. 301.

[22] No comparto esta interpretación, dado que la norma en cuestión asegura a todos el derecho a *proponer el recurso* a la Corte, pero no el derecho a obtener

liano es evidentemente un *monstrum* en el que se crea un número infinito de problemas, no siendo el último el de la existencia de una jurisprudencia cuantitativamente excesiva, a menudo contradictoria e incierta, en la que resulta poco menos que imposible hablar razonablemente de eficacia del precedente judicial[23].

En 2009 y 2016 se intentó modificar esta desastrosa situación, al menos en parte, pero sin llegar a la introducción de un verdadero y propio *certiorari*, aunque de alguna manera se han tratado de valorizar los precedentes de la Corte. En 2009, de hecho, se previó (mediante la introducción del art. 360 bis del Cód. de Procedimiento Civil) que el recurso fuera declarado inadmisible si la sentencia impugnada se ajustaba a la jurisprudencia de la misma Corte[24]. En 2016, fue modificado el art. 375 del mismo Código y se previó en la mayor parte de los casos la aplicación de un procedimiento sumario simplificado destinado a concluirse con una providencia simple, reservando el procedimiento ordinario, que concluye con sentencia, solo a las hipótesis previsiblemente excepcionales en las que se trata una cuestión de derecho "de relevancia particular"[25]. Como se puede ver, no ha introducido una verdadera selección preliminar de los recursos en casación; más bien, se ha intentado simplificar en cierta medida el procedimiento que puede seguir la Corte cuando la cuestión planteada por la apelación no tiene una importancia particular y, por lo tanto, consecuentemente la decisión pertinente no se considera enderezada a crear un precedente.

---

una decisión sobre el mérito del recurso. Una forma de *certeriorari* sería entonces compatible con la garantía constitucional, previendo que esta fuese interpretada correctamente.

[23] Sobre estos problemas, ver en particular Taruffo, *Precedente e giurisprudenza*.

[24] Sobre el tema, ver Giannini, *El certiorari. La jurisdicción discrecional de las cortes supremas*, t. I, p. 374; también, para numerosas indicaciones bibliográficas, ver Taruffo, *Aspetti del precedente giudiziale*, "Criminalia, Anuario di Scienze Penalistiche", 2014, p. 37.

[25] Al respecto, ver el amplio análisis de Panzarola, Andrea, La Cassazione civile dopo la legge 25 ottobre 2016 n. 197 e i c.d. Protocolli, en *Le nuove leggi civili commentate*, 2/2017, p. 269 ss.

También han surgido problemas, en alguna medida análogos, con respecto a los tribunales supremos en otros sistemas de *civil law*, pero en estos casos los legisladores han sido más valientes y han introducido métodos de *certiorari* que no alcanzan el nivel de los modelos estadounidense e inglés, pero que sin embargo permiten una verdadera selección de las apelaciones destinadas a decidirse por el mérito. Sin ninguna pretensión de exhaustividad, recuerdo aquí, en primer lugar, el ejemplo argentino[26], pero también es significativo el caso alemán, donde a partir de una reforma en el año 2001, solo se permite el uso del *Revisionsgericht* si se trata de una cuestión de derecho de importancia fundamental para la evolución de la ley, con lo cual el tribunal supremo alemán llega a ser un verdadero tribunal de precedente[27]. Además, de alguna manera, también se introducen reformas similares en otros sistemas de *civil law*. Está, por ejemplo, el caso de España, donde el art. 477 de la ley de enjuiciamiento civil de 2000, complementada por una reforma en 2011, dispone que el recurso ante el Tribunal Supremo sea decidido en el mérito, solo cuando reviste *interés casacional*, o sea cuando se trata de reafirmar el valor de la jurisprudencia del mismo alto tribunal[28].

El análisis podría continuar, pero los ejemplos hasta aquí recordados parecen suficientes para demostrar que también en el área de los sistemas de *civil law* existe una tendencia significativa a introducir métodos de selección de recursos ante las cortes supremas. En general, el criterio al que se refieren estos métodos es el de la importancia de la cuestión de derecho que el recurso plantea, conectada con otros criterios, como la oportunidad de resolver conflictos de jurisprudencia y de atribuir eficacia de precedente a las

[26] Al respecto, ver GIANNINI, *El certiorari. La jurisdicción discrecional de las cortes supremas*, t. II.

[27] Cfr. TARUFFO, *Aspetti del precedente giudiziale*, "Criminalia, Anuario di Scienze Penalistiche", 2014, p. 42; MURRAY - STÜRNER, *German civil justice*, p. 386.

[28] Para un análisis de las varias hipótesis, GIANNINI, *El certiorari. La jurisdicción discrecional de las cortes supremas*, t. I, p. 506.

mismas decisiones de los tribunales supremos. Como ya se ha dicho, esto no significa que se imite el modelo de los Estados Unidos de América, pero parece evidente que una transformación de estos tribunales está en marcha, de jueces de la legitimidad de la decisión en casos concretos individuales a “tribunales de precedente”.

Capítulo IV

FILOSOFÍA DEL DERECHO Y DERECHO PROCESAL EN MICHELE TARUFFO

por Rodolfo Vigo

§ 1. *Propósito*

Para todos aquellos que están alejados del derecho procesal, seguramente les resulta sorprendente la obra de Taruffo por todas las referencias iusfilosóficas que encontrará, y por supuesto que en el caso –como el nuestro– de los que se dedican a esta disciplina la sorpresa les resultará muy grata. Efectivamente, la teoría procesalista taruffiana está nutrida medularmente por preguntas y respuestas proporcionadas por la filosofía jurídica, y ello también responde a que el profesor de Pavía es un jurista absolutamente consustanciado con el derecho del Estado de derecho constitucional y democrático (EDCD) que Europa construyó después de Nüremberg.

Por supuesto que son muchas las tesis de Taruffo a las que suscribimos plenamente, y nos parece conveniente hacer un señalamiento al respecto. Pero no se nos escapa que el propósito central de estas líneas es resaltar críticas o preguntas que brinden al maestro italiano la oportunidad de aclararlas o rechazarlas. Conforme a ese esquema, comenzaremos indicando algunas de las tesis que avalamos, para continuar con las que nos merecen dudas o interrogantes.

Es obvio que tenemos el temor de hacer una lectura interesada, incompleta o prejuiciosa de la rica y abundante obra taruffiana, pero esa prevención podrá ser saldada con la palabra del autor bajo estudio.

§ 2. *Tesis que avalamos*

Sin afán exhaustivo, subrayemos algunos postulados taruffianos que estimamos importantes, trascendentes y suscribibles, al menos desde nuestra perspectiva iusfilosófica.

a) *Una teoría procesalista no descriptivista.* Una de las tesis centrales y características del positivismo jurídico (Bulygin, Bobbio) es la tajante separación entre "descripción" y "prescripción", en tanto la pretensión cognoscitiva debe limitarse a describir (cómo son las cosas) y no a introducir prescripciones o valoraciones (cómo nos gustaría que fuesen) dado que ello implicaría una remisión al ámbito de lo irracional. En apoyo de ese deslinde típico del llamado "positivismo metodológico", se invoca un escepticismo axiológico que torna inviable la pretensión de racionalidad o conocimiento en ese campo, por eso Kelsen pudo afirmar que la justicia era un "ideal irracional", y, en consecuencia, quien pretende "conocer" solo tiene –según la matriz del Círculo de Viena– el camino de los juicios *a posteriori* o verificables (propios de la física) o el de los juicios apriorísticos o tautológicos (propios de la lógica y las matemáticas), debiendo renunciar a cualquier pretensión cognoscitiva en el terreno de la moral, la ética o los valores en general.

Ha criticado Taruffo explícitamente el perfil de un "procesalista tipo" imbuido de una perspectiva "formalista y positivista" que considera que "conocer el derecho" significa "conocer las normas"[1]. Confiesa el procesalista italiano que "la tesis de fondo" asumida como válida "es que los juicios de valor pueden ser justificados mediante argumentaciones

[1] Taruffo, *La prueba de los hechos*, p. 518.

racionales, o, al menos, razonables"[2], y así considera "posible" y "necesaria" "una concepción racional y no formalista de la prueba y de la verdad judicial"[3]. Asume un cierto "realismo crítico" o –en términos de SUSAN HAACK– un *innocentrealism* que implica sostener "que el mundo externo existe" y que la verdad "es objetiva, es buena, es un objeto digno de investigación y es digna de ser cultivada por sí misma"[4]; sin embargo, el conocimiento de la verdad "es relativo a los argumentos que justifican el convencimiento de la verdad de un enunciado"[5]. Por supuesto que el profesor bajo estudio no cuestiona la distinción entre enunciados que describen hechos y juicios de valor, aunque advierte que "pueda resultar difícil de aplicar en la práctica, tanto porque el derecho a menudo define los supuestos de hecho a través de términos valorativos, como porque frecuentemente la gente común no distingue entre hecho y valor", de todas maneras considera que los enunciados descriptivos son verdaderos o falsos, de modo que es posible probar su verdad o falsedad, en cambio los enunciados que expresan juicios de valor "pueden ser compartidos y justificados, o criticados y rechazados, pero no es posible probar su verdad o falsedad"[6].

El rechazo taruffiano al descriptivismo implica igualmente rechazo al cientificismo y la promoción de la verdad por su valor político, ético y social. De mil maneras se comprueba una perspectiva gnoseológica jurídica muy variada, que va desde la filosofía al saber concreto y operativo del derecho en aras de procesos y sentencias justas, fruto de un juez activo y director del proceso.

b) *UNA TEORÍA JURÍDICA NO INSULARISTA.* Conocida es la crítica que se le ha formulado a las posiciones iuspositivistas por pretender hacer teorías en las que se pretende conocer

[2] TARUFFO, *La prueba de los hechos*, p. 130.
[3] TARUFFO, *La prueba de los hechos*, p. 525.
[4] TARUFFO, *Simplemente la verdad*, p. 96.
[5] TARUFFO, *Simplemente la verdad*, p. 99.
[6] TARUFFO, *Simplemente la verdad*, p. 70.

el derecho apartando cualquier otra dimensión que no sea estrictamente jurídica o normativa. Quizás sea KELSEN uno de los que llevó con mayor ortodoxia hasta sus últimas consecuencias ese modelo "insularista" –como lo llamó NINO– de hacer teoría. En el marco del EDCD resulta evidente que un jurista interesado en los derechos humanos necesariamente tiene que asumir las diversas dimensiones de la vida social, pues solo con esa referencia reductivamente normativista no podrá comprender y operar con aquellos.

Muy lejos de esa matriz juridicista está la teoría procesalista de TARUFFO, en la que es frecuente encontrar explicaciones acerca del origen, funcionamiento o permanencia de ciertas instituciones jurídicas apelando al contexto social, político, económico o cultural. Una prueba de lo señalado nos parece que puede ser el primer capítulo del libro *Simplemente la verdad*, que lleva como título "...1215...", y este año está escogido por el profesor de Pavía porque en él se produjeron tres hechos que permiten explicar una evolución muy significativa en la historia de los sistemas probatorios del *civil law* y del *common law*; se trata de: *1*) la prohibición decretada en la Universidad de París por el Cardenal Robert de Courcon de leer y enseñar la *Física* y la *Metafísica* de ARISTÓTELES, y las discusiones que se suscitan sobre la obra del Estagirita; *2*) la concesión en Londres del rey Juan, forzado por sus barones, a redactar la Magna Charta Libertatum, o sea la primera gran Constitución europea, y *3*) la prohibición dispuesta por el papa Inocencio III y el Concilio IV de Letrán de la práctica de las ordalías como medio para determinar si una parte debía ganar o perder una controversia judicial.

Sin tapujos, TARUFFO aclara que tiende a concebir el derecho y, en particular, el derecho procesal, "como un fenómeno social que se inserta en el contexto más general de la sociedad (actualmente: en la sociedad globalizada) [...] la ciencia jurídica se integra en las ciencias sociales y directamente vinculada con las otras ciencias de la sociedad, como la sociología, la antropología, la historia y la filosofía"[7]. Incluso algunos vicios de la más extendida visión de los procesalistas, como el olvido de los hechos, tiene que ver con esa convicción de que el jurista "debe ocuparse solo de lo que es jurídico, entendiéndose por jurídico, en sentido tradicionalmente positivista solo aquello que está directamente regulado por normas jurídicas. [...]Esta cultura jurídica, centrada de forma tendencialmente exclusiva en los fenómenos normativos, olvida muchas otras dimensiones que, en cambio, resultan necesarias para la propia comprensión de esos fenómenos, desde la sociología hasta la historia, desde la economía hasta la lógica"[8].

c) *El derecho humano a la jurisdicción.* La filosofía imperante en Europa continental durante el siglo XIX era centralmente individualista, liberal y patrimonialista, de ahí que el proceso judicial se visualizaba como un mero instrumento destinado a proteger los derechos subjetivos sustantivos, destacándose entre estos –a tenor de la estructura creada por el Código Civil francés– el derecho de propiedad. Los tribunales estaban pensados para cumplir una función residual en un Estado que debía limitarse a lo mínimo necesario como para no perturbar la mano invisible e infalible del mercado y la competencia entre la oferta y la demanda. Más allá del avance que implicó la doctrina alemana de los derechos públicos subjetivos, en tanto supone afirmar el deber del Estado ante el derecho del ciudadano a protegerlo mediante su intervención pública, lo cierto es –sostiene Taruffo – que el giro definitivo y contundente se producirá en la segunda mitad del siglo XX cuando se reconoce en las constituciones como una de las garantías fundamentales el derecho a buscar la protección judicial de los derechos.

El EDCD supone la constitucionalización del derecho a la justicia efectiva, lo que genera una abundante doctrina y jurisprudencia constitucional que le va dotando a este de

[7] Taruffo, *La prueba de los hechos*, p. 517.

[8] Taruffo, *La prueba de los hechos*, p. 523.

una amplitud, exhaustividad y relevancia absolutamente inéditas. Se trata no solo de acceder al proceso contando con una idónea asistencia letrada y sin padecer perturbadoras diferencias culturales, económicas o culturales, sino que el proceso se desenvuelva en el marco de una razonable igualdad entre las partes. La protección judicial efectiva además de transitar por los derechos individuales tradicionales, debe extenderse a los nuevos derechos (p.ej., de los consumidores o al medio ambiente), que son definidos como intereses o derechos colectivos, difusos, fragmentados y supraindividuales.

La existencia real de un Estado de derecho constitucional queda condicionada en buena medida a las posibilidades que el ciudadano común tenga de ejercer el derecho al acceso a la justicia. Más aún, este derecho y muchas de las garantías procesales adquieren el estatus de derecho humano al introducírselos en los tratados respectivos que los Estados van suscribiendo a partir de 1948. Por supuesto que esa centralidad del servicio de justicia en los Estados constitucionales y democráticos contemporáneos pone en el centro de la escena a los jueces, y, consiguientemente, se generan importantes reformas en orden a su selección y nombramiento, la definición de estatus del juez, responsabilidades judiciales, entre otros temas. El rol del juez queda definitivamente alterado respecto del perfil delineado en el siglo XIX como "la boca innominada de la ley" y se le reclama "gestionar activamente –y no solo de controlar permaneciendo pasivo– el desarrollo del proceso"[9].

A la luz de la obra de TARUFFO, queda clara la relevancia del derecho procesal y de la posibilidad de reclamar ante un juez para que se respeten los derechos. Una de sus firmes convicciones es la función política y económica que prestan las garantías procesales en tanto "representan un aspecto esencial de la naturaleza democrática del Estado, y marcan la contraposición de la concepción democrática del ordenamiento jurídico respecto de los regímenes autoritarios o to-

[9] TARUFFO, *Páginas sobre justicia civil*, p. 90.

talitarios" y también cumplen aquellas "una condición necesaria para el buen funcionamiento de la economía"[10].

d) *El valor de la verdad.* Es notable el esfuerzo permanente y renovado de nuestro autor por defender "la verdad como condición de la justicia". A la hora de escoger una teoría de la verdad, Taruffo apela a la "teoría semántica de la verdad" de Tarski y su teoría de la "correspondencia"; en definitiva, se trata de decir y probar lo que las cosas son y no son. Ello implica contradecir a nombres importantes de variadas escuelas como J. Frank, Kelsen, Rorty, Derrida, Luhmann, MacCormick, Habermas, Rawls, los *Critical legal studies*, etc., más allá de sus perspectivas particulares: *1*) a los que consideran imposible alcanzar la verdad (ver *iphobics* o *deniers* de la verdad de distinto cuño antirrealista, *linguistic turn*, sociologistas, sicologistas, etc.); *2*) a los que sostienen que el proceso no está para buscar la verdad, sino para resolver el conflicto; *3*) a los que afirman que el proceso carece de los medios como para alcanzar la verdad; *4*) a los que piensan en la irrelevancia de la verdad y apuestan por la persuasión o el consenso; *5*) a los que confían que el procedimiento legitima la corrección de la solución, y *6*) a los asociados al "viejo liberalismo procesal" que piensan que el proceso está sometido a la libre y autónoma iniciativa de las partes.

Rechaza Taruffo la invocada distinción entre la verdad formal o procesal y la verdad real o material, afirmando que la verdad es una. También ataca por falaz la separación entre verdad absoluta y verdad relativa, en tanto toda verdad es relativa al proceso y a los métodos de conocimiento (opta por la probabilidad lógica o baconiana y rechaza la probabilidad pascaliana o cuantitativa), aunque rechaza referirse a "verosimilitud" o "probabilidad" como si fuera una verdad debilitada, pues la verdad existe y, en todo caso, es "objetiva", por lo que corresponde establecerla sobre la base de las pruebas disponibles. De ahí la responsabilidad del

10 Taruffo, *Páginas sobre justicia civil*, p. 66.

juez en asumir un papel directivo en el proceso civil en orden a conocer la verdad, rechazando por "eslóganes polémicos carentes de valor científico" las "ecuaciones del tipo 'poderes de instrucción del juez = régimen autoritario' y 'juez pasivo = régimen liberal"[11]. Es que el proceso es entendido como "una empresa epistemológica", y su fin no es ejecutar la ley sino la justicia, por eso la prueba tiene una naturaleza epistemológica y no persuasiva o narrativa. En ese marco teórico se comprende que no haya espacio para la "verdad negociada": "la verdad de los enunciados relativos a los hechos de la causa existe o no existe en función de cómo se hayan desarrollado los acontecimientos del mundo real, y no es objeto de negociación o de acuerdo entre las partes [...] la no oposición no hace verdadero eso que es falso, y tampoco hace verdadero eso que ya es verdadero por sí"[12]. En este conocimiento de la verdad hay un creciente papel para la prueba científica, pero aquí procede la advertencia de TARUFFO en torno a la "buena" y a la "mala" ciencia, que incluye la remisión a la distinción entre ciencias duras, blandas o humanas, pseudo ciencias y ciencias basura.

Suscribe TARUFFO que asistimos a un "retorno de la verdad" luego de la "embriaguez posmoderna" y de los *desconstructionist vortex* que promovieron dejarla de lado junto a otras *grand narratives* (LYOTARD)[13]. El profesor de Pavía no duda en afirmar "el valor social de la verdad"[14]: *1*) moral (en cuanto lo exige la integridad intelectual del hombre y la sinceridad y confianza en la que deberían basarse las relaciones interpersonales; *2*) político (el poder democrático debe basarse en un pacto de verdad y no de mentira); *3*) epistemológico (no habría si no pudiéramos distinguir entre conocimiento verdadero y falso), y *4*) valor jurídico (la verdad es condición esencial de un acto o una declaración); aquí tam-

11 TARUFFO, *La prueba*, p. 164.

12 TARUFFO, *La prueba*, p. 245.

13 TARUFFO, *Simplemente la verdad*, p. 89.

14 TARUFFO, *Simplemente la verdad*, p. 109.

bién valor procesal en tanto ella es condición necesaria de la justicia.

e) *LA CONFIANZA EN LA RAZÓN ARGUMENTATIVA*. TARUFFO se define a sí mismo como un optimista racionalista en el plano metodológico, aunque precisa que "pueden existir concepciones 'fuertes' de la racionalidad, como las que se explican en la lógica formal y algunas veces en la ciencia empírica, y concepciones 'débiles' de la racionalidad como razonabilidad, como las que se encuentran en las llamadas ciencias humanas y, en particular, en el ámbito de la moderna teoría del razonamiento jurídico. Es más, precisamente en esa teoría el uso de concepciones menos rigurosas de la racionalidad permite recuperar el valor de la argumentación racional; el uso de concepciones fuertes, en cambio, mostraría su inaplicabilidad al razonamiento jurídico, con la consecuencia de que este quedaría relegado al ámbito de la irracionalidad"[15].

Explicitando TARUFFO su adhesión a la racionalidad en la decisión judicial se apoya en la matriz de la "ideología legal-racional" de JERZY WRÓBLEWSKI, y se hace cargo de la distinción entre "justificación interna" y "justificación externa" de la decisión: la primera remite a la lógica de la subsunción del hecho dentro de la norma y la segunda "tiene que ver con la elección de las premisas de hecho y de derecho de cuya conexión se deriva lógicamente la decisión final, y presenta problemas particularmente relevantes desde el punto de vista de la completitud de la motivación"[16]. Frente a la objeción del riesgo de un regreso al infinito en la justificación externa, TARUFFO la rechaza dado que para ella es suficiente que "se sustente en puntos de partida con respecto a los cuales haya un adecuado consenso general y difundido en la cultura jurídica y en la no jurídica".

Agrega nuestro autor que "el proceso es un lugar en el que la dialéctica ocupa amplios espacios y constituye un factor dinámico [...] Las principales dimensiones dialécticas

[15] TARUFFO, *La prueba de los hechos*, p. 168 y 422.

[16] TARUFFO, *Páginas sobre justicia civil*, p. 522 y 523.

del proceso y de la decisión son dos. La primera tiene que ver con la dialéctica de las relaciones entre las partes, es decir, con lo que los procesalistas llaman 'contradictorio'. La segunda tiene que ver con la formación de la decisión judicial en su momento fundamental, que es la relación entre hecho y norma"[17]. El contradictorio está conectado a la "racionalidad procesal" que señala HABERMAS y ella asegura la posibilidad de una "mejor" decisión. En cuanto a la relación entre hecho y norma recurre TARUFFO a la metáfora de ENGISCH –del ir y venir entre hecho y norma– y explícitamente al círculo hermenéutico, pues en definitiva se trata de un "procedimiento dialéctico de ensayo y error que implica la confrontación, la verificación y el control de hipótesis"[18]. La sentencia judicial estará justificada en la medida en que apele a "buenas razones" que la tornen aceptable racionalmente: "Los argumentos justificativos deben ser reconocidos como válidos y convincentes. En efecto, es necesario que enuncien buenas razones para considerar que la decisión está racionalmente fundamentada"[19].

f) *UNA TEORÍA NO POSITIVISTA.* Pensamos que, a la luz de las tesis identificadas y sin perjuicio de las observaciones del punto siguiente, no hay mucho espacio para adscribir a TARUFFO a teorías positivistas. En su teoría la visión del debido proceso incluye un proceso justo y decisiones justas, de manera que podemos concluir que no cualquier contenido puede ser derecho, o que hay algunas exigencias que necesariamente deben ser derecho. También comprobamos que en aquella hay un fuerte componente prescriptivo o regulativo sustentado en valores o axiología, y, finalmente, existe rechazo de los escepticismos éticos, admitiendo y confiando en la razón en ese terreno.

El mismo TARUFFO se ha encargado de deslindarse del "positivismo jurídico tradicional" y de las concepciones for-

[17] TARUFFO, *Páginas sobre justicia civil*, p. 404.

[18] TARUFFO, *Páginas sobre justicia civil*, p. 405.

[19] TARUFFO, *Páginas sobre justicia civil*, p. 408.

malistas, logicistas, lingüísticas o críticas de la decisión judicial[20]. Somos conscientes de que no estamos juzgando a un filósofo del derecho, sino a un procesalista, por ende, sus aproximaciones a nuestra disciplina son en la medida en que requieren respuestas a problemas que se le suscitan en su materia. Sin embargo, ya hemos destacado el fuerte componente iusfilosófico de su perspectiva, y ello se explica no por un mero gusto personal, sino por una necesidad cognoscitiva. TARUFFO ha denunciado tanto a los filósofos del derecho que no se han ocupado del derecho como a los juristas que han tenido que construirse por sí solos una filosofía que requería su trabajo académico.

§ 3. *TESIS QUE NOS SUSCITAN INTERROGANTES*

Con las salvedades ya formuladas, nos proponemos a continuación precisar algunas dudas que nos provoca la lectura de la interesantísima obra taruffiana, aunque cabe insistir en que nuestra lectura es parcial y seguramente sesgada por la filosofía jurídica a la que adherimos.

a) *¿LA RAZÓN Y LA VERDAD PRÁCTICA?* No cabe duda de que Taruffo rechaza posiciones escépticas en materia axiológica, e incluso es un defensor de la justicia objetivamente entendida y definida en el ámbito de la argumentación justificatoria. Sin embargo, advertimos que la noción de verdad a la que apela como "correspondencia" se aplica a la verdad teórica o especulativa, pero no se traslada automáticamente a la verdad práctica, pues es evidente que en la conducta justa o buena a realizarse no puede haber estrictamente "correspondencia", por ende, apreciamos que se tornan necesarias más precisiones sobre ella. En particular, en estos tiempos de "rehabilitación de la razón práctica", los dos caminos más transitados para postularla acuden a KANT y a ARISTÓTELES; sin embargo, no conocemos cuál es la opción que hace al respecto TARUFFO.

[20] TARUFFO, *La prueba de los hechos*, p. 518.

Advirtamos que la razón práctica tiene una dimensión sustancial y otra procedimental; mientras que aquella se ocupa de contenidos o exigencias concretas referidas a conductas, la otra define métodos o caminos apropiados para identificar la verdad práctica. Un autor del "realismo jurídico clásico" que claramente postula a ambas dimensiones es J. FINNIS, pues por un lado define los bienes humanos básicos que coincidirán con el campo de la razón práctica sustancial, pero por otro aparece el método del derecho natural con sus nuevas exigencias cuya satisfacción permite delinear morales racionales. También en el último ALEXY no solo encontramos avalada la razón práctica dialógica, sino que se defiende algún limite sustancial para ella que podría coincidir con la fórmula de Radbruch "la injusticia extrema no es derecho". Precisamente en TARUFFO hay una clara defensa de la razón práctica dialógica o dialéctica, pero no hay definiciones suficientes sobre aquello que se constituye en un límite sustancial indisponible para ella.

En ese terreno de la razón práctica, recordemos que TARUFFO defiende una verdad objetiva, pero rechaza una verdad absoluta que solo podría avalarse desde la metafísica o la religión. La defensa de la verdad relativa supone que "no existe una definición absoluta y general de lo que puede ser un argumento válido y convincente, o de lo que puede constituir una buena razón para aceptar una decisión. No hay nada más *culture-laden* que la concepción de lo que constituye un buen argumento para sustentar una decisión judicial, y no hay nada que se haga más variable a partir de la variabilidad de los ordenamientos y de las épocas históricas [...] No hay nada de sorprendente, por otra parte, en el hecho de que la cultura jurídica represente el marco de referencia necesario para las argumentaciones justificativas de los jueces"[21].

En definitiva, y más allá del rechazo de TARUFFO al consensualismo; la moral o la axiología que defiende remite a la moral intersubjetiva o relativa a cada sociedad. ¿No hay

[21] TARUFFO, *Páginas sobre justicia civil*, p. 408.

moral racional desde la cual juzgar a esas morales relativas y concluir que ellas incluyen mandatos insostenibles desde la justicia o la moral racional? ¿Qué sostener frente a prácticas jurídicas consuetudinarias discriminatorias de las mujeres impidiéndoles ser candidatas a puestos electivos o cuando un pueblo defiende dictaduras o cuando una sociedad defiende moralmente a las castas? Recordemos que algunos de los autores en los que se apoya TARUFFO, pensamos por ejemplo en WRÓBLEWSKI, nos parece que no compartían una eventual razón práctica objetiva.

b) *¿EL FUNDAMENTO Y ALCANCE DE LOS DERECHOS HUMANOS?* Hemos destacado positivamente el discurso taruffiano a favor del derecho humano a la tutela judicial efectiva, pero nos gustaría contar con más precisiones en orden a la fundamentación. En ese punto es interesante la reivindicación que ha hecho ALEXY en materia de metafísica, sosteniendo que sin ella no es posible postular con seriedad los derechos humanos. Por supuesto que es una metafísica diferente a la clásica aristotélica-tomista dado su apoyo en KANT; de todas maneras, desde ella se defiende la universalidad de los derechos humanos. Precisamente en este punto de la universalidad e inalienabilidad de los derechos humanos, reiteremos lo señalado en el punto anterior, en donde TARUFFO pareciera asimilar la razonabilidad o las "buenas razones" a los valores de la cultura jurídica históricamente dada.

Si los derechos humanos valen porque actualmente aparecen consagrados en las constituciones y los tratados internacionales, se trataría de un valor muy débil sujeto a que dejen de valer si aparecen nuevos tratados. El riesgo de un nuevo iuspositivismo ideológico (J. AGUILÓ) es evidente, sobre todo en estos tiempos de "derecho penal del enemigo" y en donde se debilitan los derechos humanos con el argumento de la seguridad o el interés nacional. Desgraciadamente, siempre habrá juristas dispuestos a redactar la constitución que le pidan los dictadores de turno. Por eso, si los derechos humanos valen, aunque el gobierno o el pueblo diga que no valen, su violación supondrá siempre un "riesgo" –como lo reconoce ALEXY– para aquellos que sancionen o apliquen un "derecho extremamente injusto", dado que se exponen al reproche jurídico penal respectivo.

Explicitemos algún interrogante puntual: los derechos humanos se asimilan a derechos fundamentales, o aquellos deben ser positivizados o constitucionalizados si se pretende –como advierte ALEXY– una constitución legítima. Los derechos humanos se crean o simplemente se reconocen, resultando operativos aunque no estén consagrados autoritativamente. Son aquellos inalienables tanto por la voluntad individual como por la voluntad general. En este punto, puede proceder lo que afirma JAVIER HERVADA en el sentido de que los tratados de derechos humanos están redactados en una terminología típicamente iusnaturalista.

c) *¿LOS PRINCIPIOS Y SU PONDERACIÓN?* Aunque encontramos muchas referencias en Taruffo al principio de legalidad y a que la decisión judicial se deriva de una norma, nos parece que su explícito rechazo a los deductivismos y a los formalismos legalistas, como la defensa de un juez director del proceso, lo cubren suficientemente de una visión decimonónica o voluntarista del juez. Incluso en algún artículo referido específicamente a la jurisdicción en FERRAJOLI, se encarga de subrayar que el juez debe ejercer un cierto poder creativo frente a "la inercia culpable de los legisladores sustanciales"[22]. Podemos sumar aquí los estudios taruffianos sobre el precedente, en los que destaca perplejidades y dudas, además de reconocer la ausencia de una teoría general del precedente.

Más allá de referencias implícitas, no conocemos la opinión de TARUFFO en torno a las visiones principialistas del derecho, en la línea de autores como ALEXY o DWORKIN, que asimilan los derechos humanos a los principios y permiten superar los inconvenientes inexorables que conllevan las normas: indeterminación lingüística, contradicciones, lagunas o soluciones absurdas. Pero, sobre todo, los principios impiden una aplicación silogística a un caso, y para ello se

22 TARUFFO, *Páginas sobre justicia civil*, p. 27.

han elaborados teorías en torno a la ponderación de ellos, posibilitando que como resultado se determine racionalmente un enunciado normativo jurídico general judicial que se constituya en la premisa mayor del silogismo respectivo que permita resolver un caso concreto.

Después de la década del setenta, resulta muy difícil no afrontar el tema de los principios y de la ponderación, sea para avalarlos o para rechazarlos, pues entre estos últimos recordemos a FERRAJOLI tomando distancia con los neoconstitucionalistas principialistas o argumentativistas por su filiación iusnaturalista o cuasiiusnaturalista.

d) *¿LA RETÓRICA?* Aun cuando Taruffo formula alguna concesión a la retórica entendida como "el uso de argumentaciones 'razonables', identificables y controlables, aunque no sean deductivas o demostrativas"[23], cabe concluir un reiterado rechazo a ella en tanto ciencia y arte de la persuasión, ya se trate de la vieja retórica aristotélica o de la nueva de PERELMAN. Luego de admitir que en Grecia y en Roma "existía una concepción retórica de la prueba como argumentación dirigida a persuadir al juez" (y rechazar que el sistema del *common law* esté "basado en una concepción retórica-argumentativa de la prueba", concluye que "en la concepción retórica de la prueba se reproduce, acentuado, el vicio de la concepción retórica de la racionalidad consistente en la incapacidad de distinguir entre argumentaciones eficaces y argumentaciones válidas: del mismo no se distingue entre pruebas persuasivas y pruebas capaces de dar un fundamento racional al juicio de hecho"[24]. Insiste TARUFFO de mil maneras: "la motivación de la sentencia no tiene una función persuasiva"[25]; "al motivar, el juez no debe persuadir a nadie"[26].

Al invocarse la autoridad de ARISTÓTELES, recordemos que hay razonamientos apodícticos o necesarios que parten

[23] TARUFFO, *Páginas sobre justicia civil*, p. 403.

[24] TARUFFO, *La prueba de los hechos*, p. 351 a 355.

[25] TARUFFO, *Simplemente la verdad*, p. 232.

[26] TARUFFO, *Simplemente la verdad*, p. 269.

de premisas verdades o evidentes que no requieren de la retórica, pero esta se necesita cuando las premisas son plausibles, verosímiles o probables; por eso reclamaba el Estagirita que acudan a ella los que promueven y defienden la verdad y la justicia. Desde esa matriz, no es que el juez en todas sus premisas debe requerir el auxilio de la retórica, pues en aquellas necesarias o que se han podido demostrar se puede prescindir de ellas, pero en las discutibles es importante auxiliarse por razones no solo justificadas, sino también persuasivamente esgrimidas. Nos parece oportuno al respecto traer a colación el libro conocido de ANTONIN SCALIA y BRYANA A. GARNER *Making your case (the art of persuading judges)*, que incluye al comienzo la siguiente cita de DIONISIO DE HALICARNASO: "No rules in the handbooks are capable in themselves of making brilliant performances out of those who intend to dispense with practice and exercise".

En síntesis, somos de la opinión de que el juez además de dar "buenas razones" debe formularlas persuasivamente, y en este punto resultan imprescindibles las enseñanzas de la retórica. El mismo KALINOWSKI ha reconocido la presencia de los siguientes elementos en el razonamiento judicial: *1*) la lógica que regula todo razonamiento; *2*) los elementos dogmáticos impuestos por el derecho mediante ficciones, presunciones, etc., y *3*) la paralógica o retórica. La retórica no se necesitará cuando se haya logrado probar una premisa, pero es auspiciable cuando se trate de premisas plausibles y que carecen de evidencia.

e) *¿LA RELEVANCIA DE LA ÉTICA Y LA PRUDENCIA DEL JUEZ?* Encontramos en la obra taruffiana apelaciones directas a la ética del juez. Así, frente al problema de la legitimación de los jueces, concluye que debe "plantearse no en el plano de la legitimación política de tipo electoral, sino en el de la actuación efectiva de las garantías de independencia e imparcialidad de la magistratura"[27]; y también aduce que si "se piensa en un 'buen' juez capaz de ejercer correcta y racionalmente

[27] TARUFFO, *Páginas sobre justicia civil*, p. 29.

sus poderes, entonces no hay ninguna razón para temer que se convierta en parcial, e incapaz para valorar las prueba, por el solo hecho de que haya sido él quién ordenó o sugirió su realización"[28]. Incluso agreguemos (casi con agradecimiento por la cita dado que tuvimos con M. ATIENZA la responsabilidad directa de su redacción) que invoca el Código Modelo Iberoamericano de Ética Judicial en su referencia al principio ético de la imparcialidad[29], reclamándole al juez que no solo sea imparcial, sino que parezca como tal[30].

De todas maneras, y más allá de ese reconocimiento a la ética del juez, nos gustaría que TARUFFO nos explicite directamente su convicción ética, en el sentido de si se suscribe una ética cognitivista y objetiva, cuya universalidad no compromete eventuales adaptaciones a tiempo y espacio. Pues es obvio que, según la ética a la que se adhiera, resultará coherente una cierta ética aplicada, como la judicial. Así, desde una ética radicalmente intersubjetiva, puede llegar a justificarse una ética judicial basada en la superioridad de la raza o de los creyentes de una religión determinada.

Por otro lado, pero siguiendo en la ética judicial, no constatamos en la obra de TARUFFO consultada apelaciones a la prudencia, más bien intuimos cierta resistencia a esa clásica virtud que posibilitó el nombre de la *iuris prudentia*[31]. Reconocer la prudencia en clave aristotélica supone no quedarnos en el saber universal o general, ni tampoco solo en el conocimiento de los casos, pues ella cumple la función de ser puente entre aquellas verdades y su concreción en los casos, de ahí su conexión con la equidad en tanto justicia del caso que excepciona la aplicación de la regla cuya justicia falla en él. Pero también la prudencia es algo ligado íntimamente a la experiencia, por eso ARISTÓTELES enseña que puede encontrarse un joven brillante en matemáticas, pero

[28] TARUFFO, *La prueba*, p. 183.

[29] TARUFFO, *Simplemente la verdad*, p. 138.

[30] TARUFFO, *Páginas sobre justicia civil*, p. 53.

[31] TARUFFO, *Simplemente la verdad*, p. 230.

será muy difícil encontrar un joven brillante en prudencia. Quizás el optimismo racionalista de TARUFFO le haga desconfiar –como al mismo KANT– de ese saber adquirido por la experiencia y la memoria.

f) *¿CUÁL NO-POSITIVISMO JURÍDICO?* Más allá de las razones contingentes o históricas que llevan a ATIENZA y RUIZ MANERO a rechazar los diferentes iuspositivismos (incluyente, excluyente o ético) por su inviabilidad para poder explicar y operar el derecho de los EDCD, en nuestra opinión, dado que existe una conexión necesaria y esencial entre derecho y moral, y por ello, el concepto de derecho que resulta más suficientemente explicativo del derecho es uno no-positivista. Al margen de la simplificación de ALEXY, coincidimos en que después de dos mil años sigue habiendo dos conceptos: el positivista y el no-positivista, según se afirme o se niegue la necesidad conceptual de aquella conexión. En la referida matriz, parece claro que la filosofía jurídica de TARUFFO no es positivista "excluyente", tampoco pareciera optar por una perspectiva "ética", pero tenemos dudas de si, en definitiva, es "incluyente". Es que su explícito rechazo a las visiones positivistas va acompañado de alguna adjetivación: tradicional, superficial, veteropositivista, formalista, etc.; y si bien invoca autores que respaldarían una opción iusfilosófica no positivista (por ejemplo GADAMER), también hay autores que permiten no alejarlo del positivismo. En la presente duda es oportuno reiterar nuestro justificativo de que contamos con una lectura muy parcial de la obra de TARUFFO.

§ 4. *CONCLUSIÓN*

Tenemos la impresión de que con las tesis identificadas –las suscribibles y las discutibles– queda acreditada la profundidad y seriedad del procesalismo académico que practica nuestro autor. Más aún, se trata de un derecho procesal absolutamente funcional a los tiempos presentes del EDCD, en los que pueden constatarse muchas de las características que ofrece en general ese actual derecho. Así también, TARUFFO es plenamente consciente de la necesidad de contar con algunas respuestas iusfilosóficas referidas directamente al "derecho" antes de ver su manifestación procesal. Seguramente este método lo aleja de los riesgos de errores que él mismo denuncia, y esperamos que, con las aclaraciones reclamadas, confirmaremos –al menos para nosotros– que estamos frente a uno de los procesalistas más importantes de los últimos tiempos.

RESPUESTA DE MICHELE TARUFFO A RODOLFO VIGO

La atención que VIGO ha dado a algunos aspectos filosóficos de mis diversos escritos me dio una gran satisfacción y me complació ver que en muchos de estos aspectos estamos básicamente de acuerdo. Por lo tanto, me limito a hacer algunas observaciones sobre los puntos respecto de los cuales VIGO expresa dudas.

Uno de estos aspectos se refiere a la posible conexión entre la verdad y la razón práctica. Es cierto, como subraya, que acojo la concepción de la verdad como una "correspondencia" de la realidad con aquello que se dice en torno a ella. También es cierto que apoyo una concepción "objetiva" de la verdad, al tiempo que excluyo, en principio, que se puedan lograr verdades absolutas. No concuerdo, en cambio, cuando afirma que la verdad como correspondencia solo puede ser teórica o especulativa, pero no se transfiere automáticamente a la verdad práctica, porque "la conducta correcta o buena no puede tener estrictamente correspondencia". Hay dos razones para mi desacuerdo. La primera es que la concepción de la verdad como correspondencia es válida para cualquier verdad, y no solo para una idea teórica o imaginaria de ella. No por casualidad se habla de esta idea de la verdad también en el campo de la epistemología y, en general, en las teorías racionales del conocimiento[32], incluso cuando no se hace referencia a verdades absolutas.

Por lo tanto, no hay nada extraño o contradictorio en referirse a la verdad como correspondencia incluso cuando, como ocurre especialmente en la determinación de los hechos en juicio, no se trata de descubrir verdades absolutas o ideales, sino de establecer si hay razones (y pruebas) suficientes para creer que lo que se dice sobre un hecho corresponde a la realidad empírica de ese hecho[33]. En otras palabras, también podemos concebir la verdad "práctica" como correspondencia entre lo que se dice de un hecho y la realidad de ese hecho. La segunda razón para el desacuerdo se refiere al punto donde, hablando de la verdad práctica, VIGO dice que para una conducta "justa y buena" no se logra correspondencia. Está bien, pero la calificación de una conducta como "justa y buena" es el resultado de un juicio de valor, como tal, ni verdadero ni falso, no se deriva de un acto de conocimiento que se puede definir como "prácticamente verdadero". Sobre el mismo punto de la razón práctica dialógica, VIGO señala que no aclaro lo suficiente el concepto y sus límites. Aquí tiene razón, pero mi respuesta es que nunca he tratado de elaborar una teoría de la razón práctica: en cuanto al aspecto "dialógico", he hecho algunas referencias ocasionales en algunos de mis escritos, pero solo con el propósito de subrayar que, en el contexto del juicio, el juez llega a la decisión final sobre los hechos al término de un intercambio de narraciones y pruebas que se produce entre las partes en juicio y que corresponde a la garantía fundamental del contradictorio[34].

Otro punto importante de las observaciones de VIGO es el problema de los derechos humanos y su fundamento ético. Tiene razón al decir que en mis escritos no se encuen-

[32] Cfr., por ejemplo, D'AGOSTINI, *Introduzione alla verità*, p. 48 y 86.

[33] Sobre el tema, ver más ampliamente TARUFFO, *La semplice verità. Il giudice e la ricostruzione dei fatti*, p. 78, 113 y 193.

[34] Al respecto, ver también TARUFFO, *La semplice verità. Il giudice e la ricostruzione dei fatti*, p. 43 y 176.

tra una teoría de los derechos humanos, y no se discuten los numerosos problemas que un tema tan importante suscita desde hace tiempo, provocando una casi infinita literatura, también variada y no pocas veces contradictoria. La explicación es, sin embargo, muy simple, y consiste en que nunca he tratado estos problemas, al ser un procesalista con cierta curiosidad filosófica, pero no un filósofo legal o un teórico del derecho constitucional o de la política del derecho. Vigo evidentemente cree (y lo dice en términos claros) que los derechos humanos tienen un valor fundamental que trasciende las normas constitucionales o legales, dado que podemos imaginar (sin demasiada fantasía) constituciones y leyes que están en contraste con estos derechos o los implementan de manera insuficiente.

En sentido crítico respecto de mi pensamiento, hace alusión a lo que él interpreta como mi tendencia al relativismo ético, que surgiría cuando me refiero a la variedad de culturas y períodos históricos que pueden producir diferentes resultados en la administración de justicia. Francamente no sé si esta actitud equivale a compartir un relativismo ético de fondo: pero sé que el análisis histórico y comparativo nos lleva a enfatizar las variaciones y diferencias que caracterizan a las diferentes culturas en términos de los modelos procesales y su aplicación. Por otra parte, se puede observar que por lo general hablamos de una cultura que parece ser común a los sistemas jurídicos occidentales modernos, pero al hacerlo simplemente se ignoran culturas también jurídicas profundamente diferentes, como por ejemplo la islámica, y no tenemos en cuenta otras culturas de la sociedad, como la confuciana, que durante siglos ha condicionado y continúa condicionando la concepción del derecho, el proceso y la justicia en sistemas de gran importancia como el chino. En sustancia, es menester evitar las generalizaciones o absolutizaciones excesivas, como aquella consistente en sostener que los valores de la cultura jurídica occidental moderna son base eterna y absoluta de cualquier discurso sobre la ley, así como de cualquier discurso sobre los derechos humanos.

En sus observaciones, VIGO señala que a veces me he referido a algún principio, pero no he tratado adecuadamente los principios en general y el problema bien conocido de su ponderación. Lo que dice es cierto: a veces mencioné el principio de legalidad y, a veces, incluso algún principio de procedimiento como el del contradictorio, pero nunca me ha sucedido tratar en términos generales los principios y su ponderación. La razón, una vez más, es simple: discutiendo esencialmente cuestiones ligadas al proceso y la administración de justicia, solo he tocado, y de manera inevitablemente superficial, el problema general de los principios. Sin falsa modestia, podría decir que leí mucho al respecto, desde ALEXY a DWORKIN y especialmente a FERRAJOLI, a quien considero un autor fundamental en este tema[35]. Sin embargo, he leído lo suficiente para experimentar varias perplejidades (p.ej., sobre el tema de la ponderación, sin mencionar las dudas que DWORKIN siempre me ha causado), y por lo tanto, en esencia, para decidir no ocuparme del tema en modo serio.

En su texto, VIGO resalta mi actitud básicamente negativa hacia la retórica. En este sentido, solo puedo confirmar aquello que emerge de textos míos que él cita. Por un lado, de hecho, no puedo negar que la retórica se usa en el proceso, especialmente en el proceso penal y, en particular, por los abogados. Por otro lado, repetidamente he hecho una distinción radical entre la argumentación retórica y la validez lógica de una justificación que dice ser racional. Esto se aplica en particular si nos referimos a la decisión judicial relativa a la verificación de la verdad de los hechos, pero es una distinción que, en mi opinión, tiene un significado general. El teorema de Pitágoras, o la teoría de la relatividad general de Einstein, o incluso la regla de que 2 + 2 = 4, pueden no ser retóricamente persuasivas, pero son bienvenidas en función de su *validez* lógica o la racionalidad científica, y sobre todo en función de su veracidad. Al contrario, un

[35] Cfr., sobre todo, FERRAJOLI, *Principia iuris. Teoria del diritto e della democrazia*.

discurso que puede ser persuasivo, como el de los políticos o la publicidad, puede no tener fundamento de verdad o de validez lógica o científica (como suele ocurrir).

Esta distinción también es válida en el contexto específico del proceso, y particularmente cuando se trata de comprender la naturaleza y la función de la prueba judicial. Sé que hay varias teorías según las cuales la prueba sería una herramienta retórico-persuasiva, dirigida a crear en la mente del juez la convicción de que el hecho en cuestión ocurrió de cierta manera. Mi concepción de la prueba es, sin embargo, completamente diferente: para mí, la prueba es un *instrumento epistémico* cuya función esencial es proporcionar conocimiento, racionalmente justificado, en torno a la verdad o falsedad de los hechos sobre los que se refiere la decisión final del juez. En sustancia, la prueba tiene una función esencialmente *cognoscitiva*, dirigida al conocimiento de los hechos sobre los cuales trata el proceso. Entonces, puede darse que una prueba no tenga una fuerza persuasiva particular, como puede ocurrir en un documento o en una test científico, pero es útil o fundamental para la verificación de la verdad de un hecho.

En realidad, la idea de que la evidencia es un instrumento de persuasión pura corresponde en cierta medida a la forma en que los abogados se sirven de las pruebas. Su propósito fundamental, de hecho, no es el descubrimiento de la verdad, sino la creación en la mente del juez de la creencia de que su cliente tiene razón. Pero si la prueba es una herramienta retórica para el abogado, no es lo mismo para el juez. El juez no debe persuadir a nadie: en la justificación de su decisión sobre los hechos, él debe sobre todo justificar su decisión racionalmente, indicando la información confiable y lógicamente controlada que las pruebas le han proporcionado y que le permiten acoger como "verdadera" determinada versión de los hechos. Si la motivación de la sentencia es también persuasiva, tanto mejor, pero este es un aspecto secundario, puramente contingente y casi insignificante, de la motivación de la decisión por la cual el juez evalúa las evidencias y llega a una conclusión racional fundada en los hechos del caso.

Plantea VIGO un problema de la mayor importancia, hasta el punto de que dudo acerca de si vale la pena abordarlo aquí, como la relación entre ética y decisión o, lo que es esencialmente lo mismo, de la relación entre moral y derecho. Observa correctamente que mi posición respecto de este problema no emerge clara de mis escritos, y esta observación es sustancialmente correcta, dado que nunca me ha sucedido abordar este problema directamente. Con esto, mi respuesta podría terminar aquí, con referencia a los límites inevitablemente restringidos de la perspectiva procesalista, incluso cuando se tiene cierta curiosidad filosófica.

Sin embargo, el tema abordado por VIGO es de gran importancia, y por lo tanto debo hacer algunas observaciones, no sin constatar que es uno de los problemas más complejos, y más ampliamente discutidos durante varias décadas, en la literatura filosófico-jurídica[36]. No obstante, si se me pidiera que aclarara mi posición al respecto, y a pesar de mi instintiva desconfianza hacia las etiquetas teóricas que normalmente ocultan la complejidad de las diversas opiniones, diría que me considero una subespecie de positivista inclusivo, pero fuertemente condicionado por inclinaciones hermenéuticas e iusrealistas (sobre estas tendencias, ver el último CANALE). En términos menos herméticos, por un lado, estoy convencido de que el derecho consiste esencialmente (aunque no solo) en normas, y que las reglas legales pueden (aunque no necesariamente) encontrar una base en principios o reglas morales, que abre el problema –que obviamente no se puede discutir aquí– de cuándo esto sucede o no, y cuándo esta base está justificada o no. Por otro lado, y aquí está el componente hermenéutico, me parece evidente que, para interpretar y aplicar la ley en la decisión del caso, el juez debe tener en cuenta los diferentes significados que sobre el mis-

[36] Para ser breve, remito a un reciente y claro análisis del problema en CANALE, *Conflitti pratici. Quando il diritto diventa immorale*, especialmente p. 69 y 78.

mo texto normativo se pueden asumir en cada caso individual en relación con las particulares situaciones concretas que son objeto de su decisión. No por casualidad, una de las tesis fundamentales de la perspectiva hermenéutica es que la decisión deriva esencialmente de la aplicación de la norma al caso concreto[37], y tal aplicación presupone una elección interpretativa con la cual el juez adopta una de las interpretaciones posibles de la norma. Sobre este punto converge también mi perspectiva, que, básicamente, coincide con una versión moderna del iusrealismo, especialmente la del "realismo genovés", que subraya la variabilidad de las posibles interpretaciones de las normas jurídicas de acuerdo con las situaciones de hecho particulares sobre las que el juez debe decidir, y, por lo tanto, la posibilidad de que de las mismas reglas existan aplicaciones e interpretaciones diversas[38].

Me parece que una perspectiva de este tipo se corresponde bastante bien con aquello que resulta de un análisis "realista" de lo que sucede en la administración de justicia, y, por ende, nos permite entender de manera concreta cómo se realizan las correlaciones entre derecho y moral, puesto que, a modo de principio, se puede argumentar que los juicios morales *pueden* tener una función en la interpretación de las normas jurídicas a los efectos de la decisión sobre los hechos.

En este punto, sin embargo, surge un problema inmenso que solo se puede insinuar aquí, pero, por supuesto, no se puede discutir, y mucho menos resolver. En sustancia, ¿qué entendemos cuando hablamos de "moral" o "ética"? ¿Sigue teniendo sentido utilizar estas palabras en singular, como si hubiera una sola "moral" y una sola "ética"? ¿No es cierto que ahora estamos viviendo en sociedades multiétnicas y, por lo tanto, multiculturales, y de hecho en un mundo que

[37] Al respecto, cfr., esencialmente, GADAMER, *Verità e metodo*, p. 635 y 681; PASTORE, *Decisioni, argomenti, controlli. Diritto positivo e filosofia del diritto*, p. 100.

[38] Sobre tal versión ver, en particular, CANALE, *Conflitti pratici. Quando il diritto diventa immorale*, p. 85.

es inevitablemente –plazca o no plazca– multiétnico y multicultural? Entonces, ¿de cuál moral hablamos: de la católica, de la protestante, de la islámica, de la judía, de la confuciana, de la indígena, de la neoliberal? ¿O caemos una vez más en el error de la simplificación absoluta, para la cual –¡quizás!– lo que vale para el Occidente de estas últimas décadas –admitido que se sepa de qué cosa se trata– debería valer por definición para todos y para siempre? ¿Podemos pensar que todos los jueces de todo el mundo, en todos los posibles momentos históricos, sociales y políticos, deben razonar sobre la base de una única moral? Por otro lado, ahora está claro que el así llamado "universalismo" ya no es la única perspectiva posible, tanto en el derecho como en la moral, y que, en cambio, debe reservarse un espacio relevante para la perspectiva "particularista"[39].

En su escrito, VIGO hace una referencia útil a la *prudencia* del juez en la formulación de sus decisiones, pero en mi opinión esta prudencia implica precisamente la sensibilidad por las peculiaridades de situaciones concretas individuales, y también por las numerosas, complejas y variables implicaciones morales que en cada decisión particular debe tomar en consideración. Por otro lado, respecto del juez, más que de prudencia, hablaré de *discrecionalidad*, o sea del espacio de "libertad de la decisión" sobre el derecho y sobre los hechos del caso concreto, aun cuando sostengo que, de esta libertad, el juez debe hacer un uso racional y justificado, incluso y sobre todo cuando formula juicios de valor que orientan su decisión.

[39] Sobre el tema, ver más ampliamente TARUFFO, *Aspetti del precedente giudiziale*, "Criminalia, Anuario di Scienze Penalistiche", 2014, p. 51; BOUVIER, *Particularismo y derecho. Un abordaje postpositivista en el ámbito práctico.*

Capítulo V

EL PENSAMIENTO TEÓRICO JURÍDICO DE TARUFFO. SU VERTIENTE REALISTA

por Mario Eugenio Chaumet

§ 1. *Introducción*

Uno de los títulos que jerarquizan a las teorías jurídicas es su capacidad para dar cuenta satisfactoria de los grandes problemas que se van manifestando en cada una de las ramas del derecho[1]. Las fronteras entre el trabajo del jurista práctico, del que elabora la dogmática jurídica y del filósofo del derecho deberían ser fluidas. Con razón Atienza pregunta: "¿Puede extrañarnos que los juristas no filósofos del derecho hayan decidido prescindir de nosotros cuando nosotros no parecemos aspirar a otra cosa que a comentar ideas surgidas en otros contextos y a ser actores muy secundarios de representaciones que tienen lugar, en realidad, en escenarios muy lejanos?"[2].

El caso de Taruffo nos confirma la tesis de que la filosofía y la teoría del derecho deben preocuparse con mayor intensidad sobre los temas "relevantes para la comunidad ju-

[1] Ciuro Caldani, *Las teorías jurídicas y la sociedad civil, JA*, 2007-I-1000.

[2] Atienza, *Una filosofía del derecho para el mundo latino. Otra vuelta de tuerca*, "Doxa", vol. 37, 2014, p. 299.

rídica entendida en un sentido amplio", a cerrar las puertas a mucho de lo que Bobbio llamó "filosofía del derecho de los filósofos"[3].

Alguien podría alegar que se trata de un procesalista con inquietudes filosóficas; nosotros creemos que estamos frente a un filósofo del derecho que, partiendo de temas procesales, agenda *preguntas* relevantes para todo el derecho. Al fin nos aproximamos a un investigador que pretende reflexionar para un público amplio, que va "más allá del configurado por los propios iusfilósofos (cuando no por los iusfilósofos que han escrito sobre tal tema o que siguen tal orientación)"[4].

La obra de Taruffo es muy amplia[5]. Son conocidas sus investigaciones sobre epistemología, cultura[6], política[7], psicología, neurociencia en sus relaciones con el derecho[8], sus trabajos vinculados a derechos fundamentales[9], derecho comparado, sobre las fronteras del derecho, referentes a diversos aspectos del razonamiento jurídico[10], y especialmente los relacionados a la verdad y el derecho.

[3] Atienza, *Una filosofía del derecho para el mundo latino. Otra vuelta de tuerca*, "Doxa", vol. 37, 2014, p. 299.

[4] Atienza, *Una filosofía del derecho para el mundo latino. Otra vuelta de tuerca*, "Doxa", vol. 37, 2014, p. 299.

[5] La Biblioteca de la Universitat de Girona preparó un catálogo completo de las obras de Taruffo, en ocasión del congreso en su homenaje. Está disponible en catalán, castellano e inglés. Ver https://bibliografiamicheletaruffocastellano.wordpress.com/bibliografia/decada-de-los-2000.

[6] Ver Taruffo, *Cultura e processo*, "Rivista Trimestrale di Diritto e Procedura Civile", vol. LXIII, nº 1, 2009, p. 63 a 92; *Dimensioni transculturali della giustizia civile*, "Rivista Trimestrale di Diritto e Procedura Civile", vol. XXX, nº 4, 2000, p. 1047.

[7] Taruffo, *Jueces y política: De la subordinación a la dialéctica*, "Isonomía", nº 22, 2005, p. 9 a 18.

[8] Taruffo, "Proceso y neurociencia. Aspectos generales", en Taruffo - Nieva Fenoll (dirs.), *Neurociencia y proceso judicial*, p. 15.

[9] Taruffo, "Diritti fondamentali, tutela giurisdizionale e alternative", en Mazzarese (ed.), *Neocostituzionalismo e tutela (sovra)nazionale dei diritti fondamentali*, p. 189 a 205.

[10] Taruffo, *Legalità e giustificazione della creazione giudiziaria del diritto; senso comune, esperienza e scienza nel ragionamento del giudice*.

Precisamente, sus investigaciones sobre verdad, proceso y prueba –enlazando perspectivas filosóficas, históricas, dogmáticas y comparatistas– son de las más divulgadas y constituyen referencia obligada tanto para el derecho procesal como para la filosofía del derecho.

Hace ya un tiempo, la teoría jurídica comenzó a exhibir una fuerte preocupación por los hechos en el proceso y, consecuentemente, por la prueba de los hechos. Las obras señeras de TWINING[11], DAMAŠKA[12], FERRAJOLI[13], TARUFFO, en lengua extranjera, y de ANDRÉS IBÁÑEZ[14], GASCÓN ABELLÁN[15], GONZÁLEZ LAGIER[16], FERRER BELTRÁN[17], en lengua castellana, dan buena cuenta de ello.

Tradicionalmente los estudios jurídicos (particularmente los procesales) se han concentrado en los problemas normativos. La prédica de los autores antes señalados no dudó en calificar esta actitud como falacia normativista: pensar que al derecho solo le interesan las normas y que los problemas fácticos "no son derecho" y, por tanto, "pertenecen a otras ciencias" o, peor aún, pensar que "los hechos son lo que son" y no plantean problema alguno[18].

[11] TWINING, *Rethinking evidence. Exploratory essays.*

[12] DAMAŠKA, *Evidence law adrift*; *Rational and irrational proof revisited*, "Cardozo Journal of International and Comparative Law", nº 5, 1997, p. 25, y *Truth in adjudication*, "Hastings Law Journal", nº 49, Jan. 1998, p. 289.

[13] FERRAJOLI, *Derecho y razón.*

[14] ANDRÉS IBÁÑEZ, *Acerca de la motivación de los hechos en la sentencia penal*, "Doxa", nº 12, 1992, p. 257 a 299; *De nuevo sobre la motivación de los hechos. Respuesta a Manuel Atienza*, "Jueces para la Democracia", nº 22, feb. 1994, p. 87 a 92; "La 'cara oculta' de las garantías procesales", en AA.VV., *Garantismo y crisis de la justicia*, p. 161 a 180.

[15] GASCÓN ABELLÁN, *Los hechos en el derecho.*

[16] GONZÁLEZ LAGIER, *Los hechos bajo sospecha. Sobre la objetividad de los hechos y el razonamiento judicial*, "Analisi e Diritto", 2000, p. 36; *Hechos y argumentos. Racionalidad epistemológica y prueba de los hechos en el proceso penal (I y II)*, "Jueces para la Democracia", nº 46-47, 2003, p. 17 y 35 y ss., respectivamente, y *Quæstio facti. Ensayos sobre prueba, causalidad y acción.*

[17] FERRER BELTRÁN, *Prueba y verdad en el derecho.*

[18] Ver, con provecho, GONZÁLEZ LAGIER, *Quæstio facti. Ensayos sobre prueba, causalidad y acción*, p. 11.

Cierto es que, conforme una arraigada tradición, uno de los ámbitos donde más arbitrio –y, en consecuencia, mayor posibilidad de arbitrariedad– tienen los jueces en el derecho continental es el de la argumentación sobre los hechos. Se trata del momento de ejercicio del Poder Judicial por antonomasia, puesto que en la reconstrucción de los hechos es donde el juez es más soberano, más difícilmente controlable, "puede ser –como ha sido y en no pocas ocasiones sigue siendo– más arbitrario"[19].

Creemos que, en el terreno de la "construcción judicial de los hechos", la obra de TARUFFO ha coadyuvado a instalar la exigencia de que los jueces asuman un punto de partida que no esté dominado por la mera emotividad, la intuición, que no es lo mismo resolver conforme a una corazonada que hacerlo con criterios idóneos para ser comunicados. Sus estudios sobre este aspecto del razonamiento del juez permiten referencias precisas a reglas y principios epistemológicos de carácter general que han sido objeto de una amplia elaboración teórica.

Sus investigaciones nos muestran que –en un espacio donde la tradición continental dejó tanto arbitrio a la decisión de juez– es posible desarrollar una actividad racional, aunque se trate de una racionalidad incapaz de ofrecer certezas absolutas o convicciones matemáticas.

Escapan a los límites de este trabajo exponer nuestros reparos sobre el pensamiento de TARUFFO acerca de la finalidad que le otorga a la verdad en el ámbito del proceso y especialmente sobre el papel de las reglas institucionales y su relación con las reglas epistemológicas en el proceso civil. Sí queremos destacar que, en el ámbito de la correcta aproximación de los hechos, TARUFFO se muestra como un pensador rigurosamente racionalista y analítico. Él mismo lo afirma: "Yo, como pueden ver, sigo un planteamiento en el que quisiera ser rigurosamente racionalista y analítico de estos pro-

[19] MEROI - CHAUMET, *Argumentación y constatación de hechos en la decisión judicial*, "Revista de la Facultad de Derecho de la UNR", nº 20, 2012, p. 383.

blemas"[20]. Más aún, agrega: "tengo en la mente un concepto muy analítico de la decisión de los hechos, porque tiende a configurar la estructura lógica de razonamiento"[21]. Del mismo modo, es muy claro cuando afirma: "Cuando hago el análisis de estos problemas, no estoy haciendo ni arte ni poesía, estoy simplemente haciendo un análisis fríamente racional de los mecanismos que deberían recibir la decisión sobre los hechos"[22].

A nuestro entender, esa visión racionalista y analítica del pensamiento de TARUFFO contrasta con lo que consideramos su "vertiente realista", que especialmente se expresa cuando nos expone sus tesis sobre la teoría de la decisión. Teniendo en cuenta que se trata de la faceta quizá menos abordada sobre el autor, limitamos estas notas a una breve aproximación a su respecto.

§ 2. *TEORÍA DE LA DECISIÓN*

El debate en torno a la adjudicación judicial y sus límites ha cobrado en las últimas décadas gran relevancia en la teoría del derecho. Creemos que desde mediados del siglo XIX se ha puesto en evidencia la imposibilidad de reducir la decisión jurídica, en particular la judicial, a una mera operación formal.

Con relación a la decisión judicial[23], y en coincidencia con lo expuesto, TARUFFO se manifiesta enérgicamente crítico de lo que denomina "teoría silogística de la decisión judi-

[20] TARUFFO, *Cinco lecciones mexicanas: Michele Taruffo, memoria del taller de derecho procesal*, p. 68.

[21] "Por eso siempre desconfío de las invenciones subjetivas injustificadas, es decir, del arbitrio en lugar de control racional. Por ello, me mantengo siempre radicalmente desconfiado para con las teorías que se brincan los distintos pasos sin explicarme cómo hace uno para ir de un lugar a otro de forma racionalmente controlable" (TARUFFO, *Cinco lecciones mexicanas: Michele Taruffo, memoria del taller de derecho procesal*, p. 71).

[22] TARUFFO, *Cinco lecciones mexicanas: Michele Taruffo, memoria del taller de derecho procesal*, p. 71.

[23] Sobre el tema se puede ver TARUFFO, *Cinco lecciones mexicanas: Michele Taruffo, memoria del taller de derecho procesal*, y *Proceso y decisión*.

cial": "Esa teoría, si se toma como una descripción de lo que hace el juez, siempre ha sido falsa. Ningún juez ha razonado según este esquema y mucho menos en la fase del descubrimiento de la decisión". Agrega: "Los estudios de los últimos setenta u ochenta años dicen que tanto el descubrimiento y la interpretación de la norma que se va a aplicar, como la valoración de las pruebas y la calificación de los hechos, son operaciones intelectuales que no siguen la estructura de la lógica silogística"[24].

También lo hallamos próximo de aquellos que suponen que la reducción de la argumentación al silogismo adquiere un carácter nocivo, en la medida en que disfraza la decisión judicial con una pátina de neutralidad inexistente y encubre intereses que están ineludiblemente presentes: "Observo que las otras teorías de la decisión, como la silogística, siempre sirvieron para esconder la responsabilidad del juez y eso quiere decir hacer de él un aplicador pasivo de las directrices del poder, hacer de él alguien que no tiene responsabilidad sino un mero ejecutor, lo que quiere decir es que el poder viene de otra parte"[25].

En función de ello, también toma distancia de las posturas que propician la tesis de una respuesta correcta: "Yo razonaría de un modo un poco diferente. Razonaría así: cada norma, así como cualquier otro enunciado de cualquier tipo, tiene por lo menos, en teoría, distintos significados posibles, significados correctos que son posibles, porque aquellos totalmente incorrectos, no son significados de esa proposición, son fantasías.

La respuesta correcta posible siempre es más de una y esto es lo que crea el problema de la elección, suponiendo que se han identificado una, dos tres, cuatro o 'n' posibles respuestas correctas del problema. Se trata de establecer cuál es la relativamente mejor, y este es el problema de la

24 TARUFFO, *Cinco lecciones mexicanas: Michele Taruffo, memoria del taller de derecho procesal*, p. 3.

25 TARUFFO, *Cinco lecciones mexicanas: Michele Taruffo, memoria del taller de derecho procesal*, p. 10.

elección interpretativa, si estamos hablando de proposiciones normativas, o de la elección cognoscitiva, si estamos hablando de enunciados que expresan hechos. También frente a una proposición de un hecho cualquiera, las hipótesis posibles siempre son por lo menos dos, y como en casos de este tipo no se aplica la regla del tercero excluido, pueden ser tres o más de tres. El hecho 'x' puede ser verdadero, puede ser falso o se puede haberse verificado de otra manera. Aquí está el tercero, el cuarto o el quinto *datur*, según el rango de la hipótesis posible y, dentro de este rango, el juez tiene que escoger. El problema de cómo va a escoger y cuál va a ser la elección más adecuada queda para después, pero todas estas son hipótesis correctas en sí"[26].

De igual modo manifiesta no estar de acuerdo con Dworkin sobre "la tesis del *one right sense*": "No creo que exista una sola respuesta correcta para un problema, lo cual hace evidente que soy un radical seguidor de la tesis de la discrecionalidad interpretativa en la cabeza del juez. La interpretación es un sentido que le da el intérprete a un enunciado normativo"[27].

Entendemos que el profesor de Pavía asume que las decisiones judiciales son el resultado de complicados procesos de información en los que inciden problemas de determinación fáctica; otros estrictamente hermenéuticos derivados de la búsqueda de la norma o normas aplicables al caso y la especificación de su significado a tenor del caso concreto y, por último, factores subjetivos y contextuales de índole social, política e ideológica.

Pone en evidencia que la decisión judicial implica un camino que continuamente se desdobla y en cada bifurcación el juez debe ir tomando opciones: "El razonamiento del juez puede ser leído como contexto organizado de elecciones entre distintas alternativas posibles. No obstante, tiendo a ver

[26] Taruffo, *Cinco lecciones mexicanas: Michele Taruffo, memoria del taller de derecho procesal*, p. 26.

[27] Taruffo, *Cinco lecciones mexicanas: Michele Taruffo, memoria del taller de derecho procesal*, p. 46.

la formulación de la decisión como un conjunto de momentos, en cada uno de los cuales, el juez tiene frente a sus ojos, por lo menos, dos posibilidades o dos alternativas"[28].

Señala que el razonamiento decisional tiene una estructura dialéctica: "Va de la norma al hecho y del hecho a la norma, tratando o buscando el punto de equilibrio entre ambos elementos, dialécticamente contrapuestos, pero conectados y cada paso va modificando la interpretación de la norma y modificando también la reconstrucción del hecho, hasta que se encuentra un punto de combinación". Agrega que lo que le importa subrayar es que "la relación dialéctica es una relación dinámica; no sigue una lógica lineal, de la premisa mayor, premisa menor y conclusión"[29].

También remarca que la estructura dialéctica no solo se da entre norma y hecho, sino por la propia relación procesal: "Entonces, la 'relación' es doble (la dialéctica es una cuestión muy complicada). Hay una doble relación entre el hecho y la norma y también entre las partes, cada una de las cuales va a sostener una distinta relación entre ese hecho y esa norma. El juez está en la encrucijada de todas estas relaciones dialécticas y va a ser el que tiene que dar el último paso dialéctico y decir si reconstruye el hecho de una manera tal e interpreta la norma de esta otra manera. Así es como se verifica la correspondencia"[30].

Sin perjuicio de ello, marginalmente y tal como hemos desarrollado en otros trabajos, entendemos que ciertas posturas de TARUFFO relegan la dimensión dialéctica de la argumentación (la argumentación como un procedimiento, que se genera por la interacción y confrontación entre roles argumentativos) y con ello se soslayan los despliegues intersubjetivos que a nuestro entender debe asumir la deci-

[28] TARUFFO, *Cinco lecciones mexicanas: Michele Taruffo, memoria del taller de derecho procesal*, p. 3.

[29] TARUFFO, *Cinco lecciones mexicanas: Michele Taruffo, memoria del taller de derecho procesal*, p. 4.

[30] TARUFFO, *Cinco lecciones mexicanas: Michele Taruffo, memoria del taller de derecho procesal*, p. 17.

sión judicial en el Estado constitucional y democrático de derecho[31].

No obstante lo dicho, juzgamos que no corresponde sugerir que nos encontramos frente a un antiformalista radical, ante un escéptico de los aportes que tienen los razonamientos demostrativos: "Tal vez los que aún hoy siguen sosteniendo que la base de las decisiones judiciales es de carácter deductivo no se equivocan, si se refieren a este aspecto de la decisión, no a cómo se va formando la decisión, sino a un aspecto de cómo se enuncia esta. Dentro de esos límites sí se puede hablar de un fundamento deductivo de la decisión, pero no significa que haya razonamientos en los que, por distintas causas, el juez no se expresa en forma deductiva". Nuestro autor especifica que el juez ya hizo su selección, que únicamente debe explicar por qué sus elecciones son razonablemente aceptables[32].

[31] Nuestra propuesta es que la justificación de este tipo de decisiones judiciales también depende de la participación procesal de los litigantes. "Copiando a Twining diremos que cuanto más fuerte sea la 'voz' de las partes en el proceso, más cerca estaremos de una decisión correcta. La perspectiva dialéctica de la argumentación, no solo ayuda a preservar la imparcialidad judicial, permite asumir la intersubjetividad y es necesaria para la racionalidad de la adjudicación judicial" (Chaumet - Meroi, *Constitucionalización del derecho y recodificación del derecho privado: ¿será en definitiva el derecho solo el juego de los jueces?*). Es más, cabe recordar que en materia de hechos, para aceptar una hipótesis, es necesario que esta, además de estar confirmada, no sea refutada por otras posibles. El sometimiento a refutación de hipótesis es la prueba de fuego para poder aceptarlas. Al decir de Gascón Abellán: "De aquí deriva otra importante regla epistemológica o garantía de verdad que exige la oportunidad de un momento contradictorio en el proceso en el que poder refutar las hipótesis: *es necesario ofrecer la posibilidad de refutar las hipótesis (requisito de la contradictoriedad)*. Precisamente por eso, el proceso inquisitorio, donde la búsqueda de la verdad se confía solo a la confirmación de la hipótesis por parte del juez, sin dar posibilidad a las partes (mediante un contradictorio) a defender la propia hipótesis demostrando lo infundado de la contraria, es un proceso afectado de una tara epistemológica importante" (*Los hechos en el derecho*).

[32] Taruffo, *Cinco lecciones mexicanas: Michele Taruffo, memoria del taller de derecho procesal*, p. 9. Agrega el autor: "Cuando se encuentran sentencias que tienen una estructura lógica deductiva particularmente fuerte, mi sensación es que aquí el juez sobrepone un esquema formal a las razones verdaderas de su decisión, porque esto lo deja más tranquilo y, además, le permite presentar al exterior su decisión, como si fuera el resultado de una concatenación lógica nece-

El profesor TARUFFO tampoco desestima los aspectos axiológicos de la decisión judicial. Admite que hay relación entre la justificación de la resolución y el contexto ideológico dentro del cual el juez trabaja[33]: "Una cosa que creo debemos reconocer es que los juicios de valor los formula el juez, quien no puede hacer otra cosa, y si dice que no lo hace, es simplemente que no quiere reconocer que lo está haciendo. Normalmente la negación de un juicio de valor es una forma de cubrir juicios de valor que no tenemos la valentía de hacer explícitos. Esto, en mi opinión, forma parte del trabajo cotidiano del juez, no solo cuando aplica normas constitucionales o principios, etc., sino también al interpretar las normas más obvias"[34].

Por otra parte, ello resulta elocuente cuando expresa: "El juez que está muy ligado al formalismo positivista de mediados del siglo XX, no se va a dar cuenta de sus propias elecciones de valor; es más, si es un juez positivista particularmente tonto, no se va a dar cuenta siquiera de lo que hizo"[35].

A causa de ello, reniega de las posturas teóricas que entienden que el proceso "sería una entidad 'ideológicamente indiferente', y como tal no tendría nada que ver con ideologías de ningún género y sería extraño y neutral respecto de cualquier condición política, ética y cultural". Agrega: "La

saria. Esto es un problema de estilo de las sentencias, pero el estilo nunca es neutral. Por ponerles el ejemplo extremo, cuando la corte de casación francesa utiliza el estilo de motivación que llama 'la frase única'" (p. 48).

[33] Previene que usa el término ideología simplemente para indicar una tabla de valores a las que ciertos sujetos hacen referencia (TARUFFO, *Cinco lecciones mexicanas: Michele Taruffo, memoria del taller de derecho procesal*, p. 12).

[34] "En la mayoría de los casos y sobre todo cuando se habla, como lo estamos haciendo ahora, de la interpretación de las normas, estas se interpretan según algunas reglas técnicas bastante flexibles, que no proporcionan una metodología precisa, pero el juicio de valor está en cada paso, en el razonamiento de la decisión del juez, porque cualquier norma admite ser interpretada 'hasta las más sencillas', las civiles, por ejemplo, cualquier norma que habla de 'normal prudencia' y 'buena fe', 'buenas costumbres', 'orden público' o de lo que ustedes quieran" (TARUFFO, *Cinco lecciones mexicanas: Michele Taruffo, memoria del taller de derecho procesal*, p. 19).

[35] TARUFFO, *Cinco lecciones mexicanas: Michele Taruffo, memoria del taller de derecho procesal*, p. 13.

disciplina del proceso, por lo tanto, no es nunca 'un dato objetivo' una vez, por todas las veces y para todos. Es el resultado contingente de decisiones esencialmente políticas, y por lo tanto opciones evaluativas, es decir de las ideologías de los legisladores y de aquellos que, de vez en cuando, la determinan. Discurso análogo vale, también, para aquellos que interpretan y aplican esta disciplina"[36].

Lo hasta aquí expuesto nos permite señalar que TARUFFO se hace cargo de aspectos de la decisión judicial que a nuestro entender son insoslayables, especialmente en el ámbito del derecho continental de este tiempo.

En reiteradas oportunidades hemos acordado con quienes sostienen que, para poder establecer un panorama más completo sobre la decisión judicial, ha de superarse el presupuesto sustancialmente mecánico de la actividad judicial, dando cuenta de los instrumentos intelectuales y volitivos en dicha labor. Es menester que no se pasen por alto los factores sociales, económicos, culturales, políticos, que pueden incidir sobre los juzgadores, para entender el método judicial como un proceso de la toma judicial de decisiones no exclusivamente procesal ni lógico-deductivo. Es necesario tomar como objeto de estudio el elemento sobre el cual los jueces trabajan: el caso. El método judicial es un camino para la acción, para la toma de decisión, que implica una opción del juez por una determinada solución. Esto significa que el juez no puede escudarse en el modelo mecánico de la jurisprudencia deductiva, puesto que, al menos en parte, es responsable por el contenido de sus decisiones. Ello se hace más relevante desde un marco normativo donde ganan terreno las normas generales radicalmente indeterminadas.

No obstante ello, todavía existe en los medios forenses una práctica discursiva empeñada en negar todos los facto-

[36] Aclara que entiende el término "ideología" no en sentido marxista, sino "como uniones de valores y de principios, de opciones relativas a las cosas del mundo y de la sociedad, se debe reconocer que son fenómenos sociales, culturales, políticos, y en particular jurídicos, inmunes a las implicaciones en amplio sentido ideológicas" [TARUFFO, "Ideologías y teorías de la justicia civil", en BUSTAMANTE RÚA (coord.), *Proceso judicial y cultura, una mirada global*, p. 23].

res que hacen a la toma de la decisión judicial, o en ocultarla en tecnicismos procedimentales y esquemas de argumentación deductiva. TARUFFO destaca que "el proceso no es una mera técnica neutral aplicada del mismo modo en cualquier ambiente y en cualquier contexto"; muy por el contrario, entiende que "es el resultado de la combinación –e incluso recíproca interferencia– de una pluralidad de factores que van desde las tradiciones jurídicas a los acontecimientos históricos, desde la economía hasta la política, a la moral y a la cultura"[37].

Entre las consecuencias de la transformación de la juridicidad continental nos preocupan particularmente las vicisitudes que origina una normatividad que se va desplazando de un sistema codificado de reglas a una casuística judicial orientada según principios y la creciente constitucionalización del sistema jurídico.

Por ello creemos que la decisión judicial, especialmente en el *Estado constitucional*, tiene que aceptar su carácter *compositivo*; no se decide (exclusivamente) de modo deductivo, partiendo de axiomas *a priori*, sino a partir de una suerte de composición entre los datos del problema. No basta con invocar artículos de la Constitución o de los tratados sobre derechos humanos para justificar una decisión. Es menester tener presentes las razones que recomiendan y las que desaconsejan dar un determinado paso en cada situación concreta. La decisión judicial no se limita a la interpretación teórica de una realidad jurídica, sino que se inserta en esa misma realidad.

Entendemos que en su exposición teórica sobre la decisión judicial el profesor TARUFFO no soslaya estos problemas. En nuestro caso, venimos sosteniendo que para comprender la argumentación de la adjudicación judicial en el derecho continental de este tiempo es indispensable partir de un paradigma que reconozca su complejidad. Ello implica asu-

[37] TARUFFO, "Ideologías y teorías de la justicia civil", en BUSTAMANTE RÚA (coord.), *Proceso judicial y cultura, una mirada global*, p. 23.

mir un conocimiento complejo tanto de la noción de argumentación como de la materia a adjudicar[38].

Si volvemos por un instante sobre la variedad de temas que se presentan en los casos judiciales (jueces resolviendo casos que hacen a salud, vivienda, medio ambiente, patrimonio histórico, interés superior del niño, ancianidad, información, trabajo, relaciones económicas, internacionales, cárceles); si cada uno de ellos, como todo el orden normativo, es concebido como un desarrollo positivo de los derechos fundamentales; si estamos frente a "la era de los derechos", por cuanto muchos de ellos que usualmente se consideraban consagrados en el derecho natural, actualmente forman parte del derecho positivo; si el aumento progresivo de normas supone el reconocimiento de expectativas positivas; si la normatividad del derecho continental está preferentemente estructurada sobre reglas indeterminadas, principios y directrices; si las adjudicaciones judiciales deben "concretar" las exigencias constitucionales y de los principios que surgen del resto de las fuentes; si los "derechos" están inseparablemente entretejidos con las normas constitucionales, no como meras proclamaciones, sino con todos los recursos jurídicos exigibles para su defensa y, por tanto, puestos bajo la tutela del juez; si los principios (constitucionales y de los otros) son mandatos de optimización dado que mandan la mejor conducta posible según sus posibilidades fácticas y jurídicas; si antes de aplicar un principio hay que llevar a cabo una deliberación previa; si a ello se le suma la exigencia de una metodología que permita reconocer al razonamiento jurídico como intersubjetivo, dialógico, en que el juez no decide al margen del contexto social, sino que su conciencia se convierte en conciencia pública; si acordamos las nuevas exigencias que ello impone sobre la pluralidad de destinatarios, prestaciones, formas de audiencia, diversidad de razones, límites (naturales, económicos, culturales, políticos,

[38] CHAUMET, *Constitucionalización del derecho. Necesidad de asumir un cambio de paradigma para la adjudicación judicial*, "Revista del Colegio de Magistrados y Funcionarios del Poder Judicial de la Provincia de Santa Fe", nº 2, 2012, p. 194.

psicológicos), valores en juego; si no se quiere que ello se reduzca a un discurso formal totalmente alejado de lo que realmente ocurre, se comprende por qué, tan frecuentemente, surge la voz *complejidad*. Sostenemos que lo expuesto hace más que evidente que no se adjudica resolviendo solo conflictos normativos.

Por mucho tiempo la teoría del derecho dominante en la juridicidad continental estuvo solo interesada en problemas normativos. Las normas no constituyen por sí solas el material a tener en cuenta en una adjudicación judicial, en igual medida en que tampoco lo son los hechos o los valores. Para comprender un problema jurídico y una decisión judicial en su complejidad, hay que analizar la interferencia que existe entre los hechos, las normas y los valores.

Desde este punto de vista, participamos de los marcos teórico-jurídicos que admiten un objeto complejo integrado, reconociendo en su interior sus aspectos jurístico-sociológicos, jurístico-normológicos y jurístico-axiológicos y, más allá de él, de relaciones interdisciplinarias[39]. A nuestro parecer, la teoría trialista del mundo jurídico da una pluralidad metodológica (sociológica, normológica y dikelógica)[40] que permite comprender la cuestión en toda su complejidad y superar los reduccionismos jurídicos[41].

[39] En este marco son ya clásicos los planteos de François Gény, Hermann Kantorowicz, Emil Lask, Roscoe Pound, Miguel Reale, Luis Recaséns Siches, Eduardo García Máynez, Luis Legaz y Lacambra, Helmut Coing, Jerome Hall, Carlos Cossio, entre muchos otros.

[40] En relación con el tema, ver especialmente Goldschmidt, *Introducción filosófica al derecho*; Ciuro Caldani, *Derecho y política*; *Estudios de filosofía jurídica y filosofía política*, y *La conjetura del funcionamiento de las normas jurídicas*.

[41] Ciuro Caldani, *La teoría trialista del mundo jurídico, superación de la insuficiencia de los paradigmas jurídicos de nuestro tiempo*, "Boletín del Centro de Investigaciones de Filosofía Jurídica y Filosofía Social", nº 18, p. 19; Dabove, *El derecho como complejidad de saberes diversos*, "Ideas y Derecho", año III, nº 3, 2003, p. 95; Menicocci, *Complejidad y simplicidad en la conceptualización del derecho*, "Boletín del Centro de Investigaciones de Filosofía Jurídica y Filosofía Social", nº 10, 1988, p. 43; Meroi, "El derecho procesal y la metodología jurídica trialista", en Lapenta - Ronchetti (coords.), *Derecho y complejidad en homenaje al Prof. Miguel Ángel Ciuro Caldani*, p. 223.

Debido a ello, entendemos que, en un derecho formado principalmente desde una casuística judicial orientada según principios, en el Estado constitucional de derecho, el juez se encuentra en un marco de posibilidades conformado por una Constitución material integrada por un juego de factores de poder que limitan las sendas que puede recorrer. Nosotros afirmaremos que existen tres marcos de posibilidades (fácticas, normativas y axiológicas) que inevitablemente condicionan la decisión.

Las referencias concretas al pensamiento de TARUFFO sobre la decisión jurídica nos muestran un pensador que no reduce su análisis a los elementos normativos, así como tampoco a los fácticos y axiológicos; que desarrolla la pretensión de BOBBIO cuando reclamaba que "cualquier propuesta jurídica debe superar los reduccionismos que llevan a eliminar o por lo menos a confundir uno de los tres elementos constitutivos de la experiencia jurídica y consecuentemente la mutilan"[42].

Su visión realista de las decisiones jurídicas le permite diferenciar la labor de los jueces de la de los abogados: "Los oficios del juez o del abogado son completamente distintos. Yo cuando estoy en un juicio ante un juez, no estoy ahí para descubrir la verdad. Quizá yo sepa lo que en verdad ocurrió; sin embargo yo voy a tratar de descubrir la verdad, si sé que esto me va a dar la razón; pero si tengo dudas o si sé que estoy equivocado, yo no voy a descubrir la verdad frente al juez, voy a defender mi parcial e individual planteamiento del caso, aun en los hechos. Si resulta que el hecho que no me daría la razón no se comprueba, yo estoy contento, porque eso quiere decir que voy a ganar. Yo trabajo como abogado para defender a un cliente, para ganar, no para ser científico. El

[42] BOBBIO expresaba que "quien desee comprender la experiencia jurídica en sus diversos aspectos, debe tener en cuenta que ella es esa parte de la experiencia humana cuyos elementos constitutivos son ideales de justicia por lograr, instituciones normativas por realizar, acciones y reacciones de los hombres frente a esos ideales y a estas instituciones. Los tres problemas son tres diversos aspectos de un solo problema central, el de mejor organización de la vida de los hombres asociados" (*Contribución a la teoría del derecho*, p. 35).

papel de científico lo hago en otros lugares. Es lógico que la óptica del enfrentamiento se da para alcanzar la victoria, no la verdad". Agrega: "Si razonamos con esta óptica realista, aun no muy elegante, del abogado, entonces tiene sentido pensar en las pruebas como instrumento de convicción, porque de esta manera son utilizadas por los abogados"[43].

Entre julio y agosto de 1944, Cossio dictó una serie de conferencias a jueces que fueron el origen de su obra *El derecho en el derecho judicial*. Allí les preguntaba a los jueces argentinos: "¿cuál es la relación que existe entre normas y conductas?; ¿cómo ve el jurista racionalista el contacto del mundo normativo con la experiencia jurídica?; ¿qué imagen nos da él de cómo él mismo entra en contacto con la experiencia jurídica? Con énfasis señalaba que la ciencia del derecho es una ciencia de realidades; incluso el racionalista más recalcitrante tiene que convenir en ello cuando escribe para jueces, abogados y súbditos".

Al seguir un planteamiento que él mismo califica como "rigurosamente racionalista y analítico de estos problemas", Taruffo abre el planteo a una mirada realista en el ámbito de la decisión judicial[44]. Su interés por no perder contacto con la experiencia jurídica lo lleva a afirmar que "en la

[43] También con una visión marcadamente realista, Taruffo expone: "Yo trabajo como abogado lo suficiente para saber que el abogado es un *killer* pagado, cuya finalidad no es descubrir la verdad. El abogado lucha para vencer. No es un científico que en el proceso trata de descubrir la verdad, por amor a la verdad. Para nada, en lo absoluto. El abogado hará todo lo que pueda para ocultar, manipular, eliminar la verdad, sobre todo si sabe que la constatación de la verdad determinaría su derrota. Entonces, aquí es útil ser muy claro acerca de esta distinción de las funciones". Completa: "Está claro que los abogados se sirven de cualquier cosa para convencer al juez, no para que este pueda descubrir cómo, efectivamente, se dieron las cosas, sino que para inducirlo a determinar la victoria hacia un lado en lugar de otro" (Taruffo, *Cinco lecciones mexicanas: Michele Taruffo, memoria del taller de derecho procesal*, p. 70).

[44] No califica el término, pero Taruffo ha llegado a sostener que es "un realista más o menos radical, inclinado a la visión del realismo genovés", no así del realismo americano que a su entender deja de lado las normas (ver las respuestas de Taruffo en la conferencia registrada en video de Ferrer Beltrán, "Un jurista pluridisciplinar: en torno al pensamiento de Michele Taruffo", *YouTube*, www.youtube.com/watch?v=mTsT0J8qZWQ&list=PLkf6kBA56LKwbXLpptAlugRAaN7RP8Tij).

experiencia real de la administración concreta de la justicia, no de la teoría, es verdad que el derecho es lo que los jueces dicen". Es más, su preocupación por no ocultar la experiencia jurídica lo lleva a sostener que el derecho es caótico: "Desde este punto de vista, yo tengo mis dudas sobre la necesaria coherencia del derecho, duda de realista, porque no veo un derecho como sistema que puede teóricamente ser coherente. Teoría del caos". Añade: "El mito de la coherencia del sistema lo dejamos fuera, el derecho no coherente es caótico. Esto podría decirse que es una visión realista, más realista que el peor de los realismos, pero es la manera que vive el derecho cada día"[45].

Desde el trialismo observamos que sociológicamente todo derecho puede funcionar en forma ordenada o desordenada. De hecho, toda juridicidad tiene grados de orden y de desorden. Al desorden jurídico lo caracterizamos como *anarquía*, que puede ser *institucional* (cuando no se sabe quiénes mandan, porque todos o varios mandan simultáneamente), *teleológica* (cuando no se sabe con qué criterio se manda, porque se emplean simultáneamente criterios diversos, incluso opuestos) o ambos tipos a la vez. La anarquía genera *arbitrariedad*[46].

En función de ello, nos interesa que el jurista se haga cargo del grado de desorden que puede evidenciar el dere-

[45] "No solo existe la contradicción sino también se da la incoherencia, la confusión, la variedad. El mundo es mucho más complejo de lo que piensan los lógicos. Ese discurso hecho a nivel de decisiones judiciales no está dicho que sea tan negativo, como cuando se hace a nivel de normas, porque, a nivel de las decisiones judiciales, es donde podemos encontrar la variedad. Encontramos la variedad de la realidad, esto es, el hecho de que ningún caso es exactamente idéntico a otro caso, entonces se podría razonar con una imagen del ordenamiento de varias capas y que, por ejemplo, sea perfectamente coherente y carente de contradicciones sobre el plano de las normas generales, pero en cambio, muy variado y variable en el tiempo y diversificado en la solución de los conflictos individuales y concretos" (Taruffo, *Cinco lecciones mexicanas: Michele Taruffo, memoria del taller de derecho procesal*, p. 57); ver, también, Ferrer Beltrán, "Un jurista pluridisciplinar: en torno al pensamiento de Michele Taruffo", *YouTube*, www.youtube.com/watch?v=mTsT0J8qZWQ&list=PLkf6kBA56LKwbXLpptAlugRAaN7RP8Tij.

[46] En relación con el tema puede verse especialmente Goldschmidt, *Introducción filosófica al derecho*.

cho. Así, por ejemplo, en nuestros días, en la Argentina, ante la recodificación del derecho privado; frente al alto grado de indeterminación normativa corresponde preguntarse hasta qué punto los jueces continentales –particularmente los jueces iusprivatistas argentinos– asumen y asumirán los requerimientos metodológicos que demanda un derecho caracterizado por una casuística judicial orientada según principios constitucionalizados. Urge evitar caer en la anarquía jurídica. Con relación al derecho procesal y en el contexto de la emergencia económica, se ha considerado que este inmenso traspaso de poder en cabeza de los jueces significa que miles de ellos decidan –para cada caso en concreto y, a menudo, sin referencia a pautas más precisas que no sean los genéricos derechos y garantías de la Constitución nacional– de la manera más diversa[47].

No se puede dejar de mencionar que las ideas de TARUFFO son, cuanto menos, movilizantes. Hay quienes afirman que toda la cultura humana es un intento para encontrarle sentido al sinsentido originario de la existencia[48]. Posiblemente uno de nuestros principales conflictos teóricos sea la idealización que hacemos del derecho; quizás la teoría jurídica pierde su tiempo esperando una racionalidad absoluta dado que, al idealizarla, la experiencia jurídica termina siendo frustrante. Desde este punto de vista parecería que si uno quiere aproximarse al proceso en su realización debe dejar de idealizarlo; entonces podremos vincularnos a él con todas las grandezas y miserias que implica una relación procesal. No se trata de un momento de absoluta racionalidad y armonía; en el proceso judicial hay conflicto y eso también es parte de la condición humana.

Esta visión realista del fenómeno le permite a TARUFFO considerar el problema jurídico desde su dinámica. Al preguntarse sobre la fuerza vinculante de los precedentes, le

[47] MEROI, *La emergencia y el derecho procesal (el derecho procesal de la anarquía)*, *JA*, número especial "Emergencia y revisión de los contratos", 4/12/02, p. 49.

[48] SZTAJNSZRAJBER, *¿Para qué sirve la filosofía? Pequeño tratado sobre la demolición*.

pone límites a la previsibilidad y la continuidad jurídica: "A mí me gusta mucho más la variación, el cambio, la originalidad, aun cuando sea más difícil vivirlos".

Admite que una relativa uniformidad de los criterios de evaluación de situaciones semejantes puede ser una de las formas para actuar, para llevar a la práctica el principio de igualdad; al mismo tiempo recuerda que no podemos decir que siendo para este caso una buena regla de decisión actualmente, lo será también mañana: "Para quienes creen en el cambio, la realidad cambia, lo que quiere decir que los criterios que utilizamos hoy, los buenos, desde luego no los malos para interpretar y valorar la realidad, se derrumbarán seguramente y hay que estar preparados para este hecho y van a derrumbarse siempre al cambio de la realidad. Cuanto mucho, podemos tratar de pensar en algún instrumento para gobernar ese cambio y reducir los efectos negativos del derrumbe"[49].

Ello no implica que podamos calificarlo como un escéptico radical de las normas, pero sí como un jurista que –al decir de Bobbio– no reduce su planteo a un problema de validez, sino que está preocupado por la eficacia y la justicia de la decisión.

§ 3. *Conclusión*

Antes de terminar, queremos resaltar la significación que para Taruffo tiene la decisión jurídica especialmente para el derecho procesal: "Si *el derecho es el mundo de la decisión,* el proceso es el contexto jurídico en el que este rasgo del derecho se manifiesta con mayor evidencia"[50].

En esta instancia podríamos afirmar que, así como en el ámbito de la correcta aproximación de los hechos reputaríamos el pensamiento de Taruffo como marcadamente racionalista (considera la razón como fuente principal del

[49] Taruffo, *Cinco lecciones mexicanas: Michele Taruffo, memoria del taller de derecho procesal,* p. 52.

[50] Taruffo, *Simplemente la verdad,* p. 219.

conocimiento de los hechos y le atribuye un papel predominante sobre la voluntad o la emoción), en el terreno de la decisión procesal nos encontramos con un pensador singularmente realista, con una fuerte tendencia a representar fielmente la realidad sin llevar a cabo ninguna idealización. Sus posturas en torno al tema nos muestran a un teórico del derecho que construye conceptos desde un punto de vista funcional más que estructural, postula nociones enunciadas desde la perspectiva de la práctica cotidiana del derecho (la del abogado, el cliente, el funcionario, el juez); un jurista que no busca solo conocer el derecho en abstracto, sino el derecho de lo que sucede en concreto.

Nos interesa remarcar que la teoría general de la decisión que expone TARUFFO facilita el reconocimiento de los diversos componentes del caso que de otra forma quedarían ocultos por la reducción del planteo. Su exposición sobre el tema nos muestra a alguien que asume el marco de posibilidades normativas, pero también fácticas y axiológicas que tienen los jueces a la hora de decidir. Tal como lo hemos visto, descree de posturas que –en aras de una purificación normativa– soslayan los factores ideológicos que condicionan la decisión judicial: "La relatividad cultural e ideológica del derecho procesal, y de su realidad en la administración de justicia, puede ser negada o solo ignorada por el jurista 'de cuarto nivel' que asume una orientación exegética rigurosa y reduccionista, y que, por tanto, toma cualquier micro-norma como un dato objetivo y absoluto, que representa todo su horizonte científico"[51].

En un artículo CIURO CALDANI afirmaba que "entre los puntos de vista a considerar en la valoración de una teoría jurídica están, a nuestro parecer, su capacidad para esclarecer y acompañar la tarea judicial y este enfoque resulta de especial interés ante el cambio histórico, sobre todo en una nueva era como la que vivimos en la actualidad"[52]. Desde nuestra perspectiva, los aportes de TARUFFO logran vastamen-

[51] TARUFFO, "Ideologías y teorías de la justicia civil", en BUSTAMANTE RÚA (coord.), *Proceso judicial y cultura, una mirada global*, p. 23.

[52] CIURO CALDANI, *El juez en el cambio histórico*, *LL*, 2001-D-1150.

te tal cometido. Con justicia se lo ha reconocido como "un jurista pluridisciplinar"[53].

RESPUESTA DE MICHELE TARUFFO A MARIO EUGENIO CHAUMET

Realiza CHAUMET un análisis muy completo e interesante de varias cosas que he estado diciendo y escribiendo a lo largo del tiempo, centrándose particularmente en algunos aspectos de la decisión judicial. Excepto en un punto sobre el que volveré más tarde, no me parece que me haya dirigido críticas particularmente penetrantes; por lo tanto, me parece apropiado subrayar algunos aspectos que han atraído su atención y que sustancialmente comparto.

Uno de estos aspectos surge cuando él afirma que rechazo decididamente dos de las concepciones más extendidas de la decisión judicial, es decir, por un lado, la idea de que la decisión es esencialmente el resultado de un acto o actividad irracional[54] y, por el otro, la configuración tradicional de la decisión como una inferencia lógica de carácter silogístico. De hecho, rechazo aquellas teorías, como la de *intime conviction* del estilo francés[55], que llevan la decisión a una dimensión irracional, y estoy convencido de que la decisión puede y debe formularse de acuerdo con criterios de racionalidad, especialmente cuando se trata de la evaluación de las pruebas[56]; desde este punto de vista CHAUMET tiene razón

[53] La Facultad de Derecho de la Universitat de Girona organizó en su honor el congreso "Un jurista pluridisciplinar: en torno al pensamiento de Michele Taruffo" los días 23 y 24 de enero de 2015.

[54] Sobre los aspectos de la decisión que serían dominados y determinados por las emociones, ver en particular FORZA - MENEGON - RUMIATI, *Il giudice emotivo. La decisione tra ragione ed emozione*.

[55] Sobre esta teoría y sus orígenes, ver en particular NIEVA FENOLL, *La valoración de la prueba*, p. 70.

[56] Sobre el tema comparto la tesis de FERRER BELTRÁN, *La valutazione razionale della prova*.

al calificar mi perspectiva como "racionalista y analítica". Por otra parte, mi racionalismo no me lleva a aceptar la teoría tradicional del silogismo judicial.

Esta teoría, que surge sobre todo entre los penalistas del siglo XVIII, pero luego se extiende en muchos lugares y por mucho tiempo, reduce la decisión a la relación entre una premisa principal, que sería la norma, y una premisa menor, que sería el hecho, para derivar la decisión final como si fuera una consecuencia lógica automática de las dos premisas. En realidad, esta concepción no puede ser aceptada al menos por dos razones. La primera razón es que esta teoría se formuló inicialmente como un modelo ideal de una decisión lógicamente controlable que se quería contraponer a las decisiones arbitrarias e incontrolables de los jueces, sobre todo penales, de épocas anteriores. La segunda razón es que la misma teoría nunca ha proporcionado una descripción confiable y veraz de cómo en realidad los jueces formulan sus decisiones. El hecho es que no razonan mediante silogismos, y, mucho menos, con un silogismo.

A lo sumo podría concederse que hay una estructura deductiva en aquello que los alemanes llaman *Subsumption*, es decir, la conclusión con la que el juez afirma que los hechos del caso particular "corresponden" a los hechos del caso definido por la ley que él adopta como criterio legal para la decisión. Pero esta conclusión, que también es muy importante, no agota la estructura y la dinámica de la decisión en absoluto. Esta, de hecho, implica un razonamiento mucho más complejo. Por un lado, se realiza aquello que los hermenéuticos llaman "círculo hermenéutico" o "espiral hermenéutica", o sea el razonamiento con el cual, poniendo en conexión los hechos con la norma que se supone aplicable a ellos, se definen estos hechos y se establece también el significado de la norma (interpretándola sobre la base de los mismos hechos), en lo que se conoce como "construcción del caso"[57].

[57] Cfr., en particular, Hruschka, *Die Konstitution des Rechtsfalles. Studien zum Verhältnis von Tatsachenfestellung und Rechtsanwendung.*

Este proceso puede ser muy complejo y adviene por un camino de prueba y error, es decir, a través de la formulación y falsificación de varias hipótesis, hasta que se establece tal conexión. Por otra parte, ocurre considerar que ni la ley que se aplica ni los hechos a los que se le aplica son datos *a priori*, sino que, al contrario, son "construidos" por el juez que formula la propia decisión.

Por un lado, de hecho, la norma debe ser interpretada de todos modos: dado que ningún texto normativo tiene un solo significado y puede tener diferentes significados posibles que son determinados por el intérprete –en particular por el juez–, es necesario identificar estos significados y establecer qué significado se ajusta mejor a los "hechos del caso" y, por lo tanto, puede tomarse como una regla de decisión en ese caso. Por el otro, los hechos del caso deben ser verificados sobre la base de la evidencia disponible, dado que solo si se cumple esta condición la norma que los prevé puede ser correctamente aplicada. Por así decirlo, la verdad de los hechos es una condición necesaria de la justicia de la decisión, pero esta verdad debe ser establecida por el juez mediante una valoración racional de las pruebas de que dispone.

Sin entrar en más detalles, se puede, sin embargo, subrayar que la decisión puede y debe tener una compleja estructura lógica: las reglas deben interpretarse de acuerdo con los métodos racionales de la interpretación jurídica, como enseña –sobre todo– la filosofía hermenéutica, y los hechos deben ser comprobados mediante inferencias lógicamente controlables, puesto que solo de esta manera se puede llegar a conclusiones confiables sobre su veracidad. Además, todo esto sucede dentro de un contexto dialéctico: no solo la decisión final es el resultado de elecciones racionales entre diferentes hipótesis posibles, sino que también las partes participan en este desarrollo dialéctico, por medio del contradictorio que debe caracterizar todo el procedimiento.

Otro aspecto muy importante de la decisión, sobre el cual CHAUMET llama acertadamente la atención, se refiere a los juicios de valor que necesariamente entran en el razonamiento decisorio. Obviamente, estoy de acuerdo con él en reconocer y subrayar la importancia que los juicios de valor tienen en la decisión, especialmente –pero no solo– cuando se trata de interpretar y aplicar principios de carácter general o normas indeterminadas. Aquí simplemente quisiera subrayar que no comparto la tesis –bien que apoyada por varios filósofos– según la cual una decisión de naturaleza axiológica sería simplemente el fruto –como tal irracional e injustificable– de una suerte de intuición emocional. Si así fuese, se recaería en la concepción irracionalista de la decisión judicial, a la cual ya me he referido.

Por otra parte, considero que un juicio de valor es un juicio en el sentido propio, y por lo tanto puede implicar un razonamiento estructurado en el cual, a partir de una premisa de naturaleza axiológica, se derivan consecuencias para la valoración de un caso particular. En otros términos, creo que un juicio de valor puede, y por lo tanto debe, ser *racionalizado,* sea que se trate de la interpretación de una norma o un principio, sea que se trate de la valoración de la prueba sobre los hechos del caso.

Esto implica al menos dos consecuencias que me parecen particularmente importantes. La primera es que el juicio de valor puede ser *formulado* en términos racionales, es decir, con la aplicación de criterios claros y lógicamente válidos. La segunda es que debe ser enunciada y justificada con argumentos racionales y controlables.

En otras palabras, cuando el juez formula juicios de valor debe hacerlo de manera consciente, y luego debe poder expresarlos y justificarlos, particularmente en el razonamiento de la sentencia. Debe evitar que la decisión esté determinada o condicionada por valoraciones no expresadas, quizás escasamente conscientes y, en cualquier caso, por intuiciones puramente emocionales e irracionales. Si –como dijimos– los juicios de valor son un factor necesario y relevante de la decisión, tanto cuando el juez interpreta la ley como cuando decide sobre los hechos, esto no debe constituir un motivo de irracionalidad, desconocimiento e incontrolabilidad de las razones reales de la decisión.

Al analizar varios aspectos de lo que he dicho y escrito en particular sobre la decisión judicial, CHAUMET enfatiza, por una parte, que tengo una visión "racionalista y analítica", pero, por otra, que esta visión contrasta con el "lado" realista de mi pensamiento. En este sentido, observo que CHAUMET tiene razón en ambos puntos: por un lado trato de llevar a cabo los argumentos con un método racionalista y analítico, y por otro trato sobre todo de analizar la realidad de la decisión judicial.

Aclaro –como ya lo dije– que mi actitud racionalista y analítica no me lleva a compartir teorías lógicas simplistas y sustancialmente erróneas como la del silogismo judicial; por el contrario, sigo y uso muchas contribuciones provenientes de diversas áreas de la filosofía hermenéutica, sea cuando me ocupo de la interpretación y aplicación de las normas como cuando utilizo las teorías relativas a la construcción de las narraciones factuales[58].

Además, tengo ciertamente una orientación "realista", pero no sigo el realismo estadounidense de los años 30, ni siquiera otros realismos poco convincentes. Soy más bien un seguidor del así llamado "realismo genovés" inaugurado por GIOVANNI TARELLO y seguido por su escuela, que en mi parecer se trata de un método esencial para no caer en fantasías abstractas sobre la ley, su interpretación y su aplicación, y para tratar de entender cuál es la estructura del razonamiento decisorio en sus diversos aspectos y en sus diversas manifestaciones. Si "realismo" significa tratar de conocer la realidad de los fenómenos de los que nos ocupamos, entonces ciertamente soy un "realista".

Sin embargo, no me parece, y este me parece el punto más importante, que estas dos actitudes mías estén en conflicto entre sí. Por el contrario, creo que una actitud

[58] Ver, en particular, TARUFFO, *La semplice verità. Il giudice e la costruzione dei fatti*, p. 33 y 113.

racional y realista es lo que me permite ser racionalista y analítico sin perder de vista la realidad de lo que intento racionalizar y analizar. Más que un contraste, por lo tanto, pensaría en dos caras de la misma moneda: las dos caras pueden parecer diferentes si se miran una a una, pero la moneda sigue siendo la misma.

Capítulo VI

¿VERDAD O VEROSIMILITUD?

por Carlos María Cárcova

§ 1. *Introducción*

Hace muchos años, cuanda aún nuestras actividades académicas podían juzgarse como "subversivas" por los gobiernos dictatoriales de turno o como "inexcusablemente heterodoxas" por la mayoría de nuestros colegas de la teoría jurídica, un grupo de nosotros afirmaba, tozudamente, que el derecho era un fenómeno que trascendía su mero carácter tecnológico; que más allá de normas, instituciones, investiduras y *topoi*, construidos por siglos, el derecho en tanto lenguaje-objeto, es decir, producto social de una comunicación humana estilizada y específica, no podía ser entendido, desde el metalenguaje de la teoría, sino como un discurso que expresaba de manera paradigmática, relaciones de poder, legitimando determinadas formas históricas de ejercicio de la hegemonía de unos grupos respecto de otros y produciendo los mecanismos ideológicos de justificación que esa hegemonía demandaba.

Sosteníamos que el derecho era una práctica social que debía entenderse como productora de sentido, es decir, como práctica discursiva, y que el discurso por ella generado circulaba en los textos, pero también en las interpretaciones, en las prácticas materiales, en los símbolos, en las arquitecturas y en el reparto de los espacios, de los sitiales, de los embanderamientos y de las togas.

La filosofía analítica, en sus diversas variantes, había conseguido situarse, en esas épocas, en el centro de la escena, y desde ese lugar era la corriente más reactiva y más confrontativa con nuestro modo de pensar. La cuestión fundamental para la orientación que ella representaba consistía en elucidar correctamente el sentido de los textos a partir de ciertos presupuestos cognitivos (v.gr., el sentido empírico del significado), con recurso al análisis formal que proveía el desarrollo reciente de las lógicas deónticas. Ello generaría información acerca de la decibilidad, consistencia y completitud del sistema de normas. Esta tarea era objetiva y científica, y lo nuestro, la expresión más o menos subjetiva de ciertas interpretaciones políticas.

Con el tiempo, las referencias intelectuales predominantemente anglosajonas de las corrientes analíticas fueron paulatinamente desplazando del centro de la escena a la lógica para comenzar a ocuparse de los derechos humanos; para empezar a pensar el derecho como una práctica política y constitucional que diera cuenta de la complejidad de las sociedades posmodernas y comenzara a atender las cuestiones prácticas de la democracia, el igualitarismo y la emergencia de nuevos derechos (género, opción sexual, medio ambiente, divorcio, aborto, dignidad de la vida, preservación de la naturaleza para las futuras generaciones, diversidad, etnicidad, entre otros).

En otros términos, como hemos sostenido en otro texto, se produjo un deslizamiento del modelo de racionalidad jurídica como prohibición y sanción, a un modelo que privilegia ahora el derecho a tener derechos. Ello, sin más vueltas, supone entender la naturaleza irreductiblemente política de lo jurídico, concibiendo la política no como clientelismo, sino como alternativa, como posibilidad de construir, sobre la base de la democracia, la tolerancia y el diálogo, sociedades más humanas, más igualitarias y, en consecuencia, más libres.

Nuestra pertenencia a una escuela crítica que por definición denunciaba el sedicente neutralismo del derecho y los juristas y afirmaba la necesidad de develar las dimensiones operativas del poder y las ideologías, comenzó a ser más comprendida y a dialogar con las distintas perspectivas teóricas tradicionales y postradicionales, que se expandían de la mano de autores como RAWLS, DWORKIN, HABERMAS, LUHMANN, ALEXY, los *Critical legal studies* y otros.

Desde hace ya unos años, hemos tenido un feliz encuentro con el Movimiento del Derecho y la Literatura, poderosamente representando en Estados Unidos de América (IAN WARD, STANLEY FISH, ROBIN WEST, JAMES BOYD WHITE, entre muchos otros), pero con valiosos y muy diversos aportes en diferentes lugares del mundo. Por citar solo algunos: FRANÇOIS OST (Bélgica), JOSÉ CALVO GONZÁLEZ (España), PANU MINKKINEN (Finlandia), LENIO STRECK, ANDRÉ KARAM, JACINTO MIRANDA COUTINHO y una muy larga y prestigiosa nómina en Brasil. A ella nos sumamos modesta, pero productivamente nosotros mismos, entendiendo que toda intervención crítica refiere al sentido, al modo en que este se estabiliza precariamente en el desarrollo de la vida social y, por eso, decidimos que era del caso rescatar los aportes de la semiótica y de las diversas líneas de investigación que ella desarrolla actualmente.

De las dos corrientes dominantes del *law and literature movement* de Estados Unidos de América, *law in literature* y *law US literature*, sin desechar la primera, nos hemos inclinado por dar preeminencia a la segunda, por razones que espero apurar en lo que más adelante sigue. Ello nos ha obligado a reflexionar acerca de la circulación del discurso y el proceso incesante de creación de sentido y por eso a atender las cuestiones centrales del desarrollo de una semiótica jurídica: discurso, narratividad, recepción, deconstrucción, verdad, comunicación, texto, contexto y paratexto, usos del lenguaje y muchas otras sutiles derivaciones, que son resultado de cien años de desarrollo de la lingüística, desde la obra seminal de DE SAUSSURE y PEIRCE.

Estos párrafos iniciales intentan ser una carta de presentación para que no haya dudas respecto del lugar desde el cual formulamos nuestras consideraciones. Intentaremos, en lo que sigue, referirnos de manera particular al complicado tema de la *verdad* desde las perspectivas teóricas que hemos asumido como propias. Propondremos una rápida y, en consecuencia, superficial mirada de la cuestión en los campos en los que los conceptos teóricos intentan adquirir fundamentos sólidos, esto es, los campos de la filosofía, la epistemología y la teoría política, para dirigirnos desde allí a la cuestión central que nos ocupa que es la de la *verdad en el proceso* o, si se prefiere, la de la verdad en el *derecho judicial*. No encaramos esta tarea sin preocupación, preocupación que resulta de la grata y honrosa presencia entre nosotros de uno de los grandes juristas de esta época, notorio especialista en derecho procesal, nuestro muy distinguido huésped, TARUFFO, que se ha ocupado reiterada, profunda y extensamente del tema que nos convoca. Lo complicado es que nuestros puntos de vista no son coincidentes con los suyos. Esperamos que las modestas diferencias que planteamos puedan ser entendidas como un aporte respetuoso a la discusión de una problemática de compleja y abierta reelaboración.

§ 2. *VERDAD Y FILOSOFÍA*

Basta consultar algunas fuentes clásicas, como el *Diccionario de filosofía*[1], o más nuevas, como el *Compendio de epistemología*[2], para corroborar el aserto del párrafo anterior. Desde la Antigüedad el tema de la verdad ha sido polémico y las respuestas posibles para su satisfacción, tantas como pensadores importantes han existido. Es cierto que algunas fórmulas o criterios se repiten: adecuación, correspondencia, coherencia, entre otras. Sin embargo, la referen-

[1] FERRATER MORA, *Diccionario de filosofía*.

[2] MUÑOZ - VELARDE, *Compendio de epistemología*.

cia semántica de estos términos es confusa, porque cuando varía el contexto, varía también el concepto, dado que toda teoría del conocimiento supone algún criterio de verdad específico. Intentaremos una breve paráfrasis de los textos mencionados para probarlo. Por de pronto, es posible hablar de la verdad en relación con la realidad o, para decirlo de otro modo, con el estado de cosas del mundo. El adversativo de la verdad como realidad sería lo inexistente, lo aparente, lo ilusorio. También es posible referirse a la verdad de las proposiciones mediante las cuales lo anterior se describe. El adversativo en este caso sería la falsedad. Mientras que para los hebreos la verdad se vinculaba con la fidelidad a Dios, para los griegos se trataba de la realidad, de lo permanente y constante. Por ello era lo que resultaba ocultado por lo aparente, pero además era una propiedad de ciertos enunciados. ARISTÓTELES explicó: "Decir de lo que es que es y de lo que no es que no es, eso es lo verdadero", con lo que precisa lo ya tratado por PLATÓN en el *Crátilo*. Se atribuye a aquel una concepción semántica de la verdad, que decantará en las ideas de adecuación o correspondencia.

Para la escolástica, en cambio, la verdad es una propiedad trascendental del ente (criterio ontológico) que implica conformidad de dicho ente con la mente, es decir, con su inteligibilidad. Dentro de los variados criterios desarrollados al respecto por esta corriente, podría afirmarse que predomina el propuesto por TOMÁS DE AQUINO como adecuación (*adecuatiorei ad intellectum*). Para los modernos el problema es conciliar la verdad de razón con la verdad de hecho. Para KANT la verdad debe adecuarse al entendimiento, ser verdad del conocimiento. En HEGEL la verdead no puede referirse a un hecho atómico, sino relacionarse con una totalidad. Se trata de una concepción idealista en la que un juicio debe ser consistente con todos los juicios que pertenecen a un determinado conjunto de ellos. Nace así la idea de verdad como coherencia. En HUSSERL reaparece la verdad como correspondencia, pero entre aquello que se significa y lo significado. Para Heidegger no se trata de adecuación, sino del existir; la verdad es el descubrimiento de estar en el mundo. La verdad se patentiza cuando el juicio que la enuncia hace presente su referencia y permite expresarla tal como ella es. Kierkegaard pensó la verdad como subjetividad en tanto existencia, mientras que, para Nietzsche, radicalmente escéptico en relación con definiciones conceptuales, lo verdadero era lo que en mayor medida y de mejor manera facilitara la vida, el desarrollo mismo de la especie humana. Para los pragmatistas como James y Peirce lo verdadero es lo útil, lo que introduce un beneficio vital.

Por su parte, los filósofos analíticos defienden el criterio de verdad como correspondencia, aunque tanto Russell como Moore han señalado muchas de las dificultades que este criterio supone y que no habían sido tratadas por los escolásticos (v.gr., la ausencia de isomorfismo entre lo enunciado y su referencia; los enunciados que niegan hechos acarrean el problema de los hechos negativos; cuando decimos que algo es verdadero, ¿emitimos un enunciado o la creencia que este expresa?). En Tarski la verdad o falsedad se encuentra en el plano del metalenguaje, por ello es menester construir enunciados formales que deben ser morfológicamente superiores al lenguaje-objeto. Aparentemente, son muchos los problemas que se plantean cuando las tesis de Tarski se emplean en el campo de los lenguajes naturales y no solo en el de los formales. En tal sentido, Black ha podido demostrar la emergencia de paradojas y Strawson que ciertos usos del lenguaje son poco atendidos por los lógicos, como el uso confirmativo, el concesivo, el admisivo, entre otros. Este autor ha propuesto una teoría ejecutiva de la verdad, de naturaleza performativa.

Para cerrar arbitrariamente esta extensa enumeración, podría recordarse que, para las tesis lingüísticas de autores como Sapir, Whorf o Humboldt, la estructura del lenguaje natural determina la percepción del mundo (y de la verdad) y que las teorías relativistas o historicistas sostienen que toda verdad es relativa (contextualismo) a la época en que es formulada, conforme al viejo adagio *veritas filia temporis*, la verdad es hija del tiempo. Lo cierto es que las distinciones que la filosofía se ha visto precisada a formular son vastas y extremadamente complejas, y ninguna de ellas ha alcanzado definitiva preponderancia.

Nos referimos a verdad lógica (no contradicción); epistémica (adecuada percepción de la realidad); ontológica (donde predomina la esencia sobre la apariencia); semántica, filosófica, como coherencia, como correspondencia; como probabilidad, como principio regulativo y unas cuantas distinciones o denominaciones más.

Esta jibarizada exposición conceptual tiene por objeto mostrar la complejidad del problema cuando se intenta dar cuenta de él desde las tradiciones filosóficas, de las que aquí se han mencionado solo algunas.

§ 3. *Verdad y episteme*

Las ideas acerca de verdad, realidad, objetividad, se entrelazan en la historia de la cultura occidental, según se ha visto, de manera compleja y sorpresiva. La historia muestra que la sociedad humana en tiempos no demasiado remotos comenzó a distinguir entre el conocimiento vulgar basado en la experiencia de otro y la capacidad racional de resolver problemas provenientes de lo desconocido. Los griegos llamaron *doxa* al primero y *episteme* a la segunda.

En el transcurso de esa historia, los seres humanos organizaron su vida sobre la base de un gran número de creencias: mitos, magias, religiones, filosofías y ciencias encarnaron diferentes respuestas para la procura incesante de saber, de entender, de prever.

La ciencia, como lo afirma Piscitelli, puede ser pensada como una creencia homóloga al arte o a la religión, que expresa tanto como estas últimas cierta relación históricamente definible entre lo social, lo político y lo económico[3].

Durante los siglos XVI y XVII, al tiempo en que se desarrollaba el conocimiento experimental de la mano de las enseñanzas de BACON y GALILEO, la ciencia adquiere la preponderancia que la transforma, con el advenimiento próximo de la modernidad, en un discurso social hegemónico que permea y modaliza el resto de los discursos, el de la política, la economía, la educación, la técnica.

Con las enseñanzas de DESCARTES y de NEWTON se consolida un modelo de ciencia canónica de tipo causal, determinista, mecanicista, simplificadora y un método que, basado en la observación de los fenómenos y en las posibilidades de su repetición, debe explicar y predecir. En cierto modo, esta perspectiva "desubjetiviza" la creación de saber y la tradición positivista que con ella nace, desantropoformiza la idea del mundo y deja al ser humano expuesto a un proceso que lo excede, que es independiente de él y muchas veces decididamente inaprensible. Se trata de un modelo de conocimiento objetivista, que, en la civilización de la ciencia, aparece exhibiendo *prima facie* una gran carga intuitiva. Algunas de sus premisas son las siguientes: *a*) los objetos del mundo tienen propiedades independientes de la observación a la que están sometidos; *b*) conocer es experimentar y observar objetos; *c*) existe una realidad externa a la conciencia individual y a la comunicación social; *d*) es posible un hablar objetivo que no recaiga en giros y metáforas, y *e*) lo objetivo es coextensivo respecto de lo real y de lo racional[4].

Esta concepción del conocimiento, que es exitosa por el gran desarrollo de las ciencias naturales, expande rápidamente su influencia a otros campos, en especial al de las ciencias sociales. Recuérdese que el padre de la socio-

[3] PISCITELLI, *Ciencia en movimiento. La construcción social de los hechos científicos.*

[4] PISCITELLI, *Ciencia en movimiento. La construcción social de los hechos científicos.*

logía, AUGUSTE COMTE, denominó su obra fundamental *Tratado de física social.* La física había desarrollado el método más exitoso en el terreno de los saberes empíricos y este se extendió o fue recepcionado en otros ámbitos. Se trataba de una visión clásica y atomística, para la cual la complejidad del mundo era solo aparente pues, en definitiva, todos los fenómenos podían ser explicados por medio de principios simples y leyes generales. El universo era concebido como una máquina de precisión, inteligible por la experimentación, la vinculación causal y el descubrimiento de las leyes generales y naturales del orden. Así se construyó el modelo explicativista, dominante durante los siglos XIX y XX, que entronizó a la *verdad* en un lugar de absoluto privilegio.

Repasemos superficialmente sobre qué bases reinaba ese concepto. El explicativismo reconoce dos tipos de conocimiento. El primero de ellos, de naturaleza formal, reconduce el antiguo deductivismo en modelo axiomático (aritméticas, geometrías, lógicas); postula que la verdad de un enunciado cualquiera resulta de su deducibilidad de los axiomas, que son enunciados primitivos del sistema cuya condición de verdaderos es consecuencia de su autoevidencia o de razones intuitivas. Se trata de un sistema (lógico) de enunciados. Un número finito de ellos, los que constituyen la base axiomática, operan como verdaderos por cierta decisión arbitraria. Los otros (teoremas), porque es posible deducirlos de los anteriores mediante alguna regla de inferencia. Todos pertenecen a un sistema que es tal porque luce consistencia, completitud y decibilidad. KURT GÖDEL vino, más tarde, a complicar este esquema, pero no podemos aquí detenernos en las sorpresivas consecuencias de su famoso teorema. Con lo dicho alcanza para arribar a una intranquilizadora evidencia. Muchos de los saberes entramados con nuestra cotidianeidad, a la que le dan sustento científico y tecnológico (las geometrías no euclidianas constituyen la base de la aeronavegación) exhiben fundamentos más precarios que aquellos que la opinión no especializada supone. En todo caso, para las ciencias formales el lugar de la verdad se asienta en ciertas intuiciones y postulados. No más.

El segundo grupo es el de los conocimientos empíricos o fácticos. Los enunciados que integran cada *corpus* específico (el de la física, la biología molecular o la sociología de la educación) se construyen sobre la base de la observación o experimentación recurrente, del fenómeno a estudiar. La cantidad de observaciones o experimentaciones que se estimen necesarias para tener por admisible (provisoriamente verdadero) un enunciado que las describe, depende de las decisiones que se establecen en tal sentido, en el seno de la comunidad concerniente de científicos particulares. Tales enunciados se denominan hipótesis. Un conjunto de hipótesis lógicamente combinadas dan lugar al nacimiento de una teoría. Las hipótesis del tipo "todos los metales se dilatan con el calor" son provisoriamente verdaderas. Una hipótesis es tanto más científica cuanto más veces ha soportado el test de su contrastabilidad, y, por el contrario, si resulta insusceptible de ser contrastada, carece de carácter cognitivo. Según es sabido, las hipótesis se presentan como juicios universales, aunque no poseen esa condición, como se verá de inmediato. De hecho, la historia del desarrollo científico muestra la caída, por refutaciones sucesivas, de cadenas de hipótesis y su reemplazo por otras cadenas. Para usar palabras más ajustadas a la actualidad, un conjunto de hipótesis, prácticas científicas, métodos y principios constituyen un paradigma, y los paradigmas, visiones más o menos totalizantes respecto de una cierta región objetiva, son los que periódicamente entran en crisis y son reemplazados por otros paradigmas (COPÉRNICO, NEWTON, EINSTEIN, AISENSTEIN, HAWKINGS, entre otros). En definitiva, como las hipótesis no pueden ser probadas para todo caso posible, ellas se tornan admisibles (verdaderas) de manera estadística y probabilística. Si hasta ahora todos los metales se han dilatado sometidos a una fuente de calor, aunque no hayamos podido experimentar con todos los metales del universo y tengamos algún problema para definir lo que sea metal, podemos afirmar que ese enunciado descriptivo es verdadero provisoriamente, esto es, mientras no aparezca una primera experiencia refutatoria que se constituya en anomalía y que origine, en su caso, la destrucción no solo de la hipótesis particular, sino también de las derivadas, asociadas, etcétera. De modo que el reinado olímpico de la verdad se ha transformado, también en este terreno, en más provisorio y modesto. Llamamos verdadero a un enunciado que describe un cierto fenómeno cuyo comportamiento, hemos comprobado, se repite en un número considerable de casos observados. Por ello, existen razones probabilísticas para suponer que el enunciado descriptivo es aceptable, aunque nunca dejamos de tener presente, en función de las experiencias que la historia del conocimiento ofrece, que tal posibilidad puede resultar, finalmente, contrastada. Por otra parte, si no fuera así, estaríamos lidiando con enunciados de la metafísica y no de la ciencia.

Ahora bien, estos esquemas desarrollados en el campo de las ciencias formales o de las ciencias naturales ¿son universalmente válidos? ¿Pueden aplicarse sin más a otras clases de conocimientos? ¿Es admisible el monismo metodológico? Una respuesta negativa a estos interrogantes fue la que dio origen a otra gran corriente epistemológica.

Como lo pone de manifiesto von Wright, en un texto ya clásico, la revolución cognitiva que durante el Renacimiento tardío y la época barroca se produjo en el ámbito de las ciencias de la naturaleza fue, en cierto sentido, análogo al que conoció en el siglo XIX el estudio sistemático del hombre, de su historia, lenguajes, *mores* e instituciones sociales[5]. Frente a la tradición explicativista, de la que hemos hecho sintética referencia más arriba, se produjo una fuerte reacción antipositivista en la que militaron filósofos neokantianos, como Windelband y Rickert, y filósofos neohegelianos o historicistas, como Dilthey, Simmel, Weber, Croce, Collingwood y otros, que dieron lugar al nacimiento de la tradición de la *verstehen*, palabra alemana que significa *comprensión*.

[5] Von Wright, *Explicación y comprensión*.

Mientras que para el positivismo los hechos sociales deben ser estudiados del mismo modo que los fenómenos naturales, para esta segunda perspectiva los hechos sociales no pueden medirse ni pesarse. Conocerlos implica, entonces, comprenderlos, entender el sentido de la conducta desplegada, constituida en objeto de estudio.

Se trata de una de las tradiciones epistémicas más relevantes en relación con las ciencias humanas y sociales desarrolladas desde mediados del siglo XIX hasta el presente; una tradición que evoluciona y se transforma permanentemente y que contiene en su seno autores tan significativos como DILTHEY, WEBER, SCHUTZ, WINCH, GADAMER, DAVIDSON, RICOEUR, por citar solo a algunos de los más representativos. Todos ellos ofrecen perspectivas de análisis interesantes y al propio tiempo, disímiles. La verdad se enlaza con la *empatía* de DILTHEY, con *los tipos ideales* de WEBER, con la *socialización* y la *perspectiva* de SCHUTZ, con los *juegos del lenguaje*, de WINCH o con la *hermenéutica* de GADAMER, RICOEUR o DAVIDSON.

Basten estos ejemplos, no exhaustivos, para exhibir la riqueza y complejidad del proceso que describimos bajo la idea de comprensión. Todos estos puntos de vista agregan algo para la comprensión de la "comprensión".

Ya se ha visto que la verdad en NIETZSCHE resultaba de la exaltación de lo múltiple, de lo abierto, de lo incierto, esto es, de una razón plural. De modo que la verdad se presentaba para él con el mismo estatuto que la ficción. Ya no sería *adecuatiorei ad intelectum*, sino aquella interpretación de los hechos o de la realidad que resultara más favorecedora para la vida.

Contemporáneamente, la confrontación entre los modelos del absolutismo y del relativismo cognitivo sigue estando presente en el desarrollo del debate epistemológico. Pero el papel dominante que durante buena parte del siglo XX tuvieron las tradiciones objetivistas se ha visto conmovido por la heterodoxia de algunos de sus representantes y por la relevancia crítica de algunos de sus oponentes.

Entre estos últimos cabe mencionar a Gadamer[6], que sigue la línea comprensivista propia de la tradición alemana iniciada por Dilthey. Este autor opone a la ilimitada expansión del pensamiento positivista y cientificista el mérito de una hermenéutica que reivindica los logros de la filosofía práctica aristotélica, de la tradición medieval que culmina en Vico y de aspectos de la fenomenología y del pensamiento de Heidegger. Gadamer pone en crisis el legado cartesiano y sus dualismos clásicos (mente-cuerpo, sujeto-objeto, naturaleza-sociedad, etc.) y, con ello, la búsqueda obsesiva de un fundamento único y la reivindicación del método matemático ejercitado por una razón abstracta, universal y exenta de contingencias históricas. Sostiene que solo es posible acceder a lo real mediante los sujetos, es decir, que nuestro "ser en el mundo" consiste en ese proceso de subjetivación. Conocer implica construir un círculo hermenéutico que supone la inexistencia de datos brutos. Nuestros puntos de partida siempre son datos interpretados o construidos; por ello, no hay ciencia exenta de valores, pues siempre encontraremos una dimensión práctico-histórica del conocimiento.

La verdad pasará a ser así, en este contexto, no un dato previo, externo e inmutable, sino el resultado de un proceso hermenéutico. Verdad es, para Gadamer, "lo que puede ser argumentativamente válido para una comunidad de intérpretes".

Vayamos a las heterodoxias. Inicialmente habría que mencionar la ruptura que titularizan dos claros exponentes del pensamiento positivista que en cierto momento se alejan críticamente de la convicción de que este sea útil en el ámbito de las ciencias sociales y rompen, en consecuencia, con el monismo metodológico; me refiero a Elizabeth Anscombe y a John Dray. Por otro lado, como es muy conocido, Kuhn produjo una fuerte conmoción al interior de la tradición explicativista, que ya el falsacionismo popperiano había inicia-

[6] Gadamer, *Verdad y método. Fundamentos de una hermenéutica filosófica.*

do con anterioridad[7]. Con KUHN se modifican radicalmente aquellas concepciones que veían en la ciencia un largo proceso acumulativo e incesante de lucha del hombre contra la ignorancia y la superstición. La novedad es que ahora la evolución científica no se concibe ya como un continuo progresivamente más amplio y consistente, sino, al contrario, como una ruptura, una caída, una superación de un cierto modelo explicativo al interior de una rama del conocimiento y su reemplazo por otro que lo contradice y lo supera, la idea de ciencia constituida por visiones paradigmáticas o por paradigmas, que más tarde denominará *matrices explicativas*[8]. Estas serían el conjunto de principios articulados entre sí, lógicas de funcionamiento y prácticas científicas, propias de un determinado momento histórico. La vigencia y sustitución de los paradigmas se materializa en etapas diferentes que nuestro autor caracteriza pormenorizadamente (visión preparadigmática, paradigma, anomalía, crisis, sustitución paradigmática, ciencia normal, entre otras).

Pero el dato que molestaría a un positivista ortodoxo es que, desde el punto de vista de KUHN, el tránsito de un paradigma a otro no está siempre fundado en términos racionales. Media también lo que él denomina "conversión". Es decir, cambios en los valores y en las visiones sociales que implican deliberación y elección de finalidades, al mismo tiempo que racionalidad. Esto ocurre, claro está, al interior de una comunidad científica y de sus prácticas interindividuales, jugando en ese proceso un rol fundamental la socialización educativa de sus integrantes. De todas maneras, la ruptura de KUHN con la tradición objetivista es moderada, si se la compara con el más audaz de sus colegas a quien nos referimos a continuación.

Se trata de FEYERABEND. Las ideas de este singular pensador se divulgan en los años setenta, básicamente me-

7 KUHN, *La estructura de las revoluciones científicas*.

8 KUHN, *La tensión esencial*.

diante dos trabajos[9]. Sostiene la idea de que junto con las metodologías tradicionales debe contarse, al mismo tiempo, con otras que contengan el *error* como ingrediente, pues la historia misma de las ciencias muestra que buena parte de los más importantes descubrimientos son producto de fallas metódicas, de desviaciones experimentales o de meras casualidades. La ciencia trasmitida ha simplificado y adulterado los procesos realmente acaecidos, impregnándolos de una lógica racionalista.

Sin embargo, como dice BUNGE, no hay teorías, sino hombres que teorizan. No debe, pues, prescindirse de elementos no racionales en el desarrollo del pensamiento científico. En la saga de STUART MILL, cree que una perspectiva pluralista resultará útil no solo para el avance del conocimiento, sino también para el de nuestra propia individualidad. La sociedad capaz de encarar estas prácticas será una sociedad de hombres auténticamente libres.

Otra referencia fundamental la constituye la obra de RORTY[10]. Este importante filósofo estadounidense, de enorme predicamento en el pensamiento contemporáneo, influenciado por el pragmatismo de JAMES y de DEWEY, se presenta como un deconstruccionista antiobjetivista. Rechaza la tradición moderna de la epistemología (DESCARTES, LOCKE, KANT), que en su opinión ha quedado embretada en la metáfora de la representación. Se trata de una idea que concibe a la mente humana como un gran espejo en el que se proyectan diversas representaciones de la realidad, algunas exactas y otras no, pudiendo todas ellas estudiarse por métodos puros, formales, no empíricos. En consecuencia, para ese punto de vista que él critica, lo que denominamos conocimiento científico debe asimilarse a una representación exacta de lo real.

[9] FEYERABEND, *Contra el método. Esquema de una teoría anarquista del conocimiento*, y *¿Por qué no Platón?*

[10] RORTY, *Objetividad, relativismo y verdad*.

Pero RORTY, siguiendo a JAMES y NIETZSCHE, no cree que la cultura pueda basarse en un fundamento único y fijo. Comparte, así, visiones como las de WITTGENSTEIN, HEIDEGGER y DEWEY, los cuales no pretenden desarrollar un modelo alternativo al del objetivismo explicativista, sino cambiar radicalmente los marcos de referencia del debate. Se trata, en expresión de RORTY, de pasar del "discurso epistemológico" al "discurso hermenéutico", con lo cual renunciaríamos al incumplible ideal de fijeza en aras de seguir pensando.

Desde DEWEY, la verdad aparece como la "justificación social de la creencia". En esa misma línea, SELLARS y QUINE sostienen que la justificación de un cierto conocimiento no consiste en una relación entre palabras y objetos, sino en la conversación y la práctica social.

Desde luego, un esquema como este demanda comprender y compartir los juegos lingüísticos, productores de sentido, para dar continuidad conversacional a la experiencia cognitiva. De este modo, la racionalidad humana se sitúa en dimensiones ampliadas.

La filosofía de nuestra época, aquella que alude a la condición posmoderna del conocimiento o al *pensiero debole*, se despliega con acentos plurales, paradójicos y complejos, con el fin de entender las experiencias cognitivas.

Una impronta decididamente original la plantea FOUCAULT, sin duda uno de los pensadores más inteligentes y polémicos del siglo XX[11]. Heredero del "pensamiento de la sospecha", que reconoce paternidad en la obra de MARX, NIETZSCHE y FREUD, su propio aporte a la corriente fue brillante y exhaustivo, abarcando problemáticas filosófico-antropológicas que descentraron enfoques tradicionales en la filosofía del lenguaje, en la teoría del conocimiento, en la iusfilosofía, en la teoría política, en la historia (genealogía) de las

[11] FOUCAULT, *La verdad y las formas jurídicas*.

ideas y en otros muchos campos. Su punto de partida es de naturaleza constructivista, pues sostiene que la realidad no es externa al conocimiento, sino "constituida", "construida", por el conocimiento mismo. Pero, en oposición a las teorías tradicionales, no es la conciencia de los sujetos individuales la hacedora, ni el resultado comunicativo de la interacción humana como postularía HABERMAS, sino el discurso, una sucesión de hechos lingüísticos impersonales, anónima y libre de intenciones. Es decir, una práctica social más vinculada con la noción de "habla" que con la de "lengua", con los textos que con los signos, es la que construye la realidad y de ese modo crea la *episteme* de una época histórica determinada, definiendo la posibilidad del conocimiento en términos situados local y temporalmente. De modo que ya no es el sujeto humano el autor del discurso; al contrario, es este el que "produce" al sujeto humano, como un artefacto semántico. Siendo las formaciones discursivas históricamente contingentes, carecen de fundamento *a priori*. Cada sociedad genera su propio orden de verdad y su propia política de verdad.

La noción de discurso pierde su lugar central en la evolución del pensamiento foucaultiano a expensas de la más ubicua noción de poder. Esta última viene, como no podía ser de otra manera, de la mano de la noción de derecho. Es el derecho el que delimita formalmente el ejercicio del poder, y el poder produce y transmite efectos de verdad que, a su vez, reproducen poder. Poder, derecho y verdad no pueden disociarse ni funcionar sin una circulación de los discursos. "No hay ejercicio del poder posible sin una cierta economía de los discursos de verdad que funcione en, a partir de y a través de esta cupla: estamos sometidos a la producción de la verdad del poder y no podemos ejercerlo sino a través de la producción de verdad"[12].

Las reflexiones de FOUCAULT, superficialmente evocadas aquí, exhiben otro modo de apropiación de la noción de ver-

[12] FOUCAULT, *Genealogía del racismo*.

dad, sacada ahora de sus ejes tradicionales para transformarse en condición de posibilidad y, al mismo tiempo, en efecto del poder.

Explicativismo-comprensivismo, monismo-pluralismo, conocimiento formal-conocimiento empírico, no son las únicas polaridades desde las cuales se reconstruye el concepto de ciencia y por extensión el de verdad. WALLERSTEIN propone otras, que interesa mencionar aquí brevemente[13].

Este autor sostiene que la diferenciación entre ciencia y filosofía, a partir de la que ocupan lugares prácticamente antitéticos, data apenas de hace unos doscientos años. Es a mediados del siglo XVIII cuando se produce el surgimiento de las "dos culturas", expresión que toma de SNOW[14].

Sostiene que el proceso de secularización de la vida social produjo un importante impacto en el modo de concebir la soberanía y, consecuentemente, en los sistemas de legitimidad referidos al ejercicio del poder social. WEBER lo denominó el "desencantamiento del orden", al explicar que la "potestas" secularizada pierde su carácter metafísico y sus anclajes trascendentales, comenzando entonces la elaboración de su fundamentación racional positiva. En sus variantes más extremas la filosofía se tornaba desechable por su labilidad frente a la ciencia, único conocimiento validado. Pero, como dice WALLERSTEIN, tal perspectiva traía aparejados algunos problemas. En los siglos anteriores al nacimiento del modelo experimental, tanto la teología como la filosofía se ocupaban no solo de la "verdad", sino también del "bien". Desde entonces, este último pasó a ser problema exclusivo de la filosofía (o de la teología) y la verdad, problema de la ciencia. Para algunos, el único problema, puesto que postularon la indiscernibilidad racional del bien, como por ejemplo lo hizo KELSEN en el marco de su relativismo moral. Es la distinción entre la noción de verdad y la de bien lo que da nacimiento a aquellas "dos culturas"

13 WALLERSTEIN, *Las incertidumbres del mundo.*

14 SNOW, *Las dos culturas. Un segundo enfoque.*

y asocia el conocimiento de la ciencia de modo exclusivo a la cuestión de la verdad. Pero en este punto puede identificarse un nuevo problema: ¿quién decide y cómo, cuándo un conocimiento es científico, a partir de la vertiginosidad de cambios, mutaciones y refutaciones que se materializan al interior de su propio discurso?

Se puede pensar que lo hace la comunidad de científicos involucrados en el campo disciplinario correspondiente, como postula KUHN, pero ello implica atribuir el poder que dimana de la verdad a un muy pequeño núcleo de personas. La República de los Filósofos, reemplazada por la República de los Científicos Particulares. Sin embargo, esta concepción controvierte el sentido común. La sociedad percibe de manera constante el estrecho vínculo establecido entre el régimen de verdad y el ejercicio del poder; percibe los usos sociales y políticos de la ciencia y reclama la reformulación de un discurso de saber que sea capaz de reconciliar y contener, a un mismo tiempo, la idea de verdad y la de bien. En el ámbito de la teoría social este proceso está perfectamente ilustrado. A partir de mediados de los 70, todas las corrientes importantes que se desarrollan intentan superar la tradición positivista que imponía una férrea demarcación entre el mundo del ser y el mundo del deber ser (teorías críticas, RAWLS, HABERMAS, DWORKIN, LUHMANN). Otro tanto ocurre en el resto de las ciencias sociales y también en las naturales (ver, por ejemplo, la elaboración para la biología de los paradigmas autopoiéticos de VARELA y MATURANA ROMESÍN).

En este sentido dice PRIGOGINE: "El ideal clásico de la ciencia era describir la naturaleza como una geometría. Ahora vemos que la naturaleza está más cerca de la biología y la historia humana, ya que también en la naturaleza hay un elemento narrativo. En realidad cuanto más entendemos la estructura del universo, más comienza a tener elementos comunes con las sociedades humanas"[15].

[15] PRIGOGINE, *El futuro no está escrito*, "Clarín", 11/9/00.

Resulta entonces que el modelo fisicalista, tanto como los marcos referenciales que le son propios, esto es, la tradición cartesiano-positivista y la mecánica newtoniana que pensaba al mundo en permanente equilibrio, comenzaron a ser puestos en crisis por los estudios de la complejidad, que instalaron nuevas problemáticas: la entropía, la autorreferencialidad, la incerteza, la indeterminación, el caos. La "nueva ciencia", como suele denominársela, no pone en dudas la posibilidad de conocer; plantea que se trata de un proceso más intricado e imprevisible de lo que suponían las tradiciones epistemológicas anteriores.

Las nuevas ciencias proponen una perspectiva epistemológica distinta, que denominan "constructivismo radical". El conocimiento deja de ser entendido ahora como una representación mental de la realidad y la conciencia como un "espejo de la naturaleza". Dado que toda realidad no inefable es *realidad comunicada,* es preciso entender que lo que está afuera de la conciencia de los sujetos es algo más que pura externalidad, es también comunicación, esto es, construcción de sentido. Lo que está "afuera", lo "real", adquiere esa condición en un proceso de intercambio comunicativo que lo constituye como real, porque resulta mediado por palabras, por significaciones, por historias previas, por símbolos, por valoraciones, por acuerdos, por precomprensiones del mundo.

Las teorías científicas son también construcciones que no reflejan el mundo, sino que lo *constituyen* como dato susceptible de ser aprehendido y explicado. Por eso el objeto de la ciencia no es el objeto dado en la experiencia, sino el que se construye, en un proceso de abstracción y múltiples determinaciones, tal como lo afirmaba hace ya muchas décadas, con notable clarividencia, BACHELARD[16].

Es preciso subrayar, para concluir, que el propósito de las nuevas ciencias, consiste en restituir la relación entre el conocimiento filosófico y el científico y superar, así, la ya

[16] BACHELARD, *La formación del espíritu científico.*

mentada dicotomía entre las dos culturas, valiéndose de los planteos referidos y los que provienen de los desarrollos de la teoría lingüística en relación con las prácticas de producción de sentido, por una parte; por la otra, de los que aportan las teorías sistémicas con su arsenal sofisticado de insumos provenientes de la neurociencia, la biología, la cibernética de segundo orden, la autopoiesis, entre otros. El panorama de la epistemología actual se ha complejizado y al mismo tiempo enriquecido de manera notable y seguramente proficua. Mientras tanto, la cuestión de la verdad parece haber perdido la centralidad de antaño y hallarse sometida a una deriva a la vez incierta y apasionante.

§ 4. *VERDAD Y POLÍTICA*

La relación que existe entre estos términos es tan confusa y compleja como lo son sus referencias semánticas. Porque la mayor dificultad estriba en que una y otra son examinadas por la teoría desde perspectivas muy diversas y con contenidos en extremo heterogéneos.

Ya se ha visto cuán evanescente es el anclaje del concepto de verdad, tanto en la mirada filosófica como epistemológica. Casi podría afirmarse que cada vez que observamos el encuadre que ofrece algún gran sistema filosófico, con relación al encuadre que ofrece otro, pasamos a reflexionar de inmediato sobre fenómenos diferentes e inconmensurables. Una prueba de ello se manifiesta en los tres importantes autores contemporáneos a los que aludiremos de seguido.

La prestigiosa pensadora alemana, ARENDT, generalmente incluida en la tradición liberal-comunitarista, escribió un excelente ensayo[17]. Lo hizo después de haber seguido el juicio de Eichmann en Jerusalén y publicado sus reflexio-

[17] ARENDT, "Verdad y política", en *Entre el pasado y el futuro. Ocho ejercicios sobre la reflexión política*.

nes sobre el hecho. Ese trabajo originó muchas críticas de sectores hebreos fundamentalistas y, según ella sostiene, se intió y engañó a la opinión pública sobre lo que había escrito y sobre los hechos que narraba. En el texto se refiere a si es siempre legítimo decir la verdad (*fiat veritas, et pereat mundus*) y a la manipulación política de la verdad. Para su análisis distingue entre verdad de razón (matemática, científica y filosófica) y de hecho. Esta última concierne siempre a una pluralidad de sujetos y por ello se carga de opiniones y son las opiniones las que alcanzan reconocimiento intersubjetivo, las que configuran el pensamiento político, tal como la verdad de razón configura la mirada filosófica. A su inteligente observación no escapan las dificultades para atribuir objetividad a hechos y opiniones que siempre son el resultado de interpretaciones fatalmente constructivas, que importan elecciones no garantidas racional o matemáticamente; elecciones o distinciones entre lo principal y lo accesorio, entre orden y desorden, en visiones que pueden variar según varíe el lugar del observador. Sin embargo, ella sostiene que tales circunstancias no son excusas para que el historiador manipule los hechos como le plazca. Lleva sin dudas razón en esto. Pero el problema no es la mala fe del historiador, sino su precomprensión del mundo, su horizonte de sentido, su ideología. Para abonar su idea la autora acude a un relato. Cuenta que un representante de la República de Weimar, conversando con CLEMENCEAU le pregunta: "¿Cómo explicarían los historiadores del mañana el estallido de la Primera Guerra Mundial?" El francés responde: "No lo sé con certeza, pero seguro que no sostendrán que Bélgica invadió a Alemania, pues las tropas alemanas cruzaron la frontera belga en agosto de 1914".

El argumento de ARENDT no es convincente. La historia solo se capta como proceso y no como actos singulares significativos, pero aislados los unos de los otros. Aunque este no sea el caso, alguien podría haber interpretado que Bélgica había provocado la invasión. Permítasenos un ejemplo ramplón para ilustrar la crítica. En la Copa América de fútbol jugada a principios de 2015, se enfrentaron en semifinales las selecciones de Uruguay y Chile. Dos jugadores contrarios esperaban un centro en el área. De pronto el uruguayo golpea de manera ostensible y violenta al chileno que lo está marcando. El réferi lo expulsa. El juez ayudante convoca a este último para que vea la escena grabada por la TV segundos antes. El público y el réferi advierten entonces, con la claridad que proveen las imágenes, que segundos antes del acto violento el jugador chileno le había introducido un dedo en el trasero a su contrincante. Eso ocasionó la inmediata expulsión también del jugador chileno. Queremos significar que una perspectiva diacrónica de los hechos les otorga mayor inteligibilidad y reconfigura la realidad como proceso en curso.

Más allá de sus sutiles y eruditas disquisiciones, Arendt luce una ingenua convicción acerca de la objetividad susceptible de ser alcanzada tanto respecto de la verdad de razón como de la verdad de hecho, pese a las múltiples dificultades que también subraya. Tampoco percibe que, en el entramado social, las verdades que llama de razón se conectan y articulan con las verdades de hecho, y que respecto de ambas existen distorsiones, subjetividades, intereses, ideologías y poderes, y que estos últimos juegan sus diferencias tanto en relación con un tipo u otro de verdades.

Aunque con escepticismo manifiesto respecto de las construcciones dialógicas, termina por admitir que "en la medida en que la verdad de hecho está expuesta a la hostilidad de los que sustentan la opinión, es al menos tan vulnerable como la verdad filosófica racional"[18].

Finalmente, describe con agudeza las formas de adulteración y manipulación de las verdades de hecho en las sociedades actuales, producidas por los poderes fácticos y en particular por los *mass media*. Sin embargo, su raciocinio adquiere aquí una confianza desconcertante en ciertos en-

[18] Arendt, "Verdad y política", en *Entre el pasado y el futuro. Ocho ejercicios sobre la reflexión política*.

foques y convicciones, porque no describen la realidad, en todo caso la idealizan.

Sostiene, en ese sentido, que es desde el campo exterior a la política como puede reflexionarse sobre ella, aunque esa circunstancia acarrea soledad. Es la soledad existencial del científico y del artista, la imparcialidad del historiador y del juez, la independencia del investigador y el periodista (sic), que mientras mantengan sus funciones, estarán del lado de afuera de la política, dice. Más adelante indica que la verdad no es de naturaleza política (*fiat veritas et pereat mundus*), pero existen lugares de la política en los que la verdad y la veracidad siempre han constituido el criterio más alto del discurso y del empeño. Manifiesta textualmente: "Entre ellas encontramos ante todo las instituciones de enseñanza superior a las que el Estado confía la educación de sus futuros ciudadanos".

Estas apreciaciones resultan, creemos, decididamente sorprendentes porque la autora conocía, por poner un ejemplo, la lucha de Roosevelt y la Corte Suprema de su tiempo. El presidente de los Estados Unidos de América no pudo llevar adelante el *new deal* sino después de muchos años, al tiempo de tener la posibilidad de designar a un nuevo miembro en el alto tribunal de su país y modificar, de ese modo, el criterio de la mayoría conservadora. Ningún dato de realidad, al menos contemporáneamente, permite afirmar que exista desconexión entre la judicatura y las demandas del sistema político. Ello no importa afirmar que todas las conexiones sean pecaminosas o deshonestas, pero dado que el Poder Judicial es un poder de Estado, no puede dejar de estar atravesado por la política. En cuanto a los periodistas, convendría recomendar la lectura de la novela-ensayo de Eco, *Número cero*, para entender de cuántas sutiles y deleznables maneras se manipula la verdad desde y en la gran prensa. No creemos que quien actúa según sus preferencias axiológicas o ideológicas en las instituciones que Arendt menciona incurra necesariamente en actitudes indecorosas o condenables. En más, sostenemos que no pueden actuar sino en relación con sus preferencias. Deberán jueces, científicos, periodistas, académicos ser honestos y equilibrados, pero no podrá pedírseles que sean no-humanos, que se transformen por obra y gracia de una designación, nombramiento o concurso, en seres políticamente fuera del mundo, una especie de *cyborgs*. Al contrario, todos sabemos que la experimentación científica está ligada a enormes intereses económicos de distintas clases de empresas, por ejemplo, las de especialidades medicinales, que ejercen sus influencias a veces mediante estrategias más o menos decorosas y a veces de manera impúdica y canallesca; todos sabemos que jueces y periodistas dialogan con el poder y son sensibles a sus discursos y otro tanto se puede decir de nosotros los académicos, del manejo de jurados, de subsidios, de publicaciones, etcétera. En fin, que la verdad y la política no habitan en territorios o espacios diferenciados.

Otro ejemplo es el que ofrece FOUCAULT en muchos ensayos, libros, artículos y debates de su caudalosa obra[19]. El filósofo francés coincide con la idea de que la verdad y la política conviven en un mismo territorio. Dice este autor: "Entiendo por verdad el conjunto de procedimientos que permiten pronunciar enunciados que serían considerados como verdaderos. No hay en absoluto una instancia suprema".

Desde su punto de vista, la verdad tiene historia, una externa que se autorregula y corrige que es la de la historia de la ciencia, y una historia interna que establece reglas que construyen en el mundo social subjetividad, dominio, saberes. Para PLATÓN, a diferencia de HESÍODO, la verdad afincaba no en quien enunciaba, sino en lo que enunciaba. A partir de ese momento la verdad es del orden de lo que el discurso dice.

La verdad se produce como dispositivo, como juego de verdad, es decir, como un conjunto de reglas que regulan su producción, lo que se hace evidente en la aceptación como

[19] FOUCAULT, *Genealogía del racismo*; CASTRO (comp.), *El vocabulario de Michel Foucault, un recorrido alfabético por sistemas, conceptos y autores*.

verdaderos de ciertos hechos en el proceso judicial. Para FOUCAULT la verdad no está fuera del poder ni carece de poder. La verdad es de este mundo y procede mediante múltiples coerciones y efectos de poder que ella induce y que la acompañan. En su opinión, no se trata de liberar la verdad de todo sistema de poder, porque la verdad en sí misma es poder, sino de liberarla de las formas de hegemonía social, económica y cultural.

Las reglas de derecho delimitan formalmente el poder; el poder produce verdad que reproduce poder, he allí un triángulo, propone el pensador francés; poder, derecho, verdad. Pero el poder circula, no permanece en manos de alguien apropiado como un bien, construye una malla que permite que los individuos lo sufran o lo ejerzan, y de tal modo lo recompongan y lo rearticulen.

Según resulta de lo expuesto, la mirada de FOUCAULT establece una relación íntima entre la verdad y la política que se expresa en la modernidad como soberanía y disciplinamiento. Alcanzan estas elementales referencias para mostrar cómo los autores aquí mencionados construyen concepciones acerca de la relación que tratamos de muy radical heterogeneidad. Al hilo de tales referencias hemos tratado de dejar testimonio de nuestras ideas. Con el último de los pensadores al que habremos de referirnos expresamos también el mayor grado de identificación.

Nos referimos a VATTIMO[20]. El título de la obra citada a la que en especial haremos referencia es claramente expresivo de su enfoque. Piensa, como RORTY, que nuestra cultura de época ha dejado de lado la cuestión de la verdad tanto en la teoría como en la experiencia común. Los medios mienten; las sociedades multiculturales expresan diferentes proyectos, horizontes de sentido y sistemas de representaciones heterogéneos; los gobiernos también mienten, como atestigua Iraq y cientos de episodios homólogos; las grandes potencias, como Estados Unidos de América, Gran Bretaña,

20 VATTIMO, *Adiós a la verdad*.

Australia y Nueva Zelanda, controlan (sistema Echelon) las comunicaciones mundiales sin autorización ni conocimiento de quienes son observados y espiados; los servicios de informaciones de todos los países se autonomizan de sus gobiernos y sirven a sus propios fines, poseyendo facultades para múltiples ilicitudes (torturas, encierros, secuestros, asesinatos); frente a este panorama se pregunta VATTIMO ¿guarda todavía alguna relación la verdad con la política?

Grandes filósofos como ADORNO o HEIDEGGER, LEVINAS o BENJAMIN, SARTRE o BLOCH han expresado de distintas maneras una preocupación común: el temor a que la metafísica objetivista, basada en la idea de verdad como correspondencia (culminada en el positivismo) determine, como lo sugiere Chaplin en *Tiempos modernos*, el advenimiento de una sociedad de la organización total. Es decir, de una sociedad totalitaria.

La tarea del pensamiento es dar cuenta de lo oculto, de lo escamoteado en la "cotidiana presentación" del mundo de la vida, aquello que la ideología no muestra, escamotea, oculta.

Es posible y necesario despedir a la verdad como reflejo objetivo de un dato que debe concebirse como inmutable. La verdad debe reconocerse como una cuestión de interpretación, de puesta en función de paradigmas que no son puramente objetivos porque no hay instancias externas a ellos mismos que lo justifiquen, pero hay instancias subjetivas en su constitución.

El adiós a la verdad, sostendrá VATTIMO, es el inicio y la base misma de la democracia, porque si existiera una verdad objetiva de las leyes sociales y económicas, la democracia resultaría absolutamente irracional.

Este es el desafío de la verdad en el mundo del pluralismo posmoderno. Más que asirse a verdades objetivas a-históricas que se presentan como inmutables y externas a lo humano, debe apostarse a la construcción de paradigmas consensuales y dialógicos. Se trata de entender que la verdad no está afuera y es menester encontrarla, sino que se construye con el consenso, en el marco del reconocimiento y el respeto por la diferencia, en comunidades heterogéneas que conviven, sin confundirse, en una sociedad libre.

Cerramos aquí este apartado. Hemos tratado de mostrar versiones muy diferentes de la relación verdad y política de la mano de tres pensadores ineludibles del siglo XX y, en los entresijos de sus complejas elaboraciones, hemos tratado de dejar en claro nuestras opiniones sobre el tema que nos ocupó.

§ 5. *Verdad y proceso*

Para describir y entender la escena del proceso y la actividad de los jueces, se ha apelado tradicionalmente a la idea de "subsunción". Ella no es, sin embargo, demasiado explicitada por la doctrina, ni en términos prácticos ni en términos metódicos. Podría pensarse que detrás de esa idea existe alguna reminiscencia del criterio nomológico-deductivo de Hempel y el argumento de que un caso pertenece a una familia de casos si es posible mostrar que su cobertura lógica es similar a la de la familia en cuestión. La explicación más elemental y generalizada, en cambio, postula pensar la subsunción como una especie de silogismo lógico de tipo aristotélico, en el que la norma jurídica aplicable opera como una premisa mayor, el o los hechos como premisa menor y la sentencia como conclusión. El juez, conocidos los hechos a la luz de las normas, procede a calificarlos deónticamente y de seguido a condenar o absolver. Sin embargo, si bien se mira, el *processum iudicandi* es muy distinto. Por de pronto el juez no tiene a su disposición los hechos. Ellos han ocurrido ya, con anterioridad a su intervención. Como dice el profesor Calvo González, de la Universidad de Málaga, uno de los más conspicuos y destacados expositores de las teorías narrativas en el campo del derecho: "El proceso se ocupa de una realidad ya vivida, y en este sentido plenamente gastada; incumbe a hechos pretéritos, hechos agotados que definitivamente quedaron en el pasado, hechos póstumos, hechos, en suma, donde junto a su presente existencial, también su posible verdad fáctica está desaparecida"[21].

Dado que los hechos no hablan por sí mismos, son mudos, para poder "oírlos" procesalmente, agrega el citado autor, es menester reconstruirlos como narración. Esto es lo que hará el juez. Una tarea de montaje, de edición, de las diversas y contradictorias narraciones mediante las cuales habrán de reconstruirse, con los medios de prueba a su alcance, los hechos ya fenecidos. Para ello tomará primeramente en cuenta los dichos de las partes, produciendo una primera selección entre los que estime relevantes y los que considere irrelevantes, y centrará la producción de las pruebas y el debate argumentativo en aquel contenido que sí considere pertinente para el proceso. Luego, seleccionará también las pruebas, autorizando la producción de algunas y rechazando la de otras. Finalmente, organizará un relato de relatos. Porque los elementos probatorios, en su inmensa mayoría, se presentarán a su conocimiento como relatos: los dichos de las partes, pero también los de los peritos y los de los testigos, alguna prueba documental que también puede tener la forma de un relato, como, por ejemplo, una escritura notarial que instrumente una compraventa o un reconocimiento de estado o una cesión de derechos.

Se trata de diversas textualidades heterogéneas y dispares, todas ellas portadoras de sentido. A los efectos de "su relato", el juez debe *ecualizar* aquellos sentidos, es decir, debe correlacionarlos, tornarlos consistentes en aquellos tractos que, de una forma u otra, entramarán su propio discurso. La complejidad de esta tarea y su resultado no poseen garantías algorítmicas. No hay fórmulas matemáticas ni lógicas que aseguren que las elecciones-selecciones del magistrado sean necesariamente certeras, ni cuando escogió los hechos relevantes ni cuando interpretó los diversos relatos que tuvo a su alcance.

[21] Calvo González, *La verdad de la verdad judicial. Construcción y régimen narrativo*, "Rivista Internazionale di Filosofia del Diritto", fasc. 1, 1999.

Existe una dificultad más. Aunque cualquiera de los relatos producidos puede apartarse intencionalmente de los hechos, tal y como han podido ser conocidos por diferentes narradores (peritos o testigos), tal apartamiento supone ilicitud y, consiguientemente, riesgo de sanciones. Pero esto no ocurre en relación con las partes que, como es sabido, no están obligadas a decir verdad ni a declarar lo que puede ocasionarles perjuicio, en función de consagradas garantías fundamentales propias del constitucionalismo contemporáneo. En el caso al que aludimos, la de la intangibilidad de la defensa en juicio. Las partes cuentan "su" verdad que es siempre, como sostiene CALVO GONZÁLEZ, una *estrategia narrativa de verdad*, cuya finalidad por lo general es doble; por un lado, afirmar la versión propia y, por el otro, esmerilar, reducir, controvertir la de la parte contraria.

A su vez, al tiempo de formular su propio relato seleccionando, reorganizando, "editando" la multiplicidad de relatos del proceso, el juez debe decidir cuáles son las normas aplicables al caso. Por lo general, se tratará de un *set* de normas, de un subconjunto normativo que asociará reglas procedimentales con disposiciones de fondo. Tampoco existen, ni para el caso de las primeras ni para el de las segundas, criterios mecánicos, ciertos, irrefutables para su determinación. Una vez más el juez deberá usar estrategias eurísticas, en las que su propia intuición, preparación, sentido común, experiencia, jugarán un papel preponderante.

Este juez receptor-narrador se encuentra en algún sentido limitado a construir una verdad que sea la verdad del proceso, o quizá resulte más preciso decir la narración verosímil del proceso, una vez que hemos visto ya cuán esquiva y precaria es la noción de verdad y sobre todo la de verdad histórica, es decir, la que se refiere a la ocurrencia de ciertos hechos. La verdad historiográfica, en el campo del derecho, le debe mucho a la coherencia con la que es construida la sentencia. Es cierto, como afirma TARUFFO, que tal coherencia no garantiza la justicia de la decisión (menuda cuestión la de la justicia que nuestro autor parece considerar universal e indiscutible), pero deberíamos aceptar que una sentencia autocontradictoria, sin dudas, sería una pieza írrita. En buena medida, pues, la coherencia resulta una suerte de garantía respecto de la reconstrucción de los hechos ya ocurridos.

Este modo de razonar no es cosa de posmodernos. En su famoso ensayo titulado "El juez y el historiador" dice CALAMANDREI: "Cuando se trata de establecer que el caso cae entre las previsiones generales de la norma a aplicar, no puede calificarse esta circunstancia como historiográfica, es decir, como reconstrucción de la verdad, sino como ultrahistoriográfica, es decir como determinación de lo útil y conveniente"[22]. Más adelante agrega que la construcción de la *quæstio facti* o reconstrucción del hecho se teje sobre testimonios extrínsecos, no sin concurso de la imaginación, o sea, más que historia, anécdota (conf. también BENEDETTO CROCE). En esta línea afirma luego que la adecuación del caso particular a las previsiones de la norma general "no es un acto teórico sino práctico, un acto volitivo, un *imperium* que individualiza, que crea la ley y pronuncia un mandato". Por ello insiste en que cuando la norma es insuficiente se procura un suplemento que el juez crea, porque él no puede dejar de sentenciar, de proveer, de mandar. Aparece con claridad aquí la actividad creativa de los jueces, que se subrogan al texto normativo con un acto de voluntad que es constitutivo.

Muestra luego CALAMANDREI cómo la verdad del proceso es una verdad *sui generis*. Está sometida a múltiples limitaciones: *a*) la traba de la litis, es decir, lo que ha sido alegado por las partes, porque lo que no ha sido alegado está fuera del proceso, aunque el juez hubiera podido adquirir noticia de hechos o circunstancias relevantes; *b*) debe admitir como verdaderos los hechos en que las partes coinciden aun cuando le conste que no acaecieron; *c*) solo puede establecer una

[22] CALAMANDREI, "El juez y el historiador", en *Estudios sobre el proceso civil*, p. 105.

verdad por los medios de prueba establecidos para el proceso, aunque su inteligencia o perspicacia le sugieran otros caminos alternativos, y *d*) no puede desatender lo probado en el juicio aun cuando haya conseguido información diferente y más fidedigna. Así, las declaraciones de certeza del magistrado poseen siempre un carácter relativo. La verdad así constituida será siempre –opina– una verdad meramente formal que en sustancia sería una ficción ilusoria (textual).

Más que ilusoria, la verdad del proceso aparece como juego de verdad o dispositivo de verdad en el sentido foucaultiano. Hay en esto una distinción de lo que opina TARUFFO porque, en su perspectiva, la verdad del proceso es siempre relativa, contextual y atravesada por la posibilidad más que por la certeza. Pese a esta comprobación, sostiene que ella se procura, de todos modos, de la misma manera afuera que adentro del proceso.

Una postura discrepante exhibe VÍCTOR TRIONFETTI, quien dice: "Afirmo que los hechos del proceso no se descubren, ni se encuentran. Se construyen. En el proceso no hay hechos, sino versiones o relatos [...] el proceso civil no busca la verdad sino la seguridad jurídica, la eventual coincidencia de determinados eventos históricos con lo expresado en la sentencia es una probabilidad, no una necesidad para que el proceso sea dirimido".

Comoquiera que sea, la verosimilitud es un dato contextual que diversos institutos procesales ayudan a delimitar, como, por ejemplo, el de la traba de la litis, el de los hechos alegados y probados. Se trata de verosimilitud en un "mundo posible", como diría Eco, en el mundo posible de *Hamlet* o en el mundo posible de *Lo que el viento se llevó* o en el mundo posible del expte. 6345/05 del Juzgado Civil *X*, Secretaría *Y*, caratulado "Pérez, Juan c/García, José s/ordinario".

Ahora bien, aunque los elementos contextuales son determinantes, los elementos paracontextuales juegan su papel en esta liturgia. Nos referimos a los factores que operan en el imaginario de la sociedad y respecto de los cuales los jueces, que son seres sociales y que no elaboran sus sentencias solipsísticamente, son necesariamente sensibles. Durante muchos años, en nuestro país se juzgó sobre la base de la responsabilidad por culpa las acciones de quienes producían daños a terceros manejando automotores de manera riesgosa, corriendo carreras en sendas transitadas por otros vehículos o por peatones. Cuando este delito se generalizó y comenzó a ser frecuente la ocurrencia de graves accidentes y de numerosas víctimas, sin reforma legal alguna, los jueces comenzaron a fundar el reproche ya no en la culpa, sino en el dolo eventual, una figura penada de forma mucho más severa. Podrían traerse a cuento muchísimos ejemplos más para poner de manifiesto que cierto horizonte de sentido, vigente en un lugar y tiempo determinado que constituye el universo de las representaciones sociales, se filtra, se desliza, con la forma de un discurso paratextual, al interior de la textualidad del proceso. Esta circunstancia constituye una nueva dimensión problemática de la que es menester dar cuenta, para entender la ardua elaboración del discurso de los discursos, a cuyo cargo se halla el juez.

Su tarea es, finalmente, constructiva. Lo es en múltiples sentidos. Es una tarea que guarda semejanza con la de un director de cine que filma diez horas de película y luego edita un film de dos. Estas dos horas son el resultado de una operación de montaje en una moviola. Es decir, de un sinnúmero de selecciones y de "abducciones", de continuidades y discontinuidades productoras de sentido; de repeticiones y de silencios, operadas aquellas y estos para decir cosas, para expresar, para definir y establecer. Volvamos nuevamente a CALVO GONZÁLEZ para valernos de su elocuencia. El juez organiza su relato mediante un proceso que este autor denomina "ajuste narrativo", ajuste del material con el que cuenta, esto es, de las versiones de las partes, los dichos de los testigos, las peritaciones, los documentos, los contextos y los paratextos. Con todo esto "produce el 'ajuste narrativo': revisa, compara, interseca, discrimina, rehúsa, y también prefiere, opta, elige, e igualmente admite, y enlaza y elabora y armoniza hasta construir la coherencia narrativa de lo discutido sobre los hechos y, por coherencia normativa, fabricar el ensamblaje jurídico anudado a ella. Y así dice los hechos y dice el derecho en un relato, el veredicto, que es verdad judicial", y más adelante: "Las consecuencias de esta detención o solución de continuidad en el estatuto narrativo de la 'fijación' o 'esclarecimiento' de los hechos que proyectivamente venía siendo el de la verdad histórica, son muy importantes, porque franqueada esa frontera, no solo se estabiliza o dilucida el pasado, sino que el pasado se *decide*, dando a ver con ello una manifiesta voluntad de dominio que afecta el presente y, sobre todo, alcanza al porvenir en la condición de *cosa juzgada*"[23].

He aquí presentada la otra de las circunstancias que transforma el discurso de los jueces en objeto tan singular y trascendente para la vida social. No solo organiza el relato constructivamente. El modo en que lo formula "constituye" la realidad del mundo. Su veredicto (*vere* –verdad– *dictum* –dicho–) tiene carácter performativo. Está expresado en un lenguaje que tiene atribuida la facultad de cambiar el estado de cosas existentes, una vez que las palabras de ese lenguaje han sido exteriorizadas. El que no era culpable (presunción de inocencia) pasa a serlo; la discutida propiedad de cierto bien se consolida en cabeza de alguien; el automóvil amarillo que chocó con el azul, cruzó la bocacalle a 70 kilómetros por hora, etcétera. La historia no solamente *sucede*, dice HAYDEN WHITE, el prestigioso historiador estadounidense, sino que también es *hecha*, hecha sin duda por las acciones de los seres humanos en situaciones específicas, pero hecha también por aquellos que escriben sobre estas acciones y las dotan de un significado que con frecuencia es tan "ficcional" como una novela. Los jueces escriben sobre las acciones humanas, pero lo que escriben produce un efecto peculiar porque el sentido que les otorga las fija, las crista-

[23] CALVO GONZÁLEZ, *La verdad de la verdad judicial. Construcción y régimen narrativo*, "Rivista Internazionale di Filosofia del Diritto", fasc. 1, 1999, p. 45.

liza, las torna unívocas, al tiempo de decirlas, con autoridad de cosa juzgada.

Esta visión respecto de la escena del proceso, que lo aleja de ficticias seguridades al no presentarlo como el resultado de prolijos y aceitados mecanismos lógicos y nos lo devuelve, en cambio, como compleja construcción discursiva, problemática y azarosa, no escapa, sin embargo, a los marcos de sutiles entramados de racionalidad y razonabilidad que la cultura occidental ha construido por siglos: siglos de refinamiento de las tecnologías jurídicas, siglos de socialización producida por las escuelas de derecho, siglos de un saber especializado, siglos de una cultura "tribunalicia". La perspectiva narrativista coloca en otro marco conceptual el análisis de algunas problemáticas tradicionales e induce a explotar el enorme desarrollo de la lingüística contemporánea, de la teoría del discurso, de la sociosemiótica, para el desarrollo de la teoría jurídica de nuestro tiempo. Una teoría que solo puede valer como tal, si devela, si reconstruye, si critica, y si, además, molesta un poco e incómoda otro tanto.

RESPUESTA DE MICHELE TARUFFO A CARLOS MARÍA CÁRCOVA

En su texto Cárcova realiza un análisis exhaustivo de los conceptos de verdad que en las últimas décadas han surgido en la filosofía general y en la filosofía de la ciencia, que muestra cómo ahora nos enfrentamos con un fuerte "relativismo" del concepto de verdad y una pluralidad muy diversa de versiones de este concepto. Sobre estos temas solo puedo estar de acuerdo y apreciar la claridad con la que Cárcova aborda temas muy complejos que caracterizan el panorama actual. En particular, debo subrayar que estoy de acuerdo con él en considerar relevantes las teorías epistemológicas de Kuhn, así como las de Popper y otros autores, y en la apreciación de las contribuciones al estudio del razonamiento jurídico ofrecidas por la filosofía hermenéutica, sobre todo a partir de GADAMER. Pero estoy mucho menos convencido de la validez de la polémica de FEYERABEND contra el método y el "consensualismo deconstructivista" de RORTY, pero no es el caso aquí de analizar sus argumentos. Del mismo modo, no estoy del todo convencido de la validez del pensamiento de FOUCAULT, aun cuando no cuestiono la popularidad que este pensamiento ha logrado en los últimos años del siglo pasado.

Me parece, por lo tanto, preferible decir algunas palabras sobre la disidencia que separa mi forma de pensar de las conclusiones que CÁRCOVA alcanza al final de su extenso y muy interesante análisis. Si interpreto bien, estas conclusiones se concentran en la observación de que el pensamiento filosófico de las últimas décadas ha terminado eliminando la concepción unitaria tradicional de la verdad, abriendo el camino a una pluralidad (¿potencialmente infinita?), de varias verdades "construidas", "contextuales", "subjetivas", "condicionadas social y culturalmente", etcétera. No me parece dudoso que esto se desprenda de las diversas pautas que CÁRCOVA expone con gran claridad. Pero el problema es otro: ¿todo esto se deriva del hecho de que no sea posible referirse a ningún concepto aceptable de verdad o a más conceptos de verdad según los contextos posiblemente diferentes en los que el problema se puede plantear?

Antes de exponer mi respuesta, debo advertir sobre errores y malentendidos en los que caen muchos de los filósofos que trataron el problema. Uno de estos errores lo comete, por ejemplo, el conocido filósofo italiano VATTIMO, citado por CÁRCOVA, quien, al dar su *adiós a la verdad*, en realidad está dando un adiós a la "verdad" expresada y comunicada por el poder político, o sea exactamente a lo contrario de verdad, esto es, a las mentiras que caracterizan, largamente, el discurso político. Otro punto discutible, sobre el que volveré en un momento, se refiere a la validez de las teorías que limitan el discurso sobre la verdad a las narraciones que varios sujetos construyen, excluyendo, sin embargo, cualquier referencia a los hechos sobre los que hablan estas narraciones. Naturalmente, reconozco que el *storytelling* narrativista ha puesto en justa evidencia el papel desempeñado por las narraciones, en general y, en particular, en el contexto del proceso. También admito que el proceso puede ser interpretado como un contexto de narrativas construidas por las diversas partes que en él participan, pero no admito que todo el proceso, y en particular la decisión final tomada por el juez, se reduzca a un juego de textos narrativos (tesis que hubiera complacido a DERRIDA, pero que yo no encuentro convincente). El debate debería ser mucho más complejo, pero aquí me limito a observar que el proceso no es una competencia literaria destinada a recompensar la "mejor" narrativa entre aquellas que el juez podría evaluar.

De hecho, y aquí llego al punto más importante de mi desacuerdo con CÁRCOVA, se trata de considerar adecuadamente el contexto del proceso para ver si, entre los diversos conceptos de verdad que circulan en la actualidad en el mercado de teorías, sea o no sea posible encontrar un concepto de verdad que sea coherente con las finalidades que se persiguen en el proceso. Sin embargo, debe tenerse en cuenta que ninguna de las orientaciones filosóficas analizadas por CÁRCOVA (con una excepción de la que hablaré inmediatamente) se ocupa de discutir sobre la verdad en un contexto específico como aquel de la administración de justicia. Referido a este contexto, conceptos como los propuestos por FEYERABEND, en la década de 1970, o RORTY son simplemente inútiles, inaplicables o sin sentido.

El discurso sería muy largo, pero me permito remitir al lector a otros lugares en los que he desarrollado más plenamente mi pensamiento[24]. En pocas palabras, parto de la premisa de que el propósito esencial del proceso es *resolver una disputa aplicando correctamente las leyes a los hechos del*

[24] Cfr. TARUFFO, *La semplice verità. Il giudice e la costruzione dei fatti*, p. 97 y 113.

caso concreto. Por lo tanto, el proceso tiende a terminar con una decisión *justa* y trata de establecer las condiciones necesarias para una decisión justa. A partir de una orientación que es ahora un lugar común en las teorías generales de la ley, según la cual cada uno tiene normalmente una estructura básicamente condicional, se compone de una *premisa* y una *consecuencia*, y considerando que se aplica válidamente la consecuencia jurídica si y solo si suscitaron hechos que corresponden al "tipo" de hecho definido en la premisa, lógicamente llegamos a la consecuencia de que la decisión es justa, si y solo si la verdad de esos hechos se ha establecido en el caso particular. Igualmente es lógica la consecuencia inversa, es decir, que no se llega a una aplicación correcta de la ley, y por lo tanto no es una decisión justa, si esta verdad fáctica no ha sido comprobada.

De esta manera, no solo el concepto de verdad no se excluye del contexto del proceso, sino que se ve fácilmente que está en el centro de este contexto y en la base de la decisión final que el juez debe formular, dado que su deber fundamental es precisamente el de aplicar correctamente la ley a los hechos del caso concreto que son objeto de juicio.

El problema se convierte entonces en determinar si existe, y cuál sería, un concepto de verdad aplicable en el contexto específico del que estamos hablando. Obviamente, no es posible llevar a cabo aquí un análisis completo de todos los conceptos de verdad que desde Aristóteles en adelante han ocupado a cientos de filósofos, pero un análisis de este tipo sería inútil, además de imposible; basta considerar, como ya lo dije concordando con Cárcova, que el panorama filosófico actual incluye una amplia variedad de concepciones y respuestas al problema.

En cuanto específicamente a la verdad fáctica como propósito y objeto de la decisión del juez, se puede limitar la discusión a dos aspectos fundamentales.

El primero de estos aspectos es que resultan inaplicables las teorías de decisión que ofrecen las diversas versiones del narrativismo, según las cuales el juez debe adoptar, y poner en la base de la decisión, la descripción de los hechos que aparece como "narrativamente mejor" o "más coherente". En este sentido, se puede observar, por un lado, que incluso una "buena" narración, como ocurre en una novela de calidad, puede ser completamente falsa e inatendible; y, por otro lado, también que una narrativa factual coherente puede ser igualmente falsa e inatendible. En otras palabras, cualquier evaluación que tenga en cuenta únicamente las características "literarias" de las narrativas que se comparan en el contexto del proceso está en condiciones de llegar a una decisión verdadera.

El hecho es, y este es el segundo de los aspectos relevantes del problema, que el proceso usa narrativas, pero no se agota en ellas. El proceso tiene que ver con los acontecimientos que ocurren en la vida real, en el ámbito de los fenómenos y materiales empíricos, o sea, en una palabra, con la *realidad* de los hechos que han dado lugar a la controversia. Es la comprobación de esta realidad la que constituye, como se mencionó anteriormente, la condición necesaria para la correcta aplicación de la ley en la decisión del caso específico. Tenemos entonces que, en el mercado de las concepciones de la verdad, necesitamos referirnos a una idea de verdad que nos permita configurar adecuadamente la naturaleza de la decisión judicial. Se trata de adoptar una concepción de la verdad que no excluya la realidad real, material y empírica de los hechos del contexto que se considera. Tal concepción ha existido desde hace mucho tiempo, al menos desde Aristóteles, y es esencialmente la idea de la verdad como *correspondencia* de una narración factual a la realidad de los hechos que son narrados. En este sentido, se puede evocar la idea de Tarski, que se ha convertido en un lugar común a pesar de las muchas interpretaciones que se han propuesto, que es el color real de la nieve el que se usa para determinar la verdad o falsedad de la afirmación de que "la nieve es blanca". De manera más general, entonces, se puede decir que es la realidad del hecho lo que determina si la narración de ese hecho es verdadera o falsa. En sustancia, de este modo no se excluye la realidad del contexto cognoscitivo del que tratamos; por el contrario, la referencia a la realidad *externa* al discurso narrativo se configura como la base esencial y necesaria de toda decisión que se base sobre tal discurso[25].

La adopción de esta concepción de la verdad de los hechos como una condición necesaria de la justicia de la decisión judicial implica una serie de premisas y consecuencias que no pueden analizarse aquí. El discurso, por lo tanto, puede limitarse a dos puntos de gran importancia.

El primero es que esta concepción implica evidentemente una premisa de un carácter –diría– metafísico, es decir, la aceptación de la existencia de la realidad externa respecto del sujeto que conoce, es decir, una concepción realista del mundo. Se sabe desde hace mucho tiempo que muchas filosofías han sido de diversas maneras *irrealistas* o *antirrealistas*[26]. Ellas no se muestran interesantes en el contexto aquí considerado, pero parece claro que si alguien –por cualquier razón y de cualquier modo– niega la existencia de la realidad, para él una concepción de la verdad como correspondencia no puede tener sentido, y por lo tanto justifica la limitación de cada discurso a las narraciones entendidas como completamente autónomas y separadas de los objetos a los que se refieren. Si se acepta, como aquí se hace[27], una premisa de naturaleza realista, existen buenas razones para aceptar una segunda premisa, de naturaleza *epistémica*, según la cual es posible obtener un conocimiento confiable y racionalmente fundado de la realidad que estamos mencionando. Vale poner al resguardo que, malgrado todos los relativismos y todos los escepticisimos de los que está llena la filosofía de la ciencia, no parece posible negar *a priori* toda

[25] Al respectoi ver en particular D'Agostini, *Introduzione alla verità*, p. 86.

[26] Cfr., por ejemplo, Vattimo, quien escribe un libro para demostrar que la realidad no existe (*Della realtà. Fini della filosofia*).

[27] En cuanto a las razones que justifican mi orientación, cfr. Ferraris, *Manifesto del nuovo realismo*, y ensayos publicados en AA.VV., *Bentornata realtà. Il nuovo realismo in discussione*.

posibilidad de conseguir un conocimiento justificado de al menos algunos eventos del mundo real, naturalmente teniendo en consideración la naturaleza y confiabilidad de los métodos cognoscitivos que se utilizan cada vez[28].

Este aspecto permite resaltar y eliminar un malentendido en el que a menudo los juristas caen. El malentendido consiste en asumir que la verdad solo puede ser *absoluta* y luego asegurar que, en realidad, y en particular en el proceso, no se logra una verdad absoluta, y luego concluye, y aquí radica el malentendido, que *por lo tanto* no es es posible alcanzar a establecer *alguna* verdad. Este malentendido está muy extendido, especialmente entre los procesalistas, quienes considerando los numerosos límites legales y prácticos que en el proceso obstaculizan la búsqueda ilimitada de la verdad (que en su opinión debería ser absoluta) excluyen por lo tanto que la verdad pueda ser descubierta. Además, es fácil develar el equívoco al señalar que verdades absolutas no se logran en ningún contexto, pero que esto no implica que ninguna verdad sea aceptable[29]. Igualmente infundado es el argumento, bien distribuido entre los procesalistas, según el cual en el proceso se establecería solo una verdad "procesal" (o "formal"), mientras que la verdad "verdadera" solo se podría determinar fuera del proceso[30]. Por el contrario, tiene sentido hablar *verdades relativas* sobre la base de la información disponible, y esto vale en cualquier contexto, incluido el del proceso, en el que la verdad de los hechos puede determinarse dependiendo de la cantidad y calidad de la evidencia disponible. Entonces, ocurre que debe maximizarse el "peso de prueba" para lograr un grado adecuado de aproximación a la verdad efectiva en la descrip-

[28] Sobre este tema es fundamental la remisión a una de las figuras más relevantes de la epistemología contemporánea, Haack, *Evidence and inquiry. A pragmatist reconstruction of epistemology.*

[29] Al respecto, ver Taruffo, *Carnelutti e la teoria della prova,* "Rivista Trimestrale di Diritto e Proceduria Civile", 2016, p. 399.

[30] Sobre el tema, ver Taruffo, *La semplice verità. Il giudice e la costruzione dei fatti,* p. 82.

ción del hecho[31]. Es evidente que no estamos hablando aquí de la verdad relativa en un sentido subjetivo, es decir, de la idea bastante generalizada de que cada uno tiene su propia verdad personal, de modo que nadie está equivocado[32]. Se menciona, en cambio, la relatividad en un sentido objetivo, o sea en referencia a la justificación racional que se deriva de la evidencia adquirida en el juicio. Por otro lado, el proceso no es siempre y universalmente igual a sí mismo, dado que hay docenas de modelos procesales: algunos de estos modelos efectivamente limitan u obstaculizan la búsqueda de la verdad de varias maneras, mientras que existen modelos de procedimiento que permiten y facilitan tal investigación.

Por lo tanto, es necesario concluir que en el proceso es posible determinar la verdad como correspondencia, considerando sin embargo que es una verdad relativa, es decir, una *aproximación* más o menos justificada y más o menos cercana a la verdad efectiva de los hechos en cuestión. Sin embargo, una consideración adicional es apropiada a este respecto. Por un lado, es posible analizar este tipo de verdad en términos *probabilísticos*, siempre que se utilicen las herramientas de la *probabilidad* lógica, y no aquellas en gran medida inutilizables en el contexto del proceso de probabilidad bayesiana[33]. Al razonar en términos de probabilidad lógica y formulando correctamente las inferencias relativas, es posible determinar el "grado de confirmación" que las informaciones ofrecidas por las pruebas proveen a la narración de los hechos[34].

Por otro lado, el hecho de que uno se exprese acerca de una verdad relativa justificada por inferencias probabi-

[31] Ver, en particular, NANCE, *The burdens of proof. Discriminatory power, weight of evidence, and tenacity of belief.*

[32] En sentido crítico al respecto, ver MARCONI, *Per la verità. Relativismo e filosofia*; TARUFFO, *La semplice verità. Il giudice e la costruzione dei fatti*, p. 75.

[33] Sobre el tema, ver más ampliamente TARUFFO, *La semplice verità. Il giudice e la costruzione dei fatti*, p. 90.

[34] Sobre ello, ver también TARUFFO, *La semplice verità. Il giudice e la costruzione dei fatti*, p. 207 y 218.

lísticas no significa que uno realmente lo haga acerca de la mera *verosimilitud* de tal narración. En este sentido, tal vez se pueda considerar *verosímil* aquello que *prima facie* parece ser "normal" o "más frecuente" respecto de un cierto tipo de eventos, pero esto no se corresponde con la probabilidad (ni cuantitativa ni lógica) de la ocurrencia de un evento específico. La razón por la cual debemos distinguir entre la verdad relativa (en el sentido explicado anteriormente) de un enunciado factual y la verosimilitud del mismo enunciado es que él puede ser verosímil pero altamente improbable o sustancialmente falso[35]. Por lo tanto, la decisión judicial no puede fundarse en una narrativa factual solo verosímil: es necesario que esta narración sea confirmada como relativamente verdadera sobre la base de las pruebas de las que dispone el juez.

[35] Ver más ampliamente TARUFFO, *La semplice verità. Il giudice e la costruzione dei fatti*, p. 88.

Capítulo VII

PRUEBAS CIENTÍFICAS Y VERDAD. EL MITO DEL RAZONAMIENTO INCUESTIONABLE

por Osvaldo A. Gozaíni

§ 1. *Introducción*

Las pruebas científicas son medios de prueba, y así deben considerarse en el aspecto de la producción efectiva ante los estrados judiciales. La diferencia con otros medios de verificación está en el sistema de apreciación que, por el valor intrínseco de las conclusiones, justamente científicas (serias e irrefutables), no permiten utilizar estándares de libertad como en las demás confirmaciones, porque se parecen demasiado a las antiguas pruebas legales. Es decir, no obligan a seguirlas, pero apartarse de ellas sin justificación razonable y fundada puede ser un motivo de arbitrariedad o ilegalidad.

Afirma Taruffo que la sola denominación de "ciencia" es confusa, porque el razonamiento incuestionable no proviene de la seguridad en los resultados que se obtienen de un medio producido con técnicas especializadas, sino de otros estándares que son la base para conseguir una opinión irrefutable.

Por tanto, el primer problema a resolver estriba en ubicar con exactitud el plano de entendimiento sobre qué es y cuándo lo es: *prueba científica*. Luego, es necesario resolver la aplicación de la actividad, y, en su caso, establecer si el parámetro de lo pericial es adecuado o admite un desarrollo particular autorizado por el juez en cada caso concreto; el siguiente inconveniente es entablar la admisibilidad del medio de prueba en la línea de los mecanismos no legislados pero pertinentes o inadmisibles; y finalmente atender los problemas de interpretación y valoración de la prueba, con su impacto en la sentencia y la cosa juzgada.

§ 2. *Concepto de prueba científica*

Una prueba es científica cuando el procedimiento de obtención exige una experiencia particular en el abordaje que permite obtener conclusiones muy próximas a la verdad o certidumbre objetiva. El método o sistema aplicado trabaja sobre presupuestos a comprobar, y el análisis sobre la cosa o personas puede ser racional y falible, o exacto y verificable.

Algunos sostienen que, dentro del primer grupo, el ensayo sobre el origen de ciertas enfermedades puede ser cierto; pero, en las matemáticas, el resultado siempre es cierto.

> Para Midón, por ejemplo, la noción de prueba científica remite a aquellos "elementos de convicción que son el *resultado de avances tecnológicos* y de los más recientes desarrollos en el campo experimental, que se caracterizan por una *metodología* regida por principios propios y de *estricto rigor científico*, cuyos *resultados* otorgan una *certeza mayor* que el común de las evidencias" (el resaltado nos pertenece)[1].

[1] Midón ponencia presentada en el XXIV Congreso Nacional de Derecho Procesal, Mar del Plata, 2007. Idéntica definición puede verse en otras ponencias como las de Bourguignon y Peral (Tucumán), o el concepto formulado por Silvero Fernández, para quien "prueba científica es aquella que por aplicación de técnicas y conocimientos científicos, proveen a un punto de discusión un grado de mayor certeza en sus conclusiones", comprendiendo –en su opinión– tanto el desarrollo elaborado por las ciencias duras –química, biología, genética, etc.– como las ciencias blandas –psicología, sociología, etc.– (en esto discrepa con Carbone, para quien el calificativo en cuestión aplicado a esta variante probatoria específica se refiere solo a las primeras). Por todos, ver el Relato General de Leandro J. Giannini (www.procesal2007mdp.com.ar).

Para TARUFFO, el uso de las pruebas científicas en el proceso civil exige acordar, previamente, qué se interpreta como tal, porque una cosa es la denominación "ciencias duras" o "no humanas", tales como la física, la química, la matemática, la biología, la genética, etc., que por los conocimientos que proporcionan son relevantes para establecer, valorar e interpretar hechos que deben ser probados, y que, por eso, no tienen problemas de admisión para que el juez ordene "de plano" que se emitan los informes técnicos; a diferencia de las ciencias humanas o "sociales", como la psicología, la psiquiatría, la sociología, la crítica literaria, la economía, la estética o la ciencia de las religiones en las que, en todas ellas, el saber científico permite discutir las conclusiones porque, aun reconociendo que se trata de "ciencia", algunos sostienen que forman parte del sentido común y no de específicas áreas científicas[2].

> Dice FALCÓN que "dentro de cada uno de estos capítulos existen subtemas de igual dificultad que han llevado a una jurisprudencia bastante amplia en los Estados Unidos de América, donde además la Corte de ese país ha implementado un Manual sobre prueba científica[3].

[2] TARUFFO, *La prueba científica en el proceso civil*, p. 46, *passim*; también en TARUFFO, *Nuevas tendencias del derecho procesal constitucional y legal*, p. 15.

[3] FALCÓN, *Manual de referencia para la evidencia científica*; la segunda edición del manual de referencia es un recurso importante para los litigantes federales. Explora las decisiones principales sobre la admisibilidad del testimonio experto, proporciona generalmente una explicación del análisis científico, y después tiene una serie de tratamientos detallados de tipos particulares de evidencia científica, tales como estadística e investigación del examen, epidemiología y toxicología, y evidencia del ADN. El Centro Judicial Federal proporciona esta edición del manual de referencia a todos los jueces federales para asistirlos en la evaluación de evidencia científica *proffered*. Debido a los deberes y las responsabilidades que se amplían de las cortes de ensayo en casos la participación de evidencia científica y técnica, y el papel que el manual de referencia para la evidencia científica juega en el ejercicio de esta responsabilidad, el manual de referencia es una herramienta esencial para los abogados que litigan en Corte Federal. Estos estudios se completan con la regla 702 de la Corte Federal sobre evidencia científica y con dos casos fundamentales que fueron "Daubert vs. Merrell Dow Pharmaceuticals, Inc.", y "Kumbo Tire Company LTD., *et. al.*, vs. Patric Carmichael" (cfr. FALCÓN, "Pruebas científicas", presentada en XXIV Congreso Nacional de Derecho Procesal).

Hace muchos años Denti planteó el problema de identificar la noción de prueba procesal con la de prueba científica en la medida en que se interprete alguno de las siguientes problemas: *a*) si se quiere aplicar la actividad científica como medio probatorio; b) se pretende trabajar el método científico como actividad probatoria en sí misma, o, en su caso, y c) si lo que en realidad se quiere es trabajar con el resultado de la prueba científica para conseguir con ella influir en el ánimo del juez[4].

Parece indudable que el tercer aspecto es el más conflictivo, cuando se acepta que la actividad probatoria tiene carácter reconstructivo dentro de un método especial de debate (bilateral y contradictorio) en el que el esfuerzo dialéctico de cada parte (carga de la prueba) es una pauta importante para determinar el resultado alcanzado.

Dicho esto en el sentido de advertir que el mundo de la investigación científica gira en una órbita distinta a la del sistema judicial, aun cuando al tiempo de resolver confluyan las experiencias; dicha diferencia es la que señala Taruffo al confrontar el proceso con la ciencia.

> En efecto, dice nuestro homenajeado que "entre ciencia y proceso existen relevantes diferencias que se deben tener en consideración si se desea comprender cómo la ciencia puede ser usada en el contexto del proceso. La ciencia opera a través de varios pasajes, en tiempos largos; teóricamente con recursos y fuentes ilimitadas, conoce de variaciones, evoluciones y revoluciones. Según la postura tradicional, la ciencia está orientada al descubrimiento, la confirmación o la falsificación de enunciados o leyes generales que se refieren a clases o categorías de distintos eventos. Al contrario, el proceso se halla limitado a enunciados relativos y a circunstancias de hecho, seleccionadas y determinadas por criterios jurídicos, es decir, referidos a normas aplicables al caso concreto, de modo que el proceso –a diferencia de las ciencias de la naturaleza– se presenta con carácter *ideográfico*. En otras palabras, el proceso trabaja en tiempos relativamente cortos,

4 Denti, "Cientificidad de la prueba y libre valoración del juzgador", presentada en V Congreso Internacional de Derecho Procesal.

con fuentes o recursos limitados y está orientado a la producción de una decisión tendencialmente definitiva sobre el específico objeto de la controversia"[5].

La diferencia de métodos no impide el uso de la ciencia en el proceso, siempre y cuando la ideología imperante sea la de obtener la verdad porque, en caso contrario, al juez le resulta suficiente la opinión técnica que proviene de la pericia, como dictamen de quien tiene un conocimiento especializado. Dicho esto como válido para el proceso civil, porque en materia penal la medicina legal es un ejemplo claro de cuánto se utiliza la ciencia en el proceso[6].

[5] TARUFFO, *Nuevas tendencias del derecho procesal constitucional y legal*, p. 16.

[6] MORELLO anticipó la cuestión y sostuvo que la ciencia "responde a una metodología científica que no es la del orbe jurídico, aunque, al momento de sentenciar, habrá de amalgamarse en una síntesis integradora, y en la definitiva lectura que proviene del derecho (de esa ciencia). Análogamente, ocurre en las técnicas de vanguardia, por ejemplo: los registros informáticos y estadísticos o equiparables, que se gobiernan por sus respectivas metodologías y apoyos fundantes. En esa perspectiva ha de convenirse en que, como ya lo advertía COUTURE en los años cincuenta, el derecho, que pertenece a la ciencia de la cultura, suscita el problema a resolver en punto a precisiones, el de sus limitaciones respecto del de las ciencias naturales, lo que debe llevar a manejarnos por los principios de integración sistémica del derecho, recogiendo, al mismo tiempo, en una actividad interpretativa amplia y flexible, las 'razones' que aporten las ciencias naturales, controladas o tamizadas por la óptica jurídica así enriquecida y potenciada por las conquistas científicas, que también son sustentables por el derecho. Una unidad íntima, envuelta por ese halo de cientificidad a través de un pensamiento integrado, merced a una hermenéutica acorde con un mundo jurídico así forjado por los concretos adelantos científicos, que dota a lo jurídico de un nuevo sentido. Porque los operadores, aunque continuemos trabajando con concepto normativos referidos a una situación de vida interhumana también lo hacemos con las realidades concretas (este daño, este trasplante, esta clonación, etc.) que se fusiona con otras realidades (convicciones sociales, creencias colectivas vigentes, reglas del arte, valores que preferencia la comunidad, etcétera). Además, las conquistas científicas evidenciadas mediante la prueba en ese particular litigio, no constituyen 'derecho', pero necesariamente deben adquirir –en la sentencia– carta de ciudadanía o naturaleza jurídica al constituirse en uno de los decisivos elementos del juicio. En un engranaje jurídico; al integrarse a la motivación, interpretará esas incorporaciones científicas, con el sentido y alcance peculiar del derecho. Y en ese obrar integrado también el juez le acuerda a su pensar, la lógica axiológica que, congruentemente, en los límites de ese caso le sirven para asignar valor. Acuña lo científico en su versión de derecho" (*La prueba científica, LL*, 1999-C-897).

§ 3. *Admisión y procedencia de la prueba*

La prueba científica tiene dos caminos posibles para ser admisible en el proceso civil. Uno es el de los medios de prueba no legislados (art. 378, párr. 2º, Cód. Proc. Civil y Comercial); otro transita en la senda de la prueba pericial que procede cuando la apreciación de los hechos controvertidos requiere conocimientos especiales en alguna *ciencia*, arte, industria o actividad técnica especializada (art. 457).

Si el centro de atención se mide con la necesidad de prueba, el estándar a verificar se analiza con la regla del medio apropiado que corresponda según la ley o por la naturaleza de los hechos controvertidos (art. 397), y siempre que no afecten la moral, la libertad personal de los litigantes o de terceros, o no estén expresamente prohibidos para el caso (art. 378). Además, no serán admisibles las pruebas manifiestamente improcedentes, superfluas o meramente dilatorias (art. 364).

Cabe advertir que en el régimen procesal de nuestro país (sin que haya diferencia entre los veinticuatro códigos procesales) impera el principio del libre convencimiento del juez, que opera excluyendo –por vía de principio– el recurso a reglas de la prueba legal, pese a que los grados de certeza exigidos van cambiando con las modalidades y tipos de procedimientos. Vale decir, en un proceso penal priva el derecho a la certeza moral o íntima convicción, en cuyo caso una prueba científica es posible, por ejemplo, si supera el test de afectar la libertad personal del encartado que se niega a prestar el cuerpo como objeto de prueba; mientras que, en los juicios entre particulares, la certidumbre puede conformarse con la derivación razonada de las pruebas obrantes sin necesidad de profundizar la investigación. En todo caso, la prueba científica se debate en un conflicto entre ideologías, porque a un sector le basta con el convencimiento razonado (certeza subjetiva) y otro pretende que los hechos queden esclarecidos en su verdad jurídica objetiva.

Incluso promediando el siglo XX SAVATIER afirmó que "no se debe creer que las técnicas sean necesariamente empleadas en beneficio de la verdad; pueden serlo también en pro del error o de la mentira. La técnica es, en sí misma, un instrumento moralmente neutro"[7].

Esta idea impregna los sistemas procesales sin que haya variado la legislación pese a las limitaciones fundamentadas que los jueces han dado al sesgado camino de la reglamentación.

Obsérvese que DENTI señaló la preocupación por atender dichos cánones de valoración ética, afirmando que frente al dilema de resolver la procedencia de una prueba científica "la conducta del jurista no puede estar condicionada por la incertidumbre de los resultados técnicos y, en consecuencia, por el peligro de errores judiciales debidos al empleo de modernos métodos de indagación. El progreso de la ciencia no garantiza precisamente la obtención de la verdad inmune de errores, y por otra parte, los métodos de investigación se consideran correctos solo porque son aceptados por la generalidad de los estudiosos en un determinado momento histórico, sin excluir que dichos métodos puedan ser considerados erróneos en un momento sucesivo"[8].

Más allá de las dudas que siempre tiene la investigación científica, es inevitable sostener que ellas se diluyen conforme el objeto de prueba. La relatividad de las conclusiones es distinta cuando se estudia la *psiquis* que cuando se dan respuestas matemáticas; aquí la diferencia es por las alternativas de ensayo, pero nunca por el rigor de la consulta.

Sin embargo, no todo lo científico tiene igual viso de seriedad como para aceptar que sean irrefutables las afirmaciones proyectadas. La asimetría entre ciencias buenas y malas que refiere TARUFFO, y apoya buena parte de la doctrina, se refleja en aceptar que el tradicional tópico según el cual cualquier cosa que tenga algún origen científico es útil

7 SAVATIER, en *Travaux de l'Association Henri Capitant*, t. VIII, p. 618.

8 DENTI, "Cientificidad de la prueba y libre valoración del juzgador", presentada en V Congreso Internacional de Derecho Procesal.

y válida, y por tanto, es admisible como medio de prueba en el proceso, está en crisis desde hace tiempo por varias razones; por un lado, porque hay sectores de la investigación científica, como la grafología, la lectura de las manos, la revelación de los sueños, etc., que son permeables a la subjetividad o a la simple especulación, por lo que no se pueden recibir como prueba; por otro, en cambio, "el *proprium* de la prueba científica puede encontrarse en el hecho de que esta implica el empleo de conceptos, informaciones, experimentos y criterios que exceden el ámbito de la cultura media, así como el particular nivel de validez y fiabilidad que habitualmente se le atribuyen a las nociones confirmadas científicamente"[9].

Estas diferencias se consideran al disponer la admisibilidad probatoria, teniendo presente que la prueba científica, sin ser específicamente una prueba pericial, responde en su práctica a este procedimiento (por ser el modelo semejante) o al que el juez disponga conforme su leal saber y entender.

La procedencia de la prueba científica se corresponde con la de los medios no legislados, interpretando como tales las pruebas que el Código Procesal Civil y Comercial no tiene previstas, sin abarcar aquellas que pueden tener origen legal para situaciones concretas. Por ejemplo, el art. 4° de la ley 23.511 que crea el Banco Nacional de Registros Genéticos (BNRG), dice: "Cuando fuese necesario determinar en juicio la filiación de una persona y la pretensión apareciese verosímil o razonable, se practicará el examen genético que será valorado por el juez teniendo en cuenta las experiencias y enseñanzas científicas en la materia. La negativa a someterse a los exámenes y análisis necesarios constituirá indicio contrario a la posición sustentada por el renuente. Los jueces nacionales requerirán ese examen al BNDG admitiéndose el control de las partes y la designación de consultores técnicos. El BNDG también evacuará los requerimientos que formulen los jueces provinciales según sus propias leyes procesales".

[9] Taruffo, *La prueba científica*, p. 151.

Cabe aclarar que cuando la práctica de la prueba no se corresponda suficientemente con el trámite de la pericia, el juez tendrá que ordenar las modalidades especiales, teniendo en cuenta que existen particularidades de la prueba científica que impiden mantener la singularidad de la técnica pericial. Por ejemplo, en los tipos de pericia en los que el código autoriza la llamada "pericia simple", que es la que se produce en audiencia o mediante la emisión de un informe inmediato a la verificación de los hechos (art. 474, Cód. Procesal Civil y Comercial); este caso se muestra con la explicación de un resultado estadístico sobre datos matemáticos proporcionados en el expediente, etcétera[10]. Pero este tipo de procedimiento no es habitual, porque la práctica común exige conocer el objeto de prueba, evaluarlo, tomar muestras, ensayar sobre ellas y, tras un desarrollo completo, formular conclusiones.

Bien explica FALCÓN que, cuando se trata de *prueba científica*, no hay un salto de calidad, sino de cualidad, que se compone de dos grupos de cuestiones. Un primer grupo está constituido por exámenes que requieren conocimientos científicos especiales de expertos, producidos mediante *experimentos, o la utilización de instrumentos de alta tecnología* (que pueden ser químicos, físicos, de ingeniería, entre otros). Estos exámenes que vemos ahora regularmente acompañando los exámenes médicos (resonancia magnética, tomografía computada, centellograma, etc.) tienen que ser realizados sobre elementos propuestos en el proceso. El otro grupo lo forman las informaciones científicas sobre hipótesis, leyes o teorías científicas, pedidas a instituciones de la más alta calidad, capacidad y prestigio de investigación (art. 476, Cód. Proc. Civil y Comercial)[11].

En síntesis, la admisión de la prueba científica es discrecional para el juez; pero, admitida, tiene que saber que la

[10] FALCÓN, "Pruebas científicas", presentada en XXIV Congreso Nacional de Derecho Procesal.

[11] FALCÓN, "Pruebas científicas", presentada en XXIV Congreso Nacional de Derecho Procesal.

dinámica de producción exige mayor fiscalización (bilateralidad) que el control facultativo de la prueba pericial, cuando sea este el camino que se adopte para la actividad.

§ 4. *Límites para admitir la prueba científica*

Con singular precisión destacó Morello que no todas son buenas para el avance y permisión de la prueba científica en el proceso civil.

> "Porque, en pleno proceso de avances y contenciones, dudas y experimentación (clonación, tratamiento del sida, etc.), además de no tener muchas veces una calidad autónoma y definitiva para crear certeza, en razón de esas causas a las que suman las que provienen de problemas técnicos o científicos de comprobación, es decir, aprehendida la cuestión desde el punto de vista de las ciencias con relación a sus propias fronteras y la incidencia que pueden tener sobre el campo probatorio, se agrava la tópica porque la lógica que siempre está presente, sufre, en la actividad, su propia transmutación, el avance de las 'nuevas lógicas que representan fronteras móviles', que cobran referencia ejemplar, precisamente, en la prueba hematológica y el HLA y el ADN"[12].

La potencial relevancia de la prueba científica para esclarecer el hecho o, para expresarlo mejor, "establecer la convicción sobre la verdad del hecho", no es, desde luego, absoluta. Hay veces que la prueba científica viene impuesta por la ley, como cuando se trata de determinar la incapacidad de las personas, o respecto a la prueba de la filiación o nexo biológico, que de conformidad con lo previsto por el Código Civil y Comercial, aun siendo admisibles todos los medios de prueba, no se sobreponen a la necesidad de una prueba biológica.

Sin embargo, el límite de la decisión personal (someter el cuerpo a la investigación científica) puede balancear la eficacia probatoria entre dos polaridades: las presunciones que operan por aplicación del art. 4º, parte 1ª, de la

[12] Morello, *La prueba científica*, *LL*, 1999-C-898.

ley 23.511, donde la negativa a someterse a la extracción de muestras obedece al temor fundado de que los estudios revelen una paternidad probable y el peso del indicio es directamente proporcional a la certidumbre que podrían arrojar esos estudios; o la justificación de la negativa a someterse al examen sanguíneo cuando la oposición tenga argumentos serios y debidamente justificados.

Es decir que, para admitir prueba científica, o expresado en los términos del XVIII Congreso Nacional de Derecho Procesal (Santa Fe, 1995) respecto de que no corresponde referirse a prueba científica, sino más bien a pruebas en las que se aplican tales conocimientos de disciplinas no jurídicas –por cuanto no corresponde privilegiar algunas ciencias en relación con las restantes–, la posibilidad de expulsión por rechazo al ofrecimiento, o por oposición a la dispuesta, puede llegar desde puntos de vista distintos.

Uno versa sobre la cientificidad de la prueba, donde la elección depende del grado de verosimilitud fáctica que se pueda desprender del estudio, teniendo en cuenta los puntos de mayor o menor probabilidad que conduzcan a resultados ciertos o prevalecientes sobre una hipótesis (v.gr., si el grado de confirmación es del 70 %, la incertidumbre es del 30 %, de modo que la probabilidad prevaleciente es alta, pero la duda no es menor ni insignificante).

Otro reparo es la moral implícita en la procedencia del estudio científico, ya sea por la etapa en la cual la ciencia se encuentra (experimentación, provisionalidad de las conclusiones), o bien por la afectación del principio del bien común que se altera cuando se permite probar pese a dicho estándar. En el primer caso, la tensión surge entre aceptar que la tesis en ensayo sea bastante para constituir una prueba científica que aún no está "aprobada" o eliminar esa posibilidad mientras la prueba no alcance el grado de irrebatible. En el otro, la mirada se pone en la persona que tiene un interés jurídico superior que proteger, en cuyo caso la admisión o rechazo de la prueba queda en el marco de las potestades jurisdiccionales.

Uno de los ejemplos clásicos que suelen utilizarse para observar cuándo la prueba científica puede resultar contraria a un derecho fundamental se da en el plano del derecho a la intimidad. Este se podría representar, en forma figurada, cual si fuera una espiral cuyo núcleo contiene la más sagrada de las reservas que la persona quiere mantener. Aparece así una suerte de anillos donde el más expuesto hacia el exterior es el que los demás observan y conocen, y que puede asentarse en la esfera de la fama o reputación.

La dimensión amplia, o *esfera privada,* comprende todos aquellos comportamientos, noticias y expresiones que el sujeto desea que no lleguen al conocimiento público. Se incluye aquí la imagen física de la persona y su comportamiento, aun fuera del domicilio, que no debe ser conocido sino por quienes se encuentran en contacto con él. Le sigue la denominada *esfera confidencial,* que abarca lo que el sujeto participa a otra persona de confianza; de esta esfera quedan excluidas, aparte del público en general, aquellas personas que operan en la vida privada y familiar. Aquí se incluyen correspondencia, memorias, etcétera. Finalmente, como círculo concéntrico de menor radio, aparece la *esfera del secreto,* que corresponde a las noticias y hechos que por su carácter extremadamente reservado han de quedar inaccesibles a todos los demás.

Cuando en un proceso se ordena investigar las actividades desenvueltas por alguien a cuyo fin se autoriza a penetrar en los reportes de vida personal que proyectan los medios informáticos de cotidiana utilización (prueba científica informática), se ha puesto en duda su admisión ante el test de constitucionalidad.

Las posibilidades se alternan entre la visión patrimonialista, que privilegia la atención sobre el daño provocado y –en consecuencia– la reparación mediante una indemnización por el perjuicio sufrido, y la tutela del honor, ya sea en su aspecto interno afirmado en la autoestima o en su faz externa integrada por el reconocimiento que los demás hacen de la dignidad. En uno la prueba se recibe, en el otro se expulsa.

No existen dudas respecto del derecho a la necesidad de protección jurídica que tienen ambas cuestiones; el punto a esclarecer es si el derecho se apoya en un derecho fundamental, o en su caso, en una solución material sostenida en la reparación de los perjuicios sufridos. Cada profesión tiene códigos deontológicos que previenen las actitudes deshonrosas de los hombres que se desempeñan en el sector. Quienes no responden a esas normas de conducta moral o ética profesional son sancionados. Una regla no escrita supone que, a mayor responsabilidad, mayores son los deberes de conducta y, en consecuencia, más graves debieran ser las sanciones.

Ahora bien, los archivos de información personal que se forman en las *cookies* de los computadores son generadores de perfiles y elementos de fácil captura para un experto en informática. Es evidente que entrar en un archivo así mostraría buena parte de las costumbres y preferencias cuya revelación podría lesionar la honorabilidad de una persona o al menos, su reputación personal o profesional.

Las inclinaciones sexuales, por ejemplo, son datos sensibles (en la voz que utiliza la ley de protección de datos personales 25.326) que tienen prohibida su difusión. Este sería un derecho al secreto; en cambio, divulgar que la fama de un autor literario se debe a que contrata servicios de otros para sus ediciones es un hecho inconveniente para esa notoriedad alcanzada; aquí, la revelación de los servicios prestados afectaría el crédito logrado, aun cuando lo fuese mediando un intelecto que no le es propio y se vale de esa ocultación. Aun cuando parezca incómodo decirlo, el hecho no es delictual (aunque pueda ser cuasidelictual), y recobra aquella máxima que ponía en práctica Aníbal en su lucha contra los romanos: "Se debe luchar con la astucia cuando no se puede ser igual con las armas".

En términos similares se plantean otras diferencias sensibles que inciden en la reputación como "estigmas o descréditos", aunque de hecho no lo sean, y el individuo desea conservar en su más sagrada reserva; por ejemplo, los atributos físicos diferentes (enfermedades crónicas); las capacidades diferenciadas (sordera, tartamudez); las costumbres sociales o sexuales; el comportamiento doméstico, entre otros. En cada caso existe una relación entre el encubrimiento y la intimidad. La revelación se produce cuando la confidencia se hace pública; ese acto, además, agrede la fama o reputación.

En estos casos, y con la vara de la prudencia judicial, la prueba científica puede quedar obstruida. Pero, así como se preserva la moral y libertad personal del afectado contra o con quien se ordena una prueba científica, también resulta ineludible su práctica cuando de ella se desprenderá una verdad seria e incontrastable, cuya omisión significará una renuncia consciente a la verdad jurídica objetiva que del proceso se debe desprender.

La sumatoria indica que cualquiera que sea el valor que se atribuya a la prueba científica, ella podrá ser dispuesta en el proceso mientras cumpla los estándares y principios de la legalidad, licitud, admisibilidad, trascendencia y confiabilidad en los asertos.

§ 5. *Naturaleza de la prueba científica*

La prueba científica como medio no legislado expresamente, pero apto para resolver cuestiones de hecho controvertidas en el proceso tiene manifestaciones muy importantes que se asientan en el tiempo de la apreciación o valoración de la prueba.

Cuando se la ve como un medio *complementario*, las conclusiones se consideran conforme las reglas de la sana crítica; pero hay veces que, por la trascendencia de las afirmaciones, el desenlace puede llevar a que trabaje como una verdadera *prueba legal*.

Si es complementaria, la producción participa de las características de la prueba más adecuada y semejante (v.gr., pericial); pero una cosa es el trámite y otra la naturaleza, porque "en realidad, la intervención de técnicas modernas, tanto en la formación de las pruebas como en el control de su veracidad, no da lugar a la creación de pruebas que no pertenezcan a las dos categorías fundamentales: los documentos y el testimonio"[13].

En caso de aplicar este criterio, la admisión de la prueba documental se acota al contradictorio eventual y, en suma, queda implícita en la valoración que se realice al dictar sentencia; pero si es documento, le falta producción para ser tal, en cuya situación el enunciado se comprende en el espacio de la utilidad y trascendencia de la prueba, que lleva al campo de la idoneidad del medio para demostrar o confirmar los hechos que se encuentren controvertidos y, como estos aún son eventuales, dejan la prueba científica a la espera de la contradicción y del poder de instrucción judicial.

No obstante, en el *common law* se entiende que la contraposición entre *law* y *fact* se justifica sobre todo en función de las distintas esferas de atribución del juez y del jurado, que consideran como una cuestión de derecho la admisión y la valoración sobre la admisibilidad de la prueba que implique conocimientos científicos, los que quedan en manos del primero y no de las facultades del restante.

Indudablemente –dice DENTI–, la valoración de los tipos de prueba documentales que han sido posible merced al progreso científico requiere técnicas de interpretación que no tienen nada que ver con las tradicionales relativas a los documentos directos o indirectos.

> "Si la reproducción de la huella de un pie, e incluso, la de una huella digital, pueden ser operaciones relativamente simples, la interpretación de los resultados de los métodos de análisis, particularmente complejos, pueden requerir el auxilio de nociones complementarias de no fácil obtención [...] Volvemos, pues, a subrayar que desde el punto de vista de la incorporación de la prueba al proceso, se permanece siempre en el campo de la prueba documental, en donde el problema fundamental, que es anterior a la valoración del juzgador, continúa siendo el de la autenticidad de la prueba; problema este que en orden a los procedimientos ordi-

[13] DENTI, "Cientificidad de la prueba y libre valoración del juzgador", presentada en V Congreso Internacional de Derecho Procesal.

narios de verificación puede complicarse, pero no transformarse, por la complejidad técnica de la formación del documento"[14].

Si, en cambio, se interpreta que la prueba tiene naturaleza testimonial, también la cuestión se detiene en la etapa de admisión, respecto del control de veracidad que puede llegar de una prueba técnica que aporta, antes que un nuevo mecanismo, una forma diferente de conseguir verdades.

§ 6. *Producción de la prueba*

El Código Procesal Civil y Comercial es suficientemente claro al establecer que la prueba no legislada se diligenciará aplicando por analogía las disposiciones de los medios probatorios semejantes o en la forma que establezca el juez (art. 378).

La cuestión a dilucidar consiste en relacionar la actividad probatoria con la naturaleza de la prueba científica (que no es igual a prueba no legislada) teniendo presente lo dicho precedentemente respecto de considerar que ella puede estar en el carril de los documentos o de los testimonios.

En realidad, cualquiera que sea el mecanismo, todos siguen el principio de utilidad y adquisición de la prueba, de manera que, antes que una cuestión de esencia, debe quedar resuelto el tema de la admisión y la forma como se desarrollará.

> Recordaba Giannini que "no es lo mismo, la coerción efectuada sobre las cosas (v.gr., allanamiento de una oficina para secuestrar un disco rígido sobre el que se producirá una pericia informática) que sobre las personas (p.ej., la *inspectio corporis*, o el recurrente problema de la extracción de muestras humanas, tejidos, sangre, cabellos, saliva, etcétera). Tampoco es parangonable automáticamente la situación de quien es parte en el proceso (actor o demandado, en

[14] Denti, "Cientificidad de la prueba y libre valoración del juzgador", presentada en V Congreso Internacional de Derecho Procesal.

el proceso civil, imputado en el proceso penal) frente a quien es tercero a su respecto[15].

La dicotomía entre proceso civil y penal, asimismo, no debe ser descartada si la coacción debe realizarse contra el imputado[16]. En todos los casos, resulta trascendente, además, el análisis de la proporcionalidad del medio ofrecido, es decir, el balance que para su admisión debe formularse de acuerdo a parámetros como: *a*) la gravedad del hecho; *b*) la verosimilitud de la pretensión; *c*) la relevancia de la prueba para acreditar la hipótesis fáctica (que no es solo su pertinencia, concepto obvio, sino especialmente la estimación, *prima facie*, de su eficacia o fuerza probatoria, de la

[15] Cfr. la conocida causa "Vázquez Ferrá" de la Corte Suprema, en la que se rechazó la práctica compulsiva de la prueba hemática, cuando la colaboración necesaria a tales efectos debía ser prestada por la hija reconocida en un proceso penal en el que se imputaba a su padre por la sustracción ilegítima de su identidad, en uno de los tantos fatídicos casos suscitados durante el último Gobierno *de facto*. La Cámara, confirmando lo resuelto por la magistrada de primera instancia, había dispuesto retener los documentos filiatorios de una persona, a la que se la considera presunta hija de desaparecidos durante el denominado Proceso de Reorganización Nacional, y ordenar la realización del estudio aludido sobre ella a fin de determinar su verdadera identidad; asimismo, había determinado que la prueba mencionada se llevaría a cabo con el auxilio de la fuerza pública en el hipotético caso de que aquella no prestara su consentimiento. Recurrida esta decisión, la Corte –por mayoría– declaró admisible el recurso y dejó sin efecto la resolución recurrida (*Fallos*, 326:3758).

[16] BIDART CAMPOS se muestra contrario a las extracciones compulsivas de sangre, sea cual fuere el ámbito (civil o penal) en el que se pretenda dicha invasión corporal. Entiende el autor que en tal hipótesis la garantía que protege al individuo contra la autoincriminación rige por igual en ambos tipos de enjuiciamiento: "si en ningún proceso es viable obligar a declarar contra sí mismo, y si tampoco es viable inferir presunciones en contra de quien se niega a esa declaración, no es demasiado extravagante ni difícil aseverar que tampoco es válido exigir que alguien se preste a una prueba para la cual tenga que ofrecer su cuerpo. Desde esta perspectiva la garantía constitucional que prohíbe la autoinculpación rige indistinta sea la naturaleza del proceso. Si bien la Corte limita al proceso penal la operatividad de susodicha garantía, la Constitución no distingue a ese fin la clase de sumario (penal o no penal). Por ende, inferir de la negativa del demandado a soportar una prueba tan íntima como es prestar su cuerpo a una prueba, que la prueba omitida acredita algo en su contra, es tanto como volver en contra del justiciable la análoga negativa a declarar contra sí mismo, o como tener por absueltas las posiciones en rebeldía" (BIDART CAMPOS, *Medios probatorios que requieren prestar el cuerpo propio, ED*, 150-524).

existencia de otros medios para lograr similar resultado); *d*) la intensidad de la invasión corporal que se necesita para la extracción (no es lo mismo un hisopado bucal para extraer saliva que la intervención quirúrgica para remover una bala alojada en el cráneo a efectos de realizar una pericia balística), y *e*) el riesgo de la salud derivado de la práctica respectiva[17].

Ahora bien, la prueba científica tiene un método especial que depende de la práctica a realizar; no es incorrecto señalar que la prueba pericial es el medio más semejante por el cual canalizar la producción, pero igualmente nos parece que son exigibles algunas pautas más. Si la correspondencia se traza respecto de la prueba documental, la cuestión primera es la autenticidad y, como la prueba científica es "resultado", solamente en la etapa de observaciones o impugnaciones se podrán formular ellas.

Cuando el carril se encamina por el testimonio, la idoneidad del medio y el control de la práctica convierten en típica la producción, con la salvedad de que en la formación de la prueba (documental, testimonial o pericial) la fiscalización (control) es facultativa de la parte.

Consideramos que la prueba científica genera un valor probatorio muy vinculado con el rigor científico del método con el que es tratada. Para que las conclusiones sean útiles y pertinentes, es preciso que el juez ordene prácticas complementarias que prevengan eventuales nulidades y aseguren el esclarecimiento de la verdad de los hechos controvertidos (art. 36, inc. 4º, Cód. Proc. Civil y Comercial).

En el ejemplo de las pruebas biológicas, estas prácticas son las siguientes.

a) *Reconocimiento y toma de los indicios de naturaleza biológica*. Debe hacerse por personas expertas e instruidas en estas tareas (Policía Científica, Guardia Civil, etc.), que dejen constancia escrita y fotográfica de la locación de los indicios en el lugar de los hechos.

[17] GIANNINI, Relato General, XXV Congreso Nacional de Derecho Procesal.

b) Conservación, embalaje y transporte. Son también de suma importancia tanto en sus aspectos prácticos como por el deber de control y custodia. En general, las muestras biológicas se conservan bien cuando están desecadas, mientras que la humedad y la colonización por hongos y gérmenes desnaturalizan y deterioran las proteínas.

c) Estudio científico. La recomendación nº 1/1992 del Comité de Ministros del Consejo de Europa sobre uso del Análisis del Ácido Desoxirribonucleico (ADN) dentro del marco de la Administración de Justicia Penal señalaba la importancia del control científico sobre los laboratorios en los que se realizaran estos estudios, su acreditación de oficio, la estandarización de las técnicas, los controles de calidad de los resultados o la elaboración y custodia de las bases de datos. No era una normativa vinculante, pero venía a señalar la necesidad de que los diferentes países regularan a título particular este importante aspecto procesal.

Desde el punto de vista científico, los propios grupos que trabajaban en la investigación de ADN pusieron en marcha estas tareas de control de calidad del trabajo que realizaban. Así surgieron en Estados Unidos de América y Canadá el TWGDAM (Technical working group on DNA analysis methods) y el Ednap (European DNA profiling group) en Europa, siendo el grupo japonés (muy preparados técnicamente y con gran sentido crítico) uno de los últimos en incorporarse.

d) Cadena de custodia y contrapericia. Las garantías científicas de la pericia deben integrarse con las garantías jurídicas, comprendiendo estas la llamada "cadena de custodia" y la contrapericia.

Si la prueba científica no se aísla de la prueba pericial, puede ocurrir que la especialidad del medio quede atrapada en las redes de la experticia, caracterizada por la emisión de un dictamen simple de evaluación o de conclusiones elaboradas después de la celebración[18].

[18] Recuérdese que el art. 471 (práctica de la pericia) del Cód. Proc. Civil y Comercial dispone: *"La pericia estará a cargo del perito designado por el juez.*

Ello nos sugiere la necesidad de implementar un sistema probatorio distinto, que es factible merced a las potestades judiciales de adaptación.

El sistema tiene que resguardar el objeto de prueba, de forma que la cadena de custodia debe garantizar que el camino que recorren los indicios o muestras, desde que se recogen hasta que se conocen los resultados, se ha hecho en las condiciones de seguridad y de rigor adecuadas, lo cual permite asegurar que el indicio que se estudia en el laboratorio es el que se recogió en el lugar de los hechos y que las condiciones en las que se ha mantenido son las más adecuadas para llegar a buenos resultados.

La contrapericia es la posibilidad de realizar un doble análisis sobre una misma muestra por dos peritos o en dos centros diferentes; esta es una garantía irrenunciable para el buen hacer de la justicia y una necesidad evidente cuando la prueba puede tener métodos de investigación alternativos.

De lo expuesto, surge que son pruebas que se pueden utilizar en el proceso merced a ciertos resguardos que no están totalmente insertos en la garantía de la defensa en juicio, sino en la legalidad del medio de prueba, de manera tal que, para ser útil y efectivo, debe garantizar la seguridad[19].

Los consultores técnicos, las partes y sus letrados podrán presenciar las operaciones técnicas que se realicen y formular las observaciones que considera pertinentes".

19 En un logrado trabajo de síntesis sobre esta problemática, ha dicho Berizonce: "La bilateralidad se despliega en todos y cada uno de los estadios probatorios que conducen al dictamen de los peritos. Ningún elemento de hecho puede ser llevado válidamente a la decisión si las partes no han sido puestas en la posición de previamente conocerlo y discutirlo. La valoración judicial de las pruebas culmina el *iter* procedimental comprensivo de las anteriores etapas de admisibilidad y producción-adquisición, pero todos esos desarrollos están prefigurados sin excepción por la estricta observancia del contradictorio entre las partes. De ahí que los controles tendientes a evitar su infracción o menoscabo no se limiten a verificar la fundamentación del propio decisorio (criterios de racionalidad), sino que se articulan y operan como técnicas normativas en los estadios anteriores de la admisibilidad y de los procedimientos de formación de las pruebas, en buena parte dirigidos a garantizar *in itinere* su atendibilidad. Precisamente, los ordenamientos procesales y orgánicos vigentes estatuyen no solo sobre las condiciones y requisitos tendientes a asegurar la idoneidad de los peritos (art. 464, CPCN),

§ 7. *Valoración de la prueba científica*

La utilización de la ciencia como medio de prueba destinado a verificar los hechos que las partes llevan al proceso produce cierto temor por la influencia que pueda tener en el ánimo del juzgador al producir una convicción superior a los estándares de la libertad probatoria, convirtiendo el resultado conseguido en casi una prueba legal.

Desde hace tiempo la doctrina reitera la distinción que se suele hacer entre el beneplácito que tiene la llamada "ciencia buena" y la fluctuación que puede traer el opuesto o "ciencia mala", a cuyo fin se trae a estudio el caso "Daubert" fallado por la Corte Suprema de los Estados Unidos de América en el año 1993, donde estableció las previsiones que han de tenerse para aceptar el dictamen técnico altamente especializado:

a) Que, respecto del conocimiento de que se trata, exista un consenso general por parte de la comunidad científi-

sino también los procedimientos para su nombramiento como auxiliar judicial, su recusación y remoción (arts. 458, 465, 466, 470); la fijación de los puntos periciales en el juego del contradictorio de las partes y bajo el poder decisorio del juez (arts. 459, 460); la admisión de los consultores técnicos de parte (art. 458); el modo de practicar las operaciones técnicas (art. 471); la forma y contenido del dictamen y de los informes de los consultores técnicos (art. 472); las atribuciones del juez y de las partes a la vista del dictamen, para el requerimiento de explicaciones, la formulación de observaciones y aun la disposición de la práctica de otra pericia. Sin perjuicio de la posibilidad de que se soliciten informes o consultas científicas o técnicas, cuando el dictamen requiriese operaciones o conocimientos de alta especialización (art. 476) y aun, que se ordene la ejecución de planos, exámenes científicos y reconstrucción de los hechos, como medidas auxiliatorias y complementarias (art. 475). En fin, una batería de previsiones orientadas todas ellas al logro del objetivo esencial, cual es asegurar la atendibilidad y el valor científico-técnico de la pericia y su pertenencia y utilidad para auxiliar al juez en el conocimiento de los hechos en debate, y con ello la justicia intrínseca de la sentencia [...] La potestad judicial de apartarse de las conclusiones periciales a condición de expresar los fundamentos de su convicción contraria, principio que la doctrina y la jurisprudencia han asentado pacíficamente desde antaño, nos conduce sin embargo al punto inicial de nuestra indagación: cómo puede el juez controlar la correcta aplicación de la ciencia en que se apoya la pericia o consulta y, en su caso, fundamentar su apartamiento" (*Control judicial de la prueba científica*, "Revista de Derecho Procesal", nº 2, 2005, p. 157).

ca; es decir, se excluye su utilización cuando medien dudas acerca de su validez epistemológica.

b) Que de alguna manera sea empíricamente verificable.

c) Que, en su caso, se conozca el margen de error que lo condiciona.

d) Que haya sido revisado por parte de un comité o consejo, de probada jerarquía científica.

e) Que se haya publicado en revistas especializadas que aplican el sistema de control preventivo por parte de científicos especializados en la rama del saber de que se trate a fin de que certifiquen su valor científico (referato).

f) Además, claro está, se requiere la condición de pertenencia que presupone la existencia de una relación directa con el caso[20].

Estos parámetros se establecen como una guía que persigue dar tranquilidad al que juzga sobre la seguridad del procedimiento científico aplicado y la garantía del resultado que consigue; pero el debate estricto se posiciona sobre el sistema de apreciación de la prueba, donde anida la libertad de consideración de todos los medios de confirmación, bajo reglas predispuestas, como la "sana crítica", "la íntima convicción", "la apreciación en conciencia", "las máximas de experiencia", por citar solamente los usos más habituales de racionalización.

La prueba científica, estimada con el balance de confiabilidad que merece el método, a veces convierte las conclusiones en verdades incuestionables; en estos casos, posiblemente la prueba sea única y determinante; pero en ocasiones la evidencia científica admite cuestionamientos (ideológicos o de competencia) que tornan al dictamen complementario de las demás pruebas. En uno y otro caso, el

[20] Taruffo, "La prueba científica en el proceso civil", en AA.VV., *Estudios sobre la prueba*, p. 135. Cfr. Ferreyra de De la Rúa - Bella, "Prueba científica. Examen de ADN y otros análogos. Inspección corporal", en Arazi (dir.), *Prueba ilícita y prueba científica*, p. 37.

sistema de apreciación es el mismo, pero el peso específico trasciende el mero asesoramiento[21].

Según TARUFFO, cuando se hace un uso epistémico de la ciencia, al igual que con la prueba –o sea el medio con el que en el proceso se adquieren las informaciones necesarias para la determinación de la verdad de los hechos–, significa que en ambos se aportan elementos de conocimientos de los hechos que se sustraen a la ciencia común de que se dispone.

> "Por lo que se refiere a la valoración de las pruebas, la adopción de la perspectiva racionalista que aquí se sigue, no implica la negación de la libertad y de la discrecionalidad en la valoración del juez, que representa el núcleo del principio de la libre convicción, pero implica que el juez efectúe sus valoraciones según una *discrecionalidad guiada* por las reglas

[21] Indica MONTERO AROCA que "debe tenerse en cuenta que existen medios de prueba o, por lo menos, aspectos concretos de esos medios, respecto de los que difícilmente puede hablarse de verdadera valoración, por lo que la distinción entre sistemas de valoración carece de sentido útil en esos aspectos. 1. Desde luego la prueba pericial está sujeta al sistema de la prueba libre, pero cuando en esa prueba pericial se trata del peritaje que podemos llamar *percipiente*, en el que el objeto del medio de prueba consiste simplemente en verificar la exactitud de alguna afirmación de hecho efectuada por la parte, esto es, de adquirir certeza sobre hechos, puede darse el caso de que no llegue a entrar en juego sistema alguno de valoración. Por ejemplo si trata de comparar el ADN de dos personas para establecer la filiación. En estos casos: *1*) No pueden lógicamente existir dictámenes contradictorios, pues el ADN de una persona es el que es y no caben dos opiniones, y *2*) No puede sostenerse que el peritaje se pueda propiamente valorar por el juez, pues el juez no podría afirmar en la sentencia algo diferente de lo afirmado por el perito, a riesgo de incurrir en mera arbitrariedad. 2. De la misma manera en la prueba de reconocimiento judicial (o *ispezione giudiziale*) y atendiendo a los casos en que el mismo juez que realiza el reconocimiento dicta la sentencia y en los que en el reconocimiento se han constatado datos objetivos (no valoraciones o apreciaciones), como por ejemplo si en el terreno existen o no árboles, si la plaza de garaje está en el primer o segundo sótano del edificio, etcétera. En estos casos tampoco cabe encuadrar este medio de prueba en sistema alguno de valoración. Desaparece en estos dos casos, por tanto, la distinción entre sistemas de valoración y sucede así porque en ellos no se está propiamente ante la valoración de un medio de prueba en sentido estricto, por lo menos en el sentido tradicional en que se entiende la valoración; esto es, primero no puede decirse que se esté ante medios de prueba de valoración legal y, después, no puede existir una operación mental del juez relativa a la credibilidad de la fuente de prueba" (*Valoración de la prueba, reglas legales, garantía y libertad en el proceso civil*, "Revista de Derecho Procesal Garantista", 2007, p. 4).

de la ciencia, de la lógica y de la argumentación racional. Por decirlo así, el principio de la libre convicción ha liberado al juez de las reglas de la prueba legal, pero no lo ha desvinculado de las reglas de la razón"[22].

Surge entonces el peso de la ciencia o de la verdad judicial prevalente, que puede asegurar el resultado verdadero con una mínima chance de error, que, de existir, es justificable con las pautas de la razonabilidad y certeza objetiva. En los hechos, antes que una contradicción entre el sistema de la libertad para valorar la prueba y el criterio de la determinación anticipada de la convicción (prueba legal), en realidad es un contrasentido adoptar el estándar más inseguro, un verdadero disparate que solo puede resultar del juego con las teorías.

En el procedimiento penal suele afincar la cuestión en resolver "más allá de toda duda razonable" que, por su cercanía, puede tener íntima relación con la exigencia de convicción plena que se pide para el uso de la prueba científica.

En efecto, el primer escalón que presenta trabajar con estándares de prueba muestra la asimetría entre la necesidad probatoria del proceso penal respecto del civil; por ejemplo, en el sistema judicial anglosajón, del que se importa la regla, la declaración de culpabilidad penal impone la prueba más allá de toda duda razonable (*beyond a reasonable doubt*), sin que esté delimitado con precisión dónde está el límite de la incertidumbre. Se consiente sí que la sentencia no arroje "sombra de dudas". En el proceso civil, el grado de seguridad es inferior, pero no lo bastante errático como para sostener que carezca de veracidad suficiente o de evidencia preponderante (*preponderance evidence*), esto es, se exige que la existencia del hecho quede más acreditada que su inexistencia.

Incluso, en materia de probabilidades científicas que arrojen convicción, existe otro nivel a ponderar que es una

[22] TARUFFO, *Conocimiento científico y estándares de prueba judicial*, "Boletín Mexicano de Derecho Comparado", nº 114, nueva serie, año XXXVIII, 2005, p. 1297.

zona de penumbra entre la alta verosimilitud penal y la certeza civil, que se instala en la actividad probatoria que obtiene resultados claros y convincentes, habitualmente aplicada en la determinación de responsabilidades profesionales o ante situaciones que se deducen de probabilidades y presunciones.

En cada caso, la fehaciencia de la prueba científica confronta con la posibilidad de duda que puede tener quien ha de resolver, contingencia que frente a la calidad del medio probatorio lleva a utilizar un nuevo estándar: el de la *duda razonable*.

Se regresa con ello a un punto de inicio donde el acento se tiene que poner en esclarecer si los sistemas de valoración de la prueba pueden regir con su impronta cultural en los mecanismos judiciales de apreciación científica. La racionalidad está siempre presente, con la comprensión que la regla de la sana crítica no se encuentra afectada; pero es menester ajustar el calibre de la prueba científica ante la calificada conclusión de sus trabajos sobre las cosas, las personas y los hechos. Podríamos afirmar que el único límite es la moral, las buenas costumbres y que no se afecte la libertad individual ni la dignidad de las personas.

> En suma, como dice MORELLO: "Dando en todos los casos motivación razonable y plausible, embretado el juez por líneas maestras que se dibujan en este esquema: *1º*) si los hechos, científicamente establecidos, no son contradichos o impugnados, vendrán a ser determinantes y, virtualmente, vinculante para los jueces; *2º*) estos deben valorar razonablemente dichas pruebas, en relación con las restantes, reconociendo, si correspondiere, el valor de prueba científica; y cuando se expida por el rechazo o la devaluación, esa decisión se sustentará en razones existentes y de entidad que así los justifiquen. Empero, será siempre el juez el que expresará la última palabra sobre la procedencia y el mérito de la prueba científica, porque solo él es quien juzga y decide"[23].

[23] MORELLO, *La prueba científica*, *LL*, 1999-C-899.

§ 8. *Revisión de los criterios probatorios*

La decisión adoptada sobre la base de las conclusiones elaboradas por una prueba científica hace cosa juzgada como cualquier otra sentencia. Sin embargo, el relevamiento esencial y la influencia preferente que tiene para incidir en el juez supone que la convicción aportada ha sido bastante y convincente. En consecuencia, el principio general es la no revisión de la prueba, y la inimpugnabilidad de la sentencia cuando queda consentida y ejecutoriada.

Pero ¿qué sucedería si el trabajo científico adoptado por su evidencia preponderante renueva y cambia las conclusiones ante nuevos hallazgos? ¿No sería revisable la sentencia?

Es evidente que el problema asienta en la naturaleza de la cosa juzgada, porque en cuestiones de Estado, por ejemplo, las pruebas biológicas fueron variando su índice de certeza en proporciones que fueron en aumento desde las pruebas de histocompatibilidad inmunogenética (HLA) hasta el reconocimiento actual de las pruebas de ADN.

> Es cierto lo que afirma Midón, al decir que "en la vorágine del progreso y la tecnología, de dudas y experimentación, no es de profanos inferir que mañana, tal vez pasado, aparecerá una nueva técnica, más sobresalientes que las actuales [...] y cuando la verdad aparente es método generalizado y aceptado, debe ponérsele coto cuando la ficción creada priva a alguien de aquello que compone su propia personalidad o compromete sus más elementales derechos. De lo contrario, so pretexto de conservar incólume el místico principio de la inmutabilidad de la cosa juzgada, socavaríamos las bases sobre las que se apoya nuestro sistema. No tal solo pasaríamos por alto enhiestos derechos constitucionales o de jerarquía equiparada, léase el derecho a conocer la propia identidad (Convención sobre los Derechos del Niño, arts. 7° y 8°), la dignidad, la libertad, el honor, etc., sino que además, por abdicar de la verdad, haríamos sucumbir a la buena adminis-

tración de justicia que el Preámbulo (que la Corte dice operativo) impone afianzar"[24].

En consecuencia, el problema sigue siendo el recorrido que tiene la verdad dentro de los pasillos de los tribunales. Cuanto más se enfatice la idea de luchar para ganar, el proceso en sí mismo es un conjunto de reglas que el juez aplica como árbitro de la pelea sin intervenir ni comprometerse; pero si la ciencia viene empujando nuevos estándares será necesario revisar el modelo de la apreciación racional o de la valoración objetiva.

Este es el punto central del debate que trae la prueba científica.

RESPUESTA DE MICHELE TARUFFO A OSVALDO A. GOZAÍNI

En su contribución, Gozaíni realiza un amplio análisis de muchos aspectos del problema de la prueba científica, con particular referencia al ordenamiento argentino. Este análisis es muy interesante, y, en este sentido, no puedo encontrar argumentos críticos. Así que uso estas breves notas para subrayar algunos aspectos de este problema que considero particularmente relevantes, incluso teniendo en cuenta el hecho de que hay una literatura muy extensa sobre el tema, especialmente en los Estados Unidos de América, pero también en muchos otros países, como, por ejemplo, en Italia[25].

Un primer aspecto de gran importancia concierne precisamente al concepto de "prueba científica". La expresión ha aparecido bastante recientemente en la doctrina de los

[24] Midón, *Pericias biológicas*, p. 217.

[25] Cfr. Taruffo, "Prova scientifica e giustizia civile", en AA.VV., *Giurisprudenza e scienza*, p. 241, y *La prova scientifica. Cenni generali*, "Ragion Pratica", nº 47, 2016, p. 335; Ubertis, "Prova scientifica e giustizia penale", en AA.VV., *Giurisprudenza e scienza*, p. 259.

sistemas de *civil law*, retomando el concepto de *evidencia científica* de origen estadounidense. Además, el problema de la necesidad de tener conocimiento científico en el contexto del proceso, es decir, un conocimiento que va más allá de la "cultura promedio" del juez, siempre se ha planteado, y se ha resuelto tradicionalmente recurriendo a expertos en el área técnica o científica involucrada en cada caso.

La novedad, que emerge recientemente, consiste esencialmente en considerar de modo específico la *validez científica* de las evidencias que el juez usa para decidir sobre hechos, cuya evaluación requiere un conocimiento que va más allá de la experiencia común. El problema ha ganado gran importancia en los últimos años, debido a diversos factores como la enorme expansión de las técnicas de investigación en muchas áreas de la ciencia, y también el gran aumento de casos en los que los hechos que son objeto de decisión requieren conocimiento que va mucho más allá de la cultura promedio.

En este sentido, una fecha de referencia convencional es 1993, o sea el momento en que la Corte Suprema de los Estados Unidos de América afrontó, con la decisión sobre el caso "Daubert", al cual se refiere Gozaíni en su contribución, el problema de establecer bajo qué condiciones una prueba científica es admisible. La motivación escrita por el juez Blackmun, y por la mayoría de los jueces del tribunal, indica de hecho una serie de condiciones que el magistrado debería aplicar para admitir o excluir pruebas que no sean efectivamente válidas desde el punto de vista científico. El problema era, de hecho, evitar la presentación de pruebas científicamente poco fiables, es decir, la así llamada *junk science* (o "ciencia basura"), desprovista de cualquier valor cognoscitivo.

La sentencia "Daubert" es criticada desde varios puntos de vista, especialmente desde el epistemológico, y no todos los tribunales estadounidenses aplican los criterios indicados en ella, mas esta decisión reviste, sin embargo, una gran importancia[26]. Por un lado, de hecho, el legislador federal en el año 2000 modificó la regla 702 de las Reglas Federales de Evidencia, recepcionando propiamente el contenido de esa sentencia[27]. Por otro lado, en varias sentencias sucesivas, la misma Corte Suprema aplica y extiende el precedente constituido por "Daubert"[28]. En cada caso, el efecto relevante de esta decisión ha sido poner el problema de la validez científica de las pruebas en el centro de la evaluación de los hechos en los tribunales. Esto tiene valor no solo en el contexto del sistema legal estadounidense; se trata, en efecto, de un problema que surge en cualquier sistema procesal y en cualquier tipo de proceso, siempre que sea necesario recurrir a conocimientos especializados para determinar e interpretar correctamente los hechos en los que se basa la decisión.

Como se ha mencionado, el caso "Daubert" representa un momento de gran importancia e interés para el problema de la prueba científica, pero hay cuestiones muy importantes que no resuelve. Una de ellas se refiere a lo que queremos decir cuando hablamos de "ciencia" y, por lo tanto, cuál es el significado asignado a la expresión "prueba científica". Normalmente, el término "ciencia" se refiere a las denominadas "ciencias duras", es decir, las ciencias naturales como la física, la química, la biología, la medicina. Para estas ciencias, los criterios de "Daubert" son aplicables, y de hecho el caso se refería a la peligrosidad de una droga. Sin embargo, a partir de, al menos, finales del siglo XIX, se afirmó en filosofía y después en la cultura general la tendencia a reconocer validez científica también a las llamadas ciencias "humanas" o "del espíritu", o "de la sociedad", como, por ejemplo, la psicología, la sociología, la etnología, la antropología o la historiografía. Ha devenido así en una noción casi de sentido común la distinción entre las llamadas

[26] Cfr., en particular, HAACK, *Evidence matters. Science, proof and truth in the law*, p. 78, y 122.

[27] Cfr., por ejemplo, GRAHAM, *Federal rules of evidence*, p. 379.

[28] Ver referencias en GRAHAM, *Federal rules of evidence*, p. 386.

ciencias "de la explicación", es decir las ciencias de la naturaleza y ciencias "de la comprensión", o sea, las ciencias que se ocupan del hombre y la sociedad. De esta forma, el significado efectivo de "ciencia" se ha ampliado enormemente para incluir un número muy alto, y tal vez indeterminado, de formas de conocimiento que se reconocen como científicamente válidas. Esto provoca una serie de problemas, entre los que se encuentra el hecho de que si pensamos en criterios de validez validados científicamente, como en el caso de "Daubert", con referencia a las ciencias de la naturaleza, debe concluirse que no son aplicables, o son aplicables solo en parte, en los casos en que se debe hacer referencia a las ciencias "de la comprensión".

Por otro lado, debemos considerar que, incluso en las ciencias "duras" tradicionales, la rápida evolución de las técnicas de encuesta lleva casi todos los días a una multiplicidad de desarrollos e innovaciones que hasta hace poco ni siquiera eran imaginables. Basta pensar en la pluralidad de áreas de investigación en las que se articulan la medicina o la física, y en ejemplos que son de gran importancia también en el contexto del proceso, como las pruebas genéticas o las encuestas de la neurociencia.

Una consecuencia, entre muchas, de estos fenómenos complejos es que ahora no podemos hablar de "ciencia" como si se tratara de un fenómeno homogéneo: en realidad es un conjunto amplísimo y complejo de formas de conocimiento diversificadas que siguen métodos de investigación y criterios de evaluación diferentes. Para decirlo con KUHN, existe una gran diversidad de ciencias, cada una de las cuales sigue su propio *paradigma*, lo que condiciona los métodos de investigación y los resultados.

La enorme variedad de conocimientos que actualmente se consideran científicos crea problemas relevantes también en el contexto específico del proceso.

Por un lado, de hecho, se trata de establecer de modo riguroso cuándo un método de investigación realmente tiene una base de validación científica. A este respecto, es interesante observar que la mayoría de las técnicas de investigación forense, como la comparación de huellas dactilares, no tienen algún fundamento científico y, por tanto, no serían utilizables como evidencia científica en sentido propio, sino como métodos de investigación[29].

Por otro lado, el juez se encuentra, por así decirlo, en el centro del problema, dado que es su deber establecer qué evidencias tienen una base científica válida y, por tanto, pueden y deben ser admitidas y utilizadas, y qué formas de conocimiento no tienen esta base y, por lo tanto, deben excluirse y, en cualquier caso, no deben ser tomadas en consideración. En otras palabras, el juez, en su función fundamental como *peritus peritorum*, primero debe evaluar la naturaleza científica de las pruebas, tanto para admitirlas como para determinar qué resultados se derivan de ellas para determinar los hechos.

Al respecto, y para explicar mejor cuál es la función del juez en relación con la evidencia científica, es apropiado considerar una diferencia fundamental que existe entre el sistema de los Estados Unidos de América y la mayoría de los sistemas de *civil law*[30].

En los Estados Unidos de América, por regla general, son las partes en el proceso las que determinan si, teniendo en cuenta la naturaleza particular de los hechos sobre los cuales se tomará la decisión, se requiere la participación de un experto. Así, por ejemplo, es el actor en el proceso civil quien decide al respecto, elige al experto y lo paga, por supuesto después de haber establecido que el experto dirá en juicio cosas favorables a su versión de los hechos. El demandado hará lo mismo con un experto que dirá cosas favorables a la suya. En este momento inicial, el juez tiene la función de *portero* que admite o excluye la audiencia de los expertos de parte en función de la validez científica de

[29] Al respecto, ver el amplio análisis desarrollado en *Strengthening forensic science in the United States. A path forward*.

[30] Sobre el argumento, ver en particular VÁSQUEZ, *De la prueba científica a la prueba pericial*.

la prueba en cuestión (eventualmente aplicando los criterios especificados en "Daubert").

Si el experto es admitido, se lo trata como testigo (y de hecho se lo llama testigo experto) y consecuentemente se lo interroga con el método típico adoptado para la prueba testimonial, es decir, con la *examinación cruzada*. Será después el jurado quien decidirá sobre los hechos a partir de lo declarado por el experto. Este método se presta a varias consideraciones que no se pueden desarrollar adecuadamente aquí. Cabe destacar, sin embargo, por un lado, que el juez solo tiene la tarea de llevar a cabo una selección preliminar de expertos, de acuerdo con las bases científicas de lo que supuestamente dirán, mientras que la evaluación concluyente de lo que han dicho queda reservada al jurado. Por otro lado, el elemento más importante es que los expertos son *de parte*, en tanto cada uno de ellos dirá lo que es apropiado para la parte que lo ha elegido y le paga. En otras palabras, no hay ningún experto que pueda considerarse imparcial, con la consecuencia de que el jurado tendrá que elegir entre dos testimonios parciales, cada uno de los cuales corresponde a una opinión favorable a una u otra parte. En un sistema de este tipo, se entiende fácilmente que el control sobre el fundamento científico de los conocimientos de que se trate lo lleva a cabo el juez solo en la fase preliminar de admisión o exclusión de las pruebas que los expertos pueden proporcionar, pero está completamente ausente en el momento de decisión final, dado que no corresponde al jurado decidir si lo que un experto dijo es o no es científicamente válido.

El modelo típico de los sistemas de *civil law* es completamente diferente en muchos aspectos. En primer lugar, es el juez, y no las partes, quienes determinan si los hechos que son objeto de una decisión requieren el uso del conocimiento científico. En este caso, normalmente es el juez quien elige al experto de quien intenta valerse, lo designa y formula los problemas que el experto tendrá que resolver. Entonces, el experto es de hecho un *auxiliar* del juez y está en una posición en muchos aspectos similar a la suya (de hecho puede ser recusado o tendrá que abstenerse, en los mismos casos que esto comprende al juez). En este sentido, la consecuencia más importante es que el experto debe ser imparcial y proporcionar al juez conocimiento dotado de objetiva validez científica. Las partes pueden, por regla, servirse de sus propios expertos para que participen en las investigaciones que desempeña el experto designado por el juez, por lo que estos expertos podrían ser útiles solo para la evaluación de los resultados de las pruebas, pero no tienen un valor probatorio autónomo. Entonces será el juez, al concluir el proceso, quien deberá evaluar estos resultados, sea desde el punto de vista de su validez científica, sea en cuanto respecta a su relevancia para la decisión sobre los hechos.

Es en este momento conclusivo que la función del juez como *peritus peritorum* se manifiesta principalmente, pero a este respecto es aconsejable deshacerse de una aparente paradoja. En esencia, si el juez ha concluido que no tiene el conocimiento científico necesario para decidir sobre los hechos y por esta razón decidió utilizar un experto para adquirir este conocimiento, ¿cómo puede evaluar adecuadamente la validez de lo que dijo el experto? Sin embargo, se evita esta paradoja al comprender adecuadamente lo que el juez puede y debe hacer para formular esta evaluación. Él no debe reemplazar al experto, ni rehacer lo que el experto ya hizo; el juez debe, en cambio, evaluar la base científica de la opinión formulada por el experto. En otros términos, corresponde al juez efectuar un control sobre el *método* utilizado por el experto para llevar a cabo su investigación y formular sus conclusiones: si el método seguido por el experto resulta ser científicamente válido, entonces la prueba científica tiene un resultado positivo. Sin embargo, como es fácil de entender, este es el problema fundamental: está claro que para realizar efectivamente esta función de control, que es esencial para la correcta evaluación de la evidencia científica, el juez debe tener una cultura epistemológica adecuada, es decir, debe conocer los métodos que utiliza la ciencia para llegar a sus conclusiones, puesto que solo de esta manera podrá verificar la validez científica de la prueba que debe evaluar. Así, por ejemplo, para utilizar un test genético como prueba de la paternidad natural de un sujeto, el juez debe conocer el procedimiento por el cual se llevó a cabo la prueba y establecer si se han respetado todas las condiciones establecidas en los protocolos pertinentes. Solo si esta verificación es exitosa, el juez podrá considerar el test como una prueba con validez científica.

Capítulo VIII

LA COMPLEJIDAD DE LA VERDAD

por Jorge E. Douglas Price

§ 1. *Introducción*

Con el riesgo que ello presume, vamos a realizar nuestra propia narración de la teoría que expone Taruffo en torno a la verdad en el proceso, con el objeto de someterla a algunos cuestionamientos que contribuyan al debate sobre el estatuto de la verdad en él; este es, quizás, el problema más importante de la teoría del derecho actualmente y para el cual su obra constituye un aporte sumamente relevante, aunque podamos diferir en algunos aspectos, los que trataremos de exponer aquí, resumidamente, de acuerdo con las reglas del debate propuesto.

Partimos de compartir con el autor que esta discusión que vamos a sostener se da en el marco del sistema procesal del genéricamente denominado *Estado de derecho*, dado que es en él donde las decisiones judiciales deben ser motivadas y donde la averiguación *fidedigna* de los hechos que dan origen al conflicto que se procura resolver, es considerada un presupuesto ideológico e histórico asentado. También concordamos en que el proceso judicial posee una dimensión epistémica (aunque en ella no se agote, como el mismo autor dice, la función de la administración de justicia).

A su vez, advertimos que, tal como Taruffo señala, su trabajo no asume solamente una función descriptiva, sino también una función *normativa o regulativa*[1] (aspecto que hemos de retener pues la obra parece discurrir de una a otra función, recordándonos a menudo la distinción de HUME).

§ 2. *LOS PUNTOS DE PARTIDA*

Comenzaremos por advertir lo obvio: lo que sigue se trata solo de nuestra narración de la obra de TARUFFO, lo que implica admitir que existen otras, como la narración del propio autor acerca de su narración, que, sin embargo, conforme la teoría de la interpretación que defendemos, no será la auténtica ni la decisiva, pues sencillamente no existen tales.

En efecto, lectores de ambas piezas, esta y la de TARUFFO (notoriamente más rica y extensa), podrán componer terceras y enésimas narraciones que se irán sobreponiendo la una sobre la otra, constituyendo el ruido de fondo de la producción semiótica, sobre la base de la cual se elaboran los estatutos de lo que se admite como cierto o verdadero al interior de los contextos sociales donde estos discursos se hacen funcionales.

Sostenemos que los discursos con los que se construyen las decisiones judiciales son análogos a las narraciones de la ficción literaria o a los de la ciencia. TARUFFO, si bien aparece como opuesto a tal idea, aporta elementos que parecen apoyarla al referirse, por ejemplo, a las dificultades que causan las llamadas pruebas científicas y al deslinde entre "buena" y "mala" ciencia o pseudociencia que diera origen, por ejemplo, al precedente "Daubert" en la Corte Suprema de los Estados Unidos de América y la secuela de debates que le siguieron[2].

Sin duda, en esta introducción podríamos ganarnos el calificativo que TARUFFO adjudica a los partidarios de las teorías deconstructivistas[3]. No obstante, procuraremos demos-

[1] TARUFFO, *Simplemente la verdad*, p. 217.

[2] TARUFFO, *Simplemente la verdad*, p. 241

[3] TARUFFO, *Simplemente la verdad*, p. 89.

trar que hay en su planteo un posible error acerca de qué se dice cuando se dice que el estatuto de la verdad está puesto en cuestión. En suma, no se trata de decir que la ciencia no existe, ni que no nos proporcione elementos para adoptar decisiones en muchos campos, entre ellos el judicial, sino que la verdad no surge de esa presunta correspondencia entre el enunciado y la realidad (que asume el carácter representativo del lenguaje), sino que proviene de nuestros acuerdos, de nuestras creencias compartidas, de lo que no se deriva la inexistencia de criterios objetivables de selección, lo que supondría un relativismo, sino que todo criterio es siempre relativo a fines obtenidos y a la coherencia con el resto de la cultura que compartimos.

A lo largo de la obra que hemos elegido para debatir, TARUFFO, con formidable erudición, insiste una y otra vez –examinando las teorías adversas– en que debemos rechazar la teoría de la verdad como coherencia narrativa para optar por el camino que supone la teoría de la verdad como correspondencia.

Es cierto, y hay que advertirlo de antemano, que el autor no ha procurado producir una obra sobre epistemología o sobre filosofía del conocimiento, sino una que alude a un específico campo en el que el concepto de "verdad" se hace presente y es socialmente decisivo, funcionalmente operativo: el campo de las decisiones judiciales, es decir, el relativo a los métodos de resolución de conflictos desarrollados en Occidente a partir de la Alta Edad Media, aunque particularmente adquiera sus perfiles actuales en la modernidad, en una lenta pero incesante evolución.

El magnífico capítulo inicial del texto escogido, por ejemplo, nos deja ver esto con claridad al observar las modificaciones que van desde el siglo VII al XIII, con el progresivo abandono de las ordalías, marcado por la conjunción de hechos emblemáticos que TARUFFO señala ocurrieran en el año 1215[4].

4 TARUFFO, *Simplemente la verdad*, p. 13 a 44.

Precisamente es la lectura de ese capítulo de la obra la que nos sugirió que hay otro modo de "ver" las ordalías, diferente de aquel que nos fue clásicamente transmitido. La ordalía, vista de este otro modo, cumple el mismo rol que el veredicto del jurado o la fundamentación sobre hechos del juez: es un recurso a la *verdad* como presupuesto dirimente, que se pone de manifiesto en el resultado de la prueba.

Ello permite "ver" que la verdad (o la pretensión de verdad) es siempre parte del discurso legitimador de las decisiones (y no solo en el campo del proceso judicial), lo que se decide se decide sobre la base de "una" verdad. El problema reside, entonces, en el estatuto o régimen de la verdad.

No se trata de negar que un enunciado pueda coincidir con la realidad y entonces ser verdadero, según la conocida fórmula de Tarksi; se trata de debatir acerca de cómo es posible que lleguemos a hacer esa afirmación (la de la correspondencia). Como dice el autor, no es un problema que pueda tratar en la obra que hemos elegido, pero que actúa siempre, debemos recordarlo, como telón de fondo. Desde la perspectiva que defendemos ello no es posible; llamamos verdad a las creencias que consideramos justificadas actualmente por encajar mejor con las finalidades pretendidas por los seres humanos, lo que importa su variabilidad.

En este punto tendremos un desencuentro en cuanto a tal "fondo" con Taruffo; ello por cuanto compartimos la idea de Maturana Romesín en cuanto a que acerca de todo objeto, incluido el debate sobre lo que denominamos verdad, podemos seguir un camino explicativo u otro, pero la elección del camino no depende de un argumento racional, sino de las preferencias, de las emociones, de la disposición interna a aceptar, implícita o explícitamente, una u otra de dos posibles condiciones iniciales: "*a*) aceptar las propiedades del observador como dadas, en la objetividad sin paréntesis y *b*) aceptar el acontecer del vivir en el lenguaje, tanto como instrumento de pregunta, como fenómeno que explicar, en la objetividad con paréntesis[5]".

Ahora bien, si aceptamos con MATURANA ROMESÍN que el observador surge en la praxis de vivir en el lenguaje, y si aceptamos el camino de la "objetividad con paréntesis", entonces veremos que la racionalidad no es una propiedad no analizable de nuestra mente, sino "una expresión de nuestra coherencia operacional humana en el lenguaje, y, como tal, tiene una posición central y constitutiva en todo lo que hacemos como seres humanos. Nosotros argumentamos racionalmente en favor y en contra de cualquier caso acerca del que escojamos reflexionar, aun cuando reflexionemos sobre la razón misma, tanto para sostenerla o negarla en un dominio u otro, por el simple hecho de que operamos en el lenguaje. Como resultado, las culturas no difieren en la racionalidad, sino en las premisas, aceptadas implícita o explícitamente, bajo las cuales sus diferentes tipos de discursos, acciones y justificación de acciones, ocurren[6]".

La sociedad es sus comunicaciones y nosotros vivimos en la praxis del lenguaje, es nuestra herramienta de coordinación de acciones y "sistema" es allí un "dominio de coherencias operacionales", dotado siempre de algún conjunto de premisas cuya elección solo puede ser explicada a partir de la emoción.

Ello es resultado –según nos hace ver el mismo MATURANA ROMESÍN– de habernos vuelto conscientes de que: *a*) la razón constitutivamente no da, y no puede dar, un acceso a una realidad asumida como independiente de nuestra experiencia; *b*) el poder convincente de la razón que vivimos en nuestra cultura social resulta de nuestra implícita adopción *a priori* de ciertas premisas constitutivas que especifican las coherencias operacionales de los dominios conversacionales en los cuales aceptamos los argumentos que consideramos racionalmente válidos; *c*) no podemos forzar a nadie,

5 MATURANA ROMESÍN, *La objetividad. Un argumento para obligar*, p. 42.

6 MATURANA ROMESÍN, *La objetividad. Un argumento para obligar*, p. 43 y 44.

mediante la razón, a aceptar como racionalmente válido un argumento que él o ella no haya aceptado todavía como implícitamente válido, aceptando las premisas constitutivas del dominio conversacional[7], y *d*) todo lo que podemos hacer en una conversación en la cual no existe un acuerdo implícito es seducir a nuestro interlocutor a aceptar como válidas las premisas básicas que definen el dominio en el cual nuestro argumento es operacionalmente válido[8].

Afirma Maturana Romesín que, cuando queremos convencer a alguien para que concuerde con nuestros deseos, y no podemos o no queremos usar la fuerza bruta (esta sería para muchos la principal explicación de la aparición del derecho como sistema de control social), ofrecemos lo que llamamos un argumento objetivo o racional: "Hacemos esto bajo la pretensión implícita o explícita de que el otro no puede rechazar lo que nuestro argumento sostiene, porque su validez se funda en su referencia a la verdad. Y además lo hacemos así bajo el supuesto implícito o explícito de que lo real o la realidad es universal y objetivamente válido, porque es independiente de lo que hacemos, y una vez que es indicado no pude ser negado[9]".

Sostenemos, agrega, implícita o explícitamente que nuestros argumentos son racionales y que los contrarios son arbitrarios, ilógicos o absurdos, porque poseemos un acceso privilegiado a la realidad (a la verdad) que hace a nuestros argumentos objetivamente válidos.

Pero, se pregunta, "¿es esta actitud sobre la razón y lo racional, racionalmente válida?" o "¿nos da acaso la razón un acceso a lo real tal que podamos concederle el poder de compulsión u obligación y la validez universal que pretendemos que tiene cuando intentamos forzar a alguien con un argumento racional?"[10].

[7] Según entendemos "dominio conversacional" es el conjunto de proposiciones, con pretensión de coherencia, construidas a partir de un conjunto de premisas.

[8] Maturana Romesín, *La objetividad. Un argumento para obligar*, p. 46 y 47.

[9] Maturana Romesín, *La objetividad. Un argumento para obligar*, p. 13.

[10] Maturana Romesín, *La objetividad. Un argumento para obligar*, p. 13.

Compartimos con MATURANA ROMESÍN que es esta la cuestión central: las preguntas acerca de qué es lo que llamamos la realidad, o cuál sea el régimen constitutivo de la verdad, desde que hacemos lo que hacemos a partir de los supuestos acerca de ellas, supone "una respuesta a tal cuestión como la fundación de un argumento racional que usamos para justificar nuestras acciones"[11].

El tema que no podemos desarrollar aquí, pero que es punto central de este debate, es que somos siempre observadores y observadores que existimos en la praxis del lenguaje, y del lenguaje con sus particularidades. Podemos, entonces, hablar (o mejor dicho *lenguajear* como diría MATURANA ROMESÍN) acerca de la objetividad sin y con paréntesis. En la primera, lo real existe independientemente de lo que el observador hace; lo contrario en la segunda[12]. En la primera solo hay una "realidad esto es el uni-verso"; en la segunda, muchas realidades, el "multi-verso"; parafraseando, "lenguajeando", una versión o muchas versiones, significa la admisión de mayores o menores competencias de los otros con los que practicamos el lenguaje o coordinamos las acciones a través de él. Vivimos al interior de narraciones aceptadas.

§ 3. *LAS NARRACIONES Y EL "MOSAICO"*

Pasemos entonces a nuestro tema. TARUFFO admite expresamente: "Historias y narraciones son necesarias, tanto en el contexto del proceso como fuera de él, porque son los instrumentos principales mediante los cuales elementos de información fragmentarios y dispersos, y 'piezas' de acontecimientos, pueden ser combinados y articulados como un conjunto de hechos coherente y dotado de sentido. Las historias modelan nuestra experiencia y nos proveen esquemas del mundo [...] pueden ser entendidas como 'construcciones interpretativas de acontecimientos' que dan una forma posi-

[11] MATURANA ROMESÍN, *La objetividad. Un argumento para obligar*, p. 14.

[12] MATURANA ROMESÍN, *La objetividad. Un argumento para obligar*, p. 27, ver especialmente el denominado "diagrama ontológico".

ble, un modelo, a un conjunto informe de datos [...] Proporcionan una heurística, esto es, un método para descubrir lo que realmente ocurrió. Pero su característica es que proponen solo posibilidades, sin importar cuán lejos estén de la realidad [...] En este sentido, las narrativas son como la figura que forma, a partir de un montón de piezas de vidrio de colores, un mosaico[13]".

La metáfora del mosaico será retomada una y otra vez por TARUFFO, pero, de modo desconcertante –o quizá no tanto si se aplican otras categorías de pensamiento– pues parece admitirla y rechazarla al mismo tiempo. Ello se deriva, en nuestro modo de leer su texto, porque, como el mar, el problema del criterio de "verdad" reviene una y otra vez, dejando ver que tiende a sostener el de una objetividad sin paréntesis. Baste un ejemplo tomado de este: "Hay, con todo, una objeción decisiva contra esta teoría –así como contra cualquier teoría de la verdad que se base en la coherencia del texto–: narraciones coherentes y persuasivas pueden ser completamente falsas"[14].

Sostiene que las historias se "vuelven sospechosas" y peligrosas porque abren la puerta a la imprecisión, a la variabilidad y a la manipulación en la reconstrucción de los hechos, dependiendo del punto de vista, los intereses y los propósitos de los sujetos que las cuentan en un determinado momento y en un cierto contexto. Por eso, en suma, tras analizar cuatro tipologías de relación entre narraciones y verdad, TARUFFO advertirá con MENASHE y SHAMASH que el pensamiento narrativo, aunque necesario, es inherentemente defectuoso[15].

Nuestras respuestas a esta advertencia son las siguientes: por un lado, efectivamente todas las historias "son sospechosas y peligrosas", incluidas las de TARUFFO o las nuestras, y, por el otro, nada permite pensar que los jueces (o los científicos) sean narradores "diferentes" a las partes del proceso (tampoco los jurados, aunque no estén obligados a

13 TARUFFO, *Simplemente la verdad*, p. 48.

14 TARUFFO, *Simplemente la verdad*, p. 83.

15 TARUFFO, *Simplemente la verdad*, p. 87.

hacer expresa su propia narración, aquella en la que fundan íntimamente su veredicto, lo será), psicológica, cultural y, por ende, epistemológicamente hablando. Como sostiene DUNCAN KENNEDY, debemos tomar la *ideología en serio*, lo que implica principiar por admitir lo obvio: que todo narrador porta una, indispensablemente, y que verá el mundo con los lentes de ella. La famosa tríada platónica del *Teetetos* reaparece aquí: creencia, verdad y prueba. PLANCK, por caso, formuló la hipótesis revolucionaria de la teoría cuántica, pero dejó sentado que no creía en ella, a la espera de una más satisfactoria. En tanto, algunos físicos actuales emplean la mecánica cuántica por su eficacia explicativa y predictiva, pero no creen que ella ofrezca conocimiento alguno de la realidad[16], lo que podría ser un magnífico argumento en favor de la tesis de RORTY.

No se nos escapa, de todos modos, que, al decir aquello, TARUFFO está pensando en las partes del proceso y en las "historias cruzadas" que elaboran con el ánimo de obtener una decisión favorable, mintiendo o exagerando, si lo estiman necesario (de suyo habitual en los procesos). Pero si, como podemos rápidamente observar, quien escribe la historia "decisiva" es el juez, que es un narrador al que se le reclama (y atribuye) imparcialidad, parece que deberemos repensar minuciosamente cómo es que él construye el *storyboard* de la historia que va a ser contada.

Por cierto, TARUFFO lo hace, y al hacerlo admite que el juez realiza "una de las diversas narraciones posibles"; narración que puede desglosarse en cuatro niveles que, como afirma, no están yuxtapuestos. El primero es el de los hechos principales; el segundo –no necesario–, el de los hechos secundarios; el tercero, el relativo a las pruebas practicadas en juicio, y el cuarto comprende las circunstancias de las que se pueden extraer inferencias relativas a la fiabilidad de los enunciados que están en el tercer nivel (p.ej., la credibilidad de un testigo, la autenticidad de un documento, o, agregamos, la validez de una prueba "científica"). La conexión entre ni-

[16] KLIMOVSKY, *Las desventuras del conocimiento científico*, p. 21 y 22.

veles, afirma, es inferencial; actividad que, siguiendo a TOULMIN y HAACK, corresponde a cualquiera que pretenda determinar racionalmente la verdad de una aserción. El carácter de este proceso inferencial es definido por TARUFFO, siguiendo a dichos autores, como *warrant*, que a los efectos de su trabajo traduce como *confirmación*, concepto que dada la calidad y cantidad de pruebas de las que pueda disponer el juez varían; es un concepto *gradual*[17]. Pero al referirse a los criterios de inferencia, al hacer alusión al fundamento cognoscitivo sobre la base del cual la inferencia puede ser considerada apta para atribuir un grado considerable de fiabilidad a la conclusión, aparece el problema de las fuentes de estos criterios y la valoración de su fiabilidad[18]. Allí TARUFFO se ve obligado a retomar la cuestión del sentido común o de las máximas de la experiencia a las que en el discurso judicial ordinario se recurre con notable frecuencia para *construir* las narraciones del proceso, tanto para asignar valor a las pruebas como si se trata de inferencias presuntivas. Tal como el propio TARUFFO lo ha señalado en otro lugar, el razonamiento del juez no está regido por normas ni determinado por criterios o factores de carácter jurídico, sino que "al formular el razonamiento que concluye con la decisión y lo mismo cuando la justifica, emplea como se acostumbra decir, el material y las formas más dispares y heterogéneas: lenguaje técnico y lenguaje común, esquemas y modelos de argumentación, formas deductivas, juicios de valor, instrumentos de persuasión retórica, conocimientos de variada naturaleza, reglas éticas y de comportamiento, interpretaciones, elecciones de diversas especies, etcétera. Trátase pues, de un razonamiento estructuralmente complejo y heterogéneo, en el cual se encuentran y se mezclan diversas dimensiones lógicas, lingüísticas, cognoscitivas y de argumentación"[19].

[17] TARUFFO, *Simplemente la verdad*, p. 232.

[18] TARUFFO, *Simplemente la verdad*, p. 237.

[19] TARUFFO, "Sentido común, experiencia y ciencia en el razonamiento del juez", en *Sobre las fronteras: escritos sobre la justicia civil*.

La misma descripción de Taruffo permite observar cómo el *background* cultural del juez incide o incidirá irremisiblemente en el modo en que falle.

Compartimos con él esa descripción para ir quizás un poco más allá y sostener, sobre la base de la experiencia propia y la observada, que los jueces trabajan como taxidermistas que crean nuevos animales con retazos de otros, como especie de demiurgos que elaboran un relato con los pequeños rastros de un mosaico (la metáfora es de Taruffo) que han sobrevivido en el expediente, cuyo diseño es reconstruido por ellos, tal como lo hacen los historiadores[20].

§ 4. *Los hechos*

No podemos menos que acordar que las decisiones del proceso judicial, propio del Estado de derecho, se basan en la determinación de los supuestos de hecho obtenidos mediante *pruebas*, pero también que, para que las decisiones se hagan admisibles, la historia del caso debe ser contada

[20] Debemos esta metáfora a Eco, quien relata que el ornitorrinco fue "descubierto" en Australia a fines del siglo xviii, y en un primer momento se lo denominaba *watermole, duck-mole, ódukbilledplatypus*. La ironía borgeana de Eco se manifiesta al referir que, cuando aparece el ornitorrinco en Occidente, Kant ya había escrito sus obras y que, cuando se empieza a discutir sobre su "naturaleza", el autor de la *Crítica de la razón pura* había entrado en la etapa de la obnubilación de ella, en tanto que, cuando se decide la compleja situación del ornitorrinco en el bestiario occidental, Kant hacía ya ochenta años que había muerto. Sin embargo, si Kant hubiera vivido unos años más y jugado a Aristóteles intentando realizar su propia taxonomía, se hubiese encontrado con problemas semejantes a los que le planteó a este el caso del camello, que eludía sistemáticamente las definiciones por género y especie (o diferencia), animal que luego, por casualidad, le permitiría a Luhmann explicar la función del derecho. Cuál habría sido el azoramiento de Kant, se pregunta Eco, si los datos no se adaptaban a ningún esquema precedente: ¿cómo se podían conciliar el pico y las patas palmeadas con el pelo y la cola de castor, o la idea de castor con un animal ovíparo? El problema para Kant no hubiese podido parangonarse de mejor modo, según Eco, con el problema de los jueces cuando les toca juzgar *ornitorrinchus casus*. Los términos del problema, dice, se aclararon para aquel solo en la *Crítica del juicio*; el juicio es la facultad de pensar lo particular como subsumido en lo general, si ya está dado lo general (la regla, la ley) el juicio es determinante, pero si está dado solo lo particular y se debe encontrar lo general entonces el juicio es reflexivo.

coherentemente y como parte de una narración más amplia, inserta en otros textos que la sostienen, los jurídicos entre ellos, pero no solamente (p.ej., los de la ciencia serán indispensables), pero tampoco solo ellos, tal como el propio TARUFFO lo ha dicho, los *topoi* de ese vago conjunto de saberes que llamamos sentido común o máximas de la experiencia, serán parte de un bagaje que actúa en esa tela sin fisuras que es lenguaje (RORTY). Ello hace que el razonamiento del juez (en lo que podríamos llamar el contexto de descubrimiento de la decisión) vaya de las narraciones de los peritos a las de los testigos y de ellas a las de las partes, formando esos extraños bucles de los que habla HOFSTADTER, que constituyen lo que llamamos la jurisprudencia; ello así, aunque luego en el argumento justificatorio del propio texto decisorio no aparezca de tal modo.

Dice TARUFFO, expresamente, al referirse a la diversidad de historias en los procesos: "Esto es verdad en general [...] pero es especialmente verdadero en el contexto procesal. Como veremos más adelante un proceso no incluye solo una narración o *story-telling*: se trata de una situación compleja en la que varias historias son construidas, contadas por diferentes sujetos, desde diferentes puntos de vista y de distintas maneras [...] Los peligros de errores, lagunas, manipulaciones y reconstrucciones incorrectas de los hechos, son particularmente frecuentes y serios, y pueden llevar a equívocos dramáticos y a errores sustanciales en la decisión final de una controversia".

Luego, para probarlo, realiza lo que denomina un "experimento mental" que consiste en comparar un relato "ficcional" con uno "no ficcional". El relato ficcional corresponde a la novela *The broker* de JOHN GRISHAM y el no ficcional a una información (ficcionada, valga la paradoja) del "New York Times". Dejando de lado los detalles –que este breve espacio no permite describir–, TARUFFO propone dos categorías de lectores: uno que describe como lector no informado (LNI) y otro como lector informado (LI), sobre los aspectos contextuales de sendos relatos. En la novela de GRISHAM el personaje se llama Rudolph Viscovitch, y es un profesor de la Universidad de Bolonia; en la "noticia" del "New York Times", ese mismo profesor ha sido asesinado por un estudiante. Salvo una muy improbable homonimia, algo produce incomodidad ante la "noticia" en el lector informado; se supone que él permanecerá "incrédulo" hasta que se convenza de la correspondencia de lo informado con la realidad material de los hechos[21].

El consejo es claro, la actitud recomendable será la de "suspensión" del juicio, al modo de la *epojé* fenomenológica de HUSSERL, por ello nuestro autor concluye: "Se trata solo de contextos diferentes y de diferentes narraciones. Después de todo, tanto los LNI como los LI nunca debieran olvidar que el derecho no es literatura, y que una buena narración desde el punto de vista literario, puede ser una mala narración desde el punto de vista del derecho"; y agrega con agudeza que el discurso usual sobre narraciones y *storytelling* alude específicamente a los contextos procesales, lo que suele hacer referencia a todos los aspectos del caso y reúne en un todo indiferenciado aspectos jurídicos y aspectos fácticos de la situación que se trata.

El problema se vuelve, entonces, un problema semiótico; como lo hemos sostenido en un trabajo sobre la decisión judicial[22], todos nuestros discursos operan sobre la base de un "discurso de fondo", un discurso al que lingüistas como MAGARIÑOS DE MORENTÍN llaman "textos pansemióticos" (textos que, por otra parte, compiten entre sí), o textos *fundadores* en el decir de VERÓN[23]; textos a partir de los cuales se produce una recirculación de sentido, una producción semiótica alternativa que continuamente redescribe los hechos a partir de sus telones de fondo; en su caso, los mismos discursos de la ciencia.

Sostenemos que una muestra de ello puede verse cuando teorías presuntamente *científicas* compiten entre sí por

21 TARUFFO, *Simplemente la verdad*, p. 49 a 52.

22 DOUGLAS PRICE, *La decisión judicial*.

23 VERÓN, *La semiosis social. Fragmentos de una teoría de la discursividad*.

la *explicación* de los hechos (y tal como TARUFFO no nos introducimos en la difícil cuestión de definir qué es un "hecho"[24]). Por ejemplo, en el campo del derecho del trabajo, cuando menos en la Argentina, y más específicamente en el campo denominado de los accidentes de trabajo, se discutió durante mucho tiempo entre los médicos acerca de la teoría de los *microtraumatismos* como causantes de lesiones incapacitantes; los jueces aplicaban los textos de una u otra corriente médica, de uno u otro autor, y según la opción el trabajador resultaba ganador o perdidoso (fácilmente podríamos aplicar aquí el criterio de análisis de DUNCAN KENNEDY para observar que las "elecciones" de esos textos que se operan en el contexto de descubrimiento, y muchas veces no se admiten como tales, responden a moldes ideológicos que no tienen que ver con lo científico, aun si, como sostenemos, también lo científico responde a moldes ideológicos). Discusiones análogas se daban sobre el modo de atribuir porcentuales de incapacidad a las lesiones o las predisposiciones anatómicas o fisiológicas.

Pero la cuestión no se restringe a las teorías científicas, ROBERTS, por ejemplo, señala que en materia de prueba pericial es particularmente problemático decidir cuando los peritos designados por las partes están en desacuerdo, y se pregunta: "¿Cómo se supone que el juzgador de los hechos debe resolver con alguna base racional las disputas entre los peritos"[25]. Agrega que el problema se agrava cuando el juzgador es un jurado lego, dado que está tratando con la problemática en el curso del proceso penal inglés. En rigor, agregamos, en este aspecto los jueces son también legos dado que su capacidad para distinguir entre teorías o procedimientos competitivos en el campo de las discipli-

[24] Aun si cabe adelantar que entendemos que no hay "hechos" puros y simples, los hechos son siempre *datos procesados*: solo podemos ver cuando disponemos una teoría que permite ver.

[25] ROBERTS, "¿Fue el bebé sacudido? Prueba, pericia y epistemología jurídica en el proceso penal inglés", en VÁZQUEZ (ed.), *Estándares de prueba y prueba científica. Ensayos de epistemología jurídica*, p. 169.

nas científicas es muy restringida (recién en las últimas dos décadas han comenzado a introducirse estudios de tal naturaleza).

Un muy breve repaso por otros textos que se introducen en la problemática de las pruebas denominadas *científicas* nos conduce a análogas conclusiones. Si bien al hacerlo ROBERTS se refiere a ella como una descripción caricaturesca, desde una visión estándar de la filosofía del conocimiento popperiana la ciencia no prueba nada de manera concluyente en orden a decidir un caso, es más, se admite que el método científico es hostil a la determinación judicial de los hechos que requiere respuestas claras, inequívocas y razonablemente verdaderas para cuestiones fácticas discutidas. El disgusto de los jueces con los peritos que no aportan juicios dirimentes o que, por el contrario, *deciden o pretenden decidir* el pleito, sobre la base de criterios jurídicos sustituyendo al juez en su rol, es un *topos* de la cultura judicial.

El rechazo de ROBERTS a esta descripción, en nuestro modo de ver, no logra disminuir su acierto, al menos cuando nos encontramos ante la hipótesis de debate científico sobre la prueba en cuestión (o sobre la propia interpretación de los datos de la prueba) y la decisión no está mediada o más bien podríamos decir *facilitada* por la presunción jurídica de inocencia, desde que la culpabilidad –según el conocido estándar anglosajón– deberá ser establecida más allá de toda duda razonable, sino que, como en los procesos civiles (u otros de tipo análogo), la decisión *debe* ser adoptada sin que medie presunción alguna.

Si tal es el panorama en materia de las pruebas en las que el juez o decisor puede delegar cierta porción de la construcción del relato en el perito, ¿cuánto cabe decir acerca de la prueba testimonial, habida cuenta de los desarrollos en materia de psicología del testimonio? Si bien sus antecedentes datan del siglo XIX y comienzos del siglo XX, época en la cual se puso de manifiesto por primera vez, mediante investigaciones empíricas, la falta de exactitud del recuerdo y los efectos de la sugestión en la memoria visual, ya con la obra de MÜNSTERBERG, *On the witness stand* (1908)[26], se reclamó la necesidad de una reforma legal basada en la experimentación científica, pues se aceptaba que un testigo, aun actuando de buena fe, podía brindar un testimonio erróneo. Lo cierto que más de cien años después, con muchas investigaciones análogas, y aun con las célebres advertencias de FRANK, poco es lo que se ha progresado en la materia: "Los jueces o jurados, al considerar la credibilidad (o falta de credibilidad) de los testigos, se encuentran influidos por sus respectivas 'idiosincrasias y prejuicios personales' que son inarticulados e inconscientes, pero que usualmente nadie puede desentrañar"[27].

Para corroborar lo afirmado por FRANK hace ya tantos años, veamos esta cita de EROSTARBE: "Se han descripto muchos casos reales de errores judiciales determinados por errores de identificación, RATTNER (1985) analizó 205 casos reales para analizar tipos de errores que contribuyen a una convicción errónea. En el 52 % de ellos había errores de identificación del autor del hecho, en el 11 % perjurio de los testigos y en el 10 % errores de los oficiales del sistema judicial. Por todo ello, un tribunal debería recurrir a pruebas objetivamente más fiables para su apoyo que las aportadas por un testigo"[28].

Por lo tanto, ¿cómo establecer *narraciones objetivas?*

§ 5. *REGLAS PARA LA OBTENCIÓN DE LA VERDAD EN EL PROCESO*

Es cierto, como dice TARUFFO, que no debe hacerse una neta distinción entre la búsqueda de la verdad en el proceso y la búsqueda de la verdad fuera de él; que es erróneo sostener que el instituto de la cosa juzgada impide obtener la verdad; que casos pasados en autoridad de cosa juzgada pueden haberlo sido –y así debería ser, afirma– decididos so-

[26] Ver EROSTARBE, *Psicología del testimonio*, p. 16.

[27] FRANK, *Derecho e incertidumbre*, p. 57.

[28] EROSTARBE, *Psicología del testimonio*.

bre la base de haber determinado la verdad de los hechos condicionales del caso.

Ello es tan cierto como que los jueces se ven compelidos a decidir dentro de los marcos temporales del proceso. Los procesos *deben* culminar y, paradojalmente, una de las principales razones de las demoras que afectan el funcionamiento del entero sistema de justicia, y que TARUFFO deplora con razón, deriva de las dificultades con las que se hallan los jueces en la *producción de la prueba*.

Algunas son muy serias y vinculadas con los problemas epistemológicos, como las que antes expusimos de modo extremadamente sumario, y otras son más pueriles pero no menos deletéreas como las que tienen que ver con la insuficiencia de medios, la desidia de peritos, la resistencia de testigos a responder a las citaciones de los juzgados, la morosidad de los abogados y de los propios agentes del tribunal, etc.; pero, cuando se computan estas diferencias, la búsqueda de la verdad en un proceso judicial tiene diferencias sensibles, al menos de hecho, con la búsqueda de la verdad fuera de él.

Finalmente, si bien es cierto que la cosa juzgada podría no implicar terminantemente el regresar sobre un caso ya juzgado y revisar, precisamente, la probanza de hechos (como en la Argentina lo constituye el instituto de creación jurisprudencial denominado "cosa juzgada írrita" o el instituto análogo citado por TARUFFO inserto en el Código Procesal Civil italiano), lo cierto es que esa posibilidad está definida como excepcional y así funciona actualmente. Ello implica, por un lado, que efectivamente la búsqueda de la verdad podrá perseguirse cuasiindefinidamente (y en ello lleva razón TARUFFO), pero, por el otro, en la mayor parte de los casos los institutos que determinan el avance temporal del proceso y que impiden volver atrás, como el de la preclusión, resultan indispensables para el funcionamiento de un sistema llamado principalmente a decidir. En suma, esos institutos obligan a clausurar el proceso, haciendo que el juez deba encontrarse con ese mosaico del que habla nuestro autor y aumente exponencialmente la incerteza de sus conclusiones.

Para ser coherentes diremos que todo esto es parte del "telón de fondo" de la teoría procesal establecida y que bien podría ser cambiado, tanto como que es imposible imaginar que el período probatorio pueda ser extendido *sine die* a la espera de la verdad perdida. Por otra parte, con un criterio que suponemos se puede compartir, la Corte Suprema ha forzado, por ejemplo, el fin de los procesos, en materia penal, cuando estos han demandado un tiempo considerado irracional.

§ 6. *Al final, los hechos*

Es cierto, como dice Taruffo, que los hechos *deben ser tomados en serio*, es cierto que muchos casos se ganan o pierden en la prueba de los hechos. Es cierto que muchos son *hard cases* porque los hechos son demasiado complejos para ser subsumidos en una regla jurídica. Ello es tan cierto como que también es el juez el que, tomando una parte del mosaico hasta ayer considerada irrelevante, transforma un caso fácil en uno difícil. Esto es lo que nos lleva a decir que así como todas las palabras son potencialmente vagas, todos los casos son potencialmente difíciles, y que ello es el resultado de que lo que llamamos cultura es el cúmulo de nuestras distinciones, y ellas se renuevan constantemente según lógicas muy diversas, como nos lo podrían recordar Borges o Foucault; son el resultado de nuestra práctica milenaria de distinguir lo mismo y lo otro[29].

Por ello, debemos debatir qué significa *tomar los hechos en serio* porque si ello va a significar, parangonando a Dworkin, que en cada caso habrá una y solo una historia verdadera, tendremos que reconocer que estamos en problemas. En primer lugar, porque si, como parece proponer Taruffo, la historia es verdadera, porque es la historia contada por el

[29] Foucault, *Las palabras y las cosas*.

juez sobre la base de las pruebas del caso, hallaremos que la solución del problema es circular: la verdad del proceso es la contada por el juez... porque la cuenta el juez. Si no es circular y es verdadera porque las pruebas están justificadas, entonces el problema se traslada a la justificación de las pruebas, lo que por un lado resulta una obviedad y por el otro demarca un problema sobre el que la teoría del derecho oficial no se expide. Admitimos que en ello hay un enorme valor en el esfuerzo de TARUFFO, ello a condición de que tomemos, insistimos, su teoría como prescriptiva. Volveríamos aquí sobre las advertencias de FRANK: que la mayor parte de los pleitos versan en rigor sobre hechos, y los hechos, a los efectos de la sentencia, no son necesariamente los reales (sin que retornemos aquí sobre el debatido tema filosófico de la "realidad"); ellos son, afirmaba, "las creencias del juez de primera instancia o del jurado sobre esos hechos reales pasados"[30].

Pero aún más, el presupuesto de todo proceso es uno: finalmente, el juez dirá cuál es la *historia verdadera*. La confianza del público en el sistema de justicia se apoya en ello, pero eso no significa que no haya otra historia; el relato judicial es presentado casi siempre en forma binaria, verdadero-falso, porque la estructura del proceso, su concepción como estructura de decisión, exige esa forma, y no porque los conflictos humanos se presenten "solo" bajo ella. En materia de conflictos de familia es posible ver más de dos relatos, tanto como más de dos partes (lo que caracteriza a los procesos complejos) y una de las dificultades de no reconocer por parte del derecho esa dificultad, la de la complejidad, suele partir, incluso, de la insistencia en el establecimiento de "una" verdad, lo que reduce considerablemente las chances de resolverlos o, como preferimos decir, reconducirlos en algún modo que sea productivo para la vida de las personas en ellos involucradas.

La exigen no porque sea esa "la" forma de las prácticas humanas que dieron origen al proceso (de suyo más diver-

[30] FRANK, *Derecho e incertidumbre*, p. 26.

sas, disímiles y hasta contradictorias que lo que la lógica de las normas condicionales, propia del derecho, permite), sino porque el sistema del derecho fue construido como un sistema para adoptar decisiones en caso de conflicto y se construyó bajo esa forma binaria, bajo la lógica de vencedor-vencido que ya estaba presente en la justa medieval, pero eso no significa que no haya otras maneras.

Por tal "lógica" y otras razones vinculadas, el sistema jurídico construye "ficciones" que faciliten decidir aun si la certeza no está presente. ¿Qué significa si no el aforismo "lo que no está en las actas no está en el mundo"? ¿Qué significa el instituto de preclusión de las etapas procesales, en particular de aquella relativa a la producción de prueba, que lleva a decidir el proceso con pruebas no realizadas?, ¿no es justamente porque el derecho hace un uso funcional de las ficciones tal como las concebía HANS VAHINGER, esto es, como esquemas conscientemente falsos?

La experiencia judicial indica que, en muchas ocasiones, con o sin voluntad de cooperación de las partes, con o sin voluntad (y posibilidad jurídica[31]) del juez de producir pruebas adicionales, sencillamente no queda prueba para producir y el juez tendrá que decidir.

Sin caer en ejemplos remanidos de esas ficciones y ateniéndonos a ejemplos procesales, ¿qué significa, desde la perspectiva que defiende TARUFFO, el que en caso de falta de contestación de la demanda el juez esté autorizado a considerar como verdaderas las alegaciones de la parte actora que consistan en la afirmación de la producción de hechos ilícitos por parte del demandado?; ¿qué significa que la falta de respuesta o la respuesta evasiva a una posición del cuestionario relativo a la prueba confesional, el juez pueda interpretarlo en disfavor del absolvente? Sabemos que se nos

[31] Existe una profusa literatura acerca del rol del juez en el proceso que no es dable reproducir aquí, pero que se concentraría sobre la definición de este como pasivo o arbitral, o como activo y productor. Sin duda TARUFFO se inclina por este último; nosotros también, pero convengamos que no es materia pacífica y que lo que decide las posiciones son valoraciones claramente ideológicas.

podrá decir que significa que el mismo dispositivo procesal procura que las partes *digan la verdad;* sí, consentimos, tanto como que esos mismos dispositivos se han desarrollado para brindar elementos a la argumentación del juez en torno a los hechos que permitan llenar los espacios vacíos del "mosaico".

§ 7. *La verdad como requisito decisorio*

No se trata de negar los motivos por los cuales la "verdad" apareció como un requisito de la decisión. Ya lo advertimos con Maturana Romesín. Como bien dice Foucault, y muestra de modo erudito Taruffo, el tránsito de un proceso decisorio a otro proceso significó el abandono, o cuando menos el relegamiento del recurso al azar o a la magia, para ser sustituido por ese camino que aparece por primera vez en el relato de *Edipo rey*. En la *Ilíada* todavía la prueba consiste en el juramento, es decir, la decisión está "en manos de los dioses" y hasta en la misma obra de Sófocles, Creonte desafía a Edipo a jurar, pero cuando se hace necesario saber quién es el asesino de Layo, el consultado no es Apolo, sino Tiresias, un testigo paradójicamente ciego, pero el ajuste del juego de mitades se realiza finalmente con el testimonio de un esclavo y un pastor. Este juego permite hacer entrar en escena la mirada del testigo, del que "ve", de aquel al que no había apelado Homero en su relato (y también al pueblo llano). Pero Edipo es también el rey filósofo de Platón, el que "sabe" porque es capaz de reunir en sí toda la verdad; Occidente negará esta relación entre saber y poder, pretenderá que "allí donde están el saber y la ciencia en su pura verdad, jamás puede haber poder político"[32].

Tal tránsito aparece notoriamente enriquecido en el muy erudito capítulo primero de la obra de Taruffo, en forma coincidente con la tercera conferencia de Foucault[33].

[32] Foucault, *La verdad y las formas jurídicas*, p. 37 a 59.

[33] Foucault, *La verdad y las formas jurídicas*, 63 a 88.

Allí se puede ver la "matriz" funcional del sistema jurídico: las ordalías no eran "pruebas de Dios" que se usaban indiscriminadamente frente a cualquier conflicto, eran recursos para adoptar una decisión que no convenía fuese asumida por autoridad política o religiosa alguna. Mediante el recurso de vincular el azar con la intervención divina, se obtenía un resultado indisputable, que es el objeto final, valga la redundancia, de todo sistema de resolución de disputas. El propio TARUFFO admite que, en las culturas donde se utilizaban prácticas adivinatorias o las mismas ordalías, podemos suponer que se pensaba que con ellas se descubría la verdad "de modo que no se puede decir que la idea de verdad estuviera completamente ausente en esos contextos culturales"[34].

Con todo, insistirá TARUFFO en que se trata de ideas de la verdad algo "peculiares", que si bien es posible que los antiguos aurúspices y los jueces medievales, así como el cardenal Belarmino, los azande y muchos otros, que mantenían creencias que desde la perspectiva de otra cultura –o de la cultura actual– parecen curiosas, tuvieran alguna buena razón para pensar que de ese modo obtenían conclusiones verdaderas, ello no implica, sostiene, que más allá del consenso o no que cada uno haya tenido, Belarmino estaba errado y Galileo, acertado.

El punto es, sin embargo, que la tesis de Ptolomeo había sido aceptada como verdadera por mucho tiempo y si bien la descripción del sistema astronómico del que la tierra formaba parte había sido previamente cuestionada por Copérnico, tardaría un tiempo en ser aceptada *como verdad;* de no haber abjurado, Galileo hubiese perdido porque su tesis no era verdadera (lo que llevó a colocar en el Index a los textos de COPÉRNICO). Es todo un *topos* sancionar a Belarmino por su relación con el poder, tal como lo ha hecho notar HORKHEIMER; nosotros también lo hacemos, pero su pecado es la intolerancia, no el error, aunque resulte significativo que el segundo cargo contra Galileo sea que "la pro-

[34] TARUFFO, *Simplemente la verdad*, p. 97.

posición de no ser la Tierra el centro del mundo, ni inmóvil, sino que se mueve, y también con un movimiento diurno, es también absurda, filosóficamente falsa, y teológicamente considerada, por lo menos, errónea en la fe".

§ 8. *El criterio de verdad*

¿Qué significa esto? Que lo que llamamos verdad tiene un estatus provisional (con lo que Popper podría coincidir) y si este es el estatuto del conocimiento fuera del proceso, no podría diferir el régimen de verdad que se admite dentro de él. En nuestro parecer las relaciones de poder que señaló Foucault en sus conferencias se replican aquí bajo otra cara: el poder de Edipo se traslada al juez que sostiene el poder de un Estado que es todopoderoso, precisamente, porque posee "la" verdad. Es en ello donde asentamos la idea de una cierta superioridad epistémica del rol del jurado por sobre la del juez monocrático (otra puede ser la visión en los cuerpos colegiados), bien que no podamos extendernos aquí sobre el punto.

Por su parte, Taruffo afirma categóricamente que no es posible aceptar un concepto relativista de verdad, bien que al hacerlo se refiere a lo que denomina un *relativismo nihilista,* para asumir finalmente como válido el criterio de verdad propuesto por Tarski. Pero seguidamente expone lo que llama distinciones inútiles, y aclara que la *verdad* absoluta o con mayúscula no es cosa humana y que es evidente que ella no pertenece al mundo del derecho o del proceso. Asegura que mientras esta admisión hace caer al absolutista en el escepticismo, nosotros tenemos que admitir que solo podemos enfrentarnos con verdades relativas[35].

Mas dará un nuevo giro y sostendrá que debe insistir en que la verdad, en todo caso, es *objetiva;* que puede ser considerada relativa, pero no en el sentido de que resulte dependiente de las opciones individuales de los sujetos que se ocu-

[35] Taruffo, *Simplemente la verdad,* p. 99.

pan de ella, pues de este modo se caería en un relativismo radical inaceptable, sino más bien que el *conocimiento* de la verdad es relativo al contexto en que aquel sea realizado, al método con el que se desarrolle la investigación y la cantidad y calidad de las informaciones de que se disponga y sobre las cuales se funde el conocimiento; y afirma sin hesitar: "En otras palabras: la verdad de un enunciado está determinada unívocamente por la realidad del evento que representa y, por tanto, es 'absoluta' en el sentido de que no admite graduación. Un enunciado es verdadero o no es verdadero: no puede ser 'más o menos' verdadero. Lo que puede variar según las circunstancias es el grado de confirmación que se puede atribuir a un enunciado sobre la base de los conocimientos disponibles: podrá existir, por tanto, una mayor o menor aproximación a la verdad, de acuerdo al contexto y según las circunstancias"[36].

No podemos menos que acordar y disentir con TARUFFO en este punto; acordar en que podrá existir una mayor o menor aproximación a la verdad de todo enunciado, él mismo ha admitido que un enunciado podría ser verdadero aun sin estar fundado, y uno, como el del cardenal Belarmino, ser falso aunque estuviese fundado. Pero las preguntas, como el mar, revienen: ¿cómo los puede distinguir el juez?, ¿cómo distingue el juez entre el enunciado de Ptolomeo y el de Galileo?, ¿cómo distingue el juez entre el de un médico que dice que las lesiones que padece el obrero son consecuencias de *microtraumatismos* y otro que dice que tal teoría es falsa, que la dolencia obedece al degeneración ósea propia del paso de los años?, ¿cómo entre uno que le dice, fundado en una teoría psicológica, que el sujeto de derecho posee capacidades para conducirse autónomamente y otro que, fundado en la misma teoría pero en otros test, o en distinta teoría, le dice que no?[37].

[36] TARUFFO, *Simplemente la verdad*, p. 99.

[37] Si de paradojas se trata, nos parecen paradigmáticas las advertencias que formula el DSM-IV, *Manual diagnóstico y estadístico de los trastornos mentales*, que podrían resumirse en estas cuatro: *a*) los criterios diagnósticos específi-

Para TARUFFO, lo que es relativo o puede calificarse de relativo es el conocimiento, en la medida en que se basa en razones que hacen probable que una creencia sea verdadera: "El conocimiento es relativo, entonces, a los argumentos que justifican el convencimiento de la verdad de un enunciado" y agrega: "A pesar de ser relativo, el conocimiento de la verdad es también objetivo, porque la justificación del convencimiento verídico no se basa en las preferencias o en las idiosincrasias de sujetos particulares, sino en la aptitud de ese convencimiento para ser expresado en proposiciones que representen al mundo tal cual es"[38].

Pero ¿cómo se puede determinar la "aptitud" de ese convencimiento? ¿Cómo se puede determinar cuáles proposiciones representan el mundo tal cual es? (y dejamos aquí de lado los problemas inherentes al lenguaje y al significado). El problema del juez es cómo corroborar que la nieve es blanca; aceptada la fórmula de TARSKI o no, el problema es el mismo: la primera parte del enunciado se refiere a un enunciado, la segunda al objeto y lo que llaman verdad en un proceso es la verificación de que *p* es el caso.

Para TARUFFO, en el contexto del proceso es apropiado hablar de verdad relativa y objetiva: relativa porque se funda en las pruebas que fueron acercadas a él, *pero es objetiva porque no se funda en las preferencias subjetivas o individuales del juez, o de otros sujetos, sino en razones objetivas que*

---

cos de cada trastorno mental son directrices para establecer el diagnóstico, puesto que se ha comprobado que su uso aumenta el entendimiento entre clínicos e investigadores, pero la correcta aplicación de estos criterios requiere de un entrenamiento especial que proporcione conocimientos y habilidades clínicas; *b*) estos criterios diagnósticos y la clasificación de trastornos mentales reflejan un consenso en este campo, pero no incluyen todas las situaciones que pueden ser objeto de tratamiento o de investigación; *c*) su propósito es proporcionar descripciones claras de las categorías diagnósticas, para diagnosticar, intercambiar información y tratar los trastornos mentales, y *d*) la inclusión de ciertas categorías diagnósticas (como ludopatía y pedofilia) no implica que cumplan criterios legales o no médicos y, he aquí la mayor paradoja: "Las consideraciones clínicas y científicas usadas para categorizar estas alteraciones como trastornos mentales pueden ser irrelevantes a la hora de pronunciarse sobre temas legales, como responsabilidad individual, intencionalidad o competencia".

[38] TARUFFO, *Simplemente la verdad*, p. 100.

justifican el convencimiento del juez y que se derivan de los datos cognoscitivos que resultan de las pruebas[39].

Nuevamente se puede preguntar ¿cómo se obtienen esos datos? La respuesta, en la tradición occidental, para ser congruente con la tesis de TARUFFO, solo puede ser una: a partir del método científico. En primer lugar, el método científico es aplicable a unas pruebas y no a otras (como los testimonios, aun si se avanza en métodos para reducir los errores); en segundo lugar, el método es una tradición que ha dado importantes técnicas para la supervivencia humana, pero, como se sabe desde KUHN, una tradición que vacila, que no es unívoca, como el estudio de la historia de las condiciones de producción y validación de "los" métodos nos revela. Como decía KLIMOVSKY, refiriéndose a KUHN: "A su entender los criterios de aceptación de una teoría deben basarse en factores tales como el consenso de la comunidad científica, de los cuales resultaría que los procedimientos mediante los cuales se obtiene, se discute y se acepta el conocimiento resultan de una intrincada mezcla de aspectos no solo lógicos y empíricos sino también ideológicos, psicológicos y sociológicos"[40].

Los jueces, no sabemos si por desgracia o por fortuna, no poseen habitualmente conocimientos sobre problemas epistemológicos como contexto de descubrimiento, de justificación, o criterio de demarcación, etc.; a los jueces apenas si se les enseña derecho conforme moldes que tampoco suelen ser sometidos a crítica como también ha señalado DUNCAN KENNEDY; bastaría irónicamente recordar que la pretendida ciencia del derecho que se ha autoapodado "dogmática" (en lo que podría constituir un *fallido* en términos freudianos) tiene –como ha señalado LUHMANN– el objeto de "descargar necesidades de argumentación" al sistema.

El punto, nos parece, es que cuando un juez intenta averiguar la naturaleza de un caso puede siempre padecer del mismo problema que aquel sabio del British Museum, que al

[39] TARUFFO, *Simplemente la verdad*, p. 100.

[40] KLIMOVSKY, *Las desventuras del conocimiento científico*, p. 30.

recibir por primera vez el cuerpo disecado de un ornitorrinco, azorado, como aquellos, dirá que se trata del hábil engaño de un taxidermista que ha confeccionado este extraño ser con retazos de otros animales[41].

Los jueces, cuando confeccionan sus sentencias, encaran al mosaico con el que se enfrentan los historiadores, tanto los de lo humano como los de la naturaleza. TARUFFO lo admite, pero insiste en que el procedimiento es (o debiera) ser otro. A pesar de que él mismo ha advertido sobre la *gran distinción* de HUME, parece que voluntaria o involuntariamente cayera en ella.

Pero, aun si se asumiera que decididamente la teoría de TARUFFO es prescriptivista y está pretendiendo indicar a los jueces que deben saber más epistemología y más ciencia, y admitimos que así debe ser, creemos que a su vez coincidirá TARUFFO en que los métodos para evaluar las pruebas del proceso, aun cuando puedan ser conocidos, son en muchos casos inciertos, y que ello aumenta las dificultades de los jueces para construir el mosaico del caso que terminará en muchas ocasiones insinuando la también dudosa figura de un ornitorrinco.

Para agregar más dudas, en este bestiario tenemos el instituto del *fumus bonis iuris*, asociado a los institutos procesales vinculados con medidas urgentes, pero eso ya es *otra narración*.

RESPUESTA DE MICHELE TARUFFO A JORGE DOUGLAS PRICE

El texto de DOUGLAS PRICE es muy interesante por varios motivos, que se refieren a diversos aspectos de mi pensamiento. No puedo discutir aquí analíticamente todas las críticas que él me dirige –algunas de las cuales creo que están suficientemente fundadas– y entonces concentraré mis

[41] ECO, *Kant y el ornitorrinco*, p. 279.

comentarios sobre algunos puntos que me parecen particularmente importantes.

Tal vez el punto más relevante se corresponde con el hecho de que DOUGLAS PRICE y yo partimos de presupuestos filosóficos completamente diferentes. Él insiste sobre todo acerca de la *relatividad cultural* de cualquier discurso y de cualquier forma de conocimiento, y es un *relativista absoluto,* porque en sustancia excluye que se pueda dar alguna forma de discurso y de conocimiento que no dependa directamente de opciones subjetivas de carácter teórico, moral, social, cultural y también ideológico. Si se entienden estas posiciones en términos muy generales, no es fácil contestarlas: cada época y cada lugar tienen su *propia* metafísica y su *propia* cultura, y ningún discurso ni conocimiento pueden prescindir de ellos, pero desde este punto de vista se trata de una banalidad absoluta. Los griegos razonaban como griegos; los iluministas, como iluministas; los posmodernos, como posmodernos; los confucianos como confucianos, y así en más. En este nivel de banalidad se puede estar de acuerdo.

El desacuerdo inicia cuando de estas ideas generalísimas se traen consecuencias más específicas. Por un lado, DOUGLAS PRICE trae la consecuencia de que, dado que todo es culturalmente relativo, no es posible imaginar que exista cualquier forma de conocimiento que pueda ser válida, sea incluso al interior de una cultura determinada, dado que de todos modos existen infinitas otras culturas. Como propósito observo que si se coloca, como me parece obvio, al interior de una cultura filosófica prevalente en Occidente en el siglo XX y hasta ahora, se puede al menos individualizar al menos una opción filosófica y epistémica que permita hablar sensatamente del conocimiento y de la verdad del conocimiento (como buscaré demostrar más adelante).

Por otro lado, DOUGLAS PRICE parece compartir una orientación de radical *relativismo subjetivo* según el cual, dado que cada uno tiene su cultura, su filosofía y su ideología, cada uno posee su subjetiva verdad en cuanto tiene su exclusiva visión del mundo, con un hipótesis distinta de las visiones del mundo de todos los otros. En tal prospectiva, el cardenal Belarmino poseía (¡su!) verdad no de modo diferente de Galileo, y también las ordalías medievales conducían a la verdad (garantizadas sobre todo por la intervención de Dios). Se trata, sin embargo, evidentemente, de una posición extrema y absurda, según la cual todos tendrían su verdad personal, y ninguno, consecuentemente, estaría en error. No es el caso de volver a recorrer aquí las numerosas críticas que a lo largo del tiempo se han dirigido contra las varias formas de relativismo subjetivo[42].

Aquí me limito a indicarle consecuencias desastrosas que derivarían de la aplicación de esta perspectiva teórica al problema de la decisión judicial: cada juez tendría *su* verdad personal, no confrontable con aquella de ningún otro, y tanto menos con la realidad de los hechos que son objeto de decisión; consecuentemente, cada juez se encontraría en una posición de poder absoluto y arbitrario, no criticable y no controlable de algún modo. No me parece, esta, una perspectiva teórica en algún modo aceptable.

Al respecto, el punto más importante es que se puede ser *relativista* sin caer en los extremos del subjetivismo radical. Por ejemplo, estoy de acuerdo en términos generales sobre la relatividad, variedad y variabilidad de las culturas y las ideologías al interior de las cuales es colocado cualquier problema filosófico y cultural, pero esto no implica la disolución de cada dimensión cultural y de alguna referencia intersubjetiva cuando se discuten problemas atinentes al conocimiento, a la racionalidad y al fundamento racional de una decisión. Desde este punto de vista, me parece que es bien posible hablar de la racionalidad *objetiva* de una decisión, y no casualmente existe una vasta literatura que se ocupa de la teoría de la decisión y de los modos racionales de formular decisiones[43].

42 Al respecto remitimos a Marconi, *Per la verità. Relativismo e filosofia.*

43 Cfr., en particular, Kahneman, *Pensieri lenti e veloci*, y, en el ámbito del análisis, Forza - Menegon - Rumiati, *Il giudice emotivo. La decisione tra ragione ed emozione*, para un examen de los errores que pueden viciar una decisión judicial.

Otro aspecto sobre el cual DOUGLAS PRICE asume una posición que no puedo compartir corresponde a las *narraciones* fácticas que se dan en el proceso. Ninguna duda existe acerca de que los hechos entran en el proceso bajo forma de narraciones propuestas por varios sujetos que en él tienen roles y funciones diversas, según se trate de las partes, de los testigos o del juez. No cabe duda, además, que cada uno de estos sujetos propone una narración *propia* individualmente *construida* entre la infinita variedad de las narraciones posibles. Esto no significa, sin embargo, que todas estas tengan el mismo valor, o mejor, la misma falta de cualquier valor, al estar todas constituidas por discursos individuales y subjetivos. Me parece, en cambio, que se debe hacer una clara distinción entre las narraciones de las partes y las de los testigos, que tienen una *pretensión de verdad*, pero que en sí no son verdaderas ni falsas, sino solo hipótesis posibles en torno a los hechos, y la narración del juez, que no es simplemente una hipótesis, sino el fruto de una decisión que debería estar orientada a establecer la verdad de los hechos que son objeto de juicio.

En otros términos, corresponde hacer distinciones relativas al estatus epistémico de las diversas narraciones: existen narraciones, como aquellas de las partes del proceso, que son puramente hipotéticas y entonces no son ni verdaderas ni falsas, y existen otras falsas, como la de un testigo que no dice la verdad, o todas aquellas que no encuentran alguna coincidencia positiva o encuentran solo coincidencias negativas en las informaciones de que se dispone, y, finalmente, hay narraciones verdaderas porque –como diré más adelante– corresponden a la realidad de los hechos que describen.

Una vez más se trata de una distinción absolutamente banal, pero que parece indispensable si se quiere comprender cómo debe ser considerada cualquier narración, sea que se encuentre en el contexto de un proceso, sea que se encuentre en la experiencia de todos los días. También en este punto emerge sin embargo un desacuerdo radical con DOUGLAS PRICE, el cual dice expresamente que los discursos en los cuales se construyen las decisiones son análogos a las narraciones de la ficción literaria y a aquellos de la ciencia: con esto se establece una confusión inextricable en la cual cualquier discurso equivale a cualquier otro discurso, y se pierde de vista la peculiaridad de los diversos discursos que se producen en contextos diferentes.

Emerge entonces en este modo un ulterior motivo de disenso entre quien escribe y DOUGLAS PRICE. El ponente, en verdad, resuelve todos los problemas de la decisión judicial al interior de *discursos* que –como se ha dicho– a su parecer son todos esencialmente *relativos* y consecuentemente son interpretables solo al interior de la dimensión cultural del sujeto específico que los pone en acto. Esto implica una toma de posición esencialmente *antirrealista*, en cuanto él no considera relevante –y probablemente considera imposible– cualquier referencia a una realidad *externa*. Si todo es discurso, y todo se resuelve en el discurso, y cada discurso hecho por cada uno es verdadero sobre la base de la conformidad con la cultura individual del sujeto que discurre, entonces ni siquiera existe el problema de la posible existencia de una realidad empírica, material, histórica, que se encuentra *fuera y más allá* de los discursos. Vale la pena subrayar que yo estoy en completo y radical desacuerdo con estas teorías. Al contrario, comparto una versión moderna y *aggiornada* de la teoría *realista* según la cual existe una realidad empírica por fuera de los discursos que sobre ella se hacen, y existe también la posibilidad de un conocimiento atendible de tal realidad[44].

Esta diferencia de opiniones me parece irreductible: o se cree o no se cree en la existencia del mundo más allá de la propia cultura y más allá de las propias charlas. Si no se cree, y se piensa que el universo está compuesto únicamente de palabras, entonces es evidente que solo podemos tratar con palabras y no con el mundo. En este sentido, me parece evidente que DOUGLAS PRICE cae en lo que se ha definido

[44] Conf., a modo de ejemplo, FERRARIS, *Manifesto del nuovo realismo*; AA. VV., *Bentornata realtà. Il nuovo realismo in discussione*.

como falacia trascendental, que es un error generalizado en la filosofía posmoderna, que consistente en confundir la ontología –o sea aquello que es en la realidad– con la epistemología, es decir, lo que sabemos o pensamos que sabemos, y sobre todo con aquello que decimos saber[45].

La elección de fondo entre antirrealismo y realismo incide directamente también sobre el modo en el que se afronta (o no se afronta) el problema de la verdad en el proceso en general. Si de hecho se acepta –como parece hacerlo Douglas Price– la idea de que toda la realidad con la que nos enfrentamos es la de los discursos que hacen varios sujetos sobre una realidad hipotética (de la que sin embargo se niega o no reconoce la existencia), una consecuencia necesaria es que también la idea de la verdad viene reconducida al interior de las narraciones. En otros términos, si admitimos que estamos discutiendo sobre la verdad de las narraciones, algo que generalmente se evita, el resultado es que una narración se considera verdadera si es *coherente*, es decir, si el discurso es *narrativamente bueno*[46]. Esto solo implica que una narración es coherente con otras narrativas y en sí misma no es contradictoria. En el contexto del juicio, esto significaría que el juez debería basar la decisión final en una narración coherente de los hechos del caso y esto sería necesariamente suficiente para una "buena" decisión. Todo esto, sin embargo, debe tener lugar exclusivamente dentro de la dimensión discursiva producida por las narraciones. Como es sabido, la idea coherentista de la verdad está bastante extendida[47], pero desde hace tiempo está sujeta también a críticas decisivas[48], por lo que no parece intuitivamente necesario compartirla. Por otro lado, debemos considerar que una narración puede ser buena y coherente, pero

[45] Sobre esta falacia, ver en particular Ferraris, *Postverità e altri enigmi*, p. 35.

[46] Sobre el tema, cfr., también para un eficaz análisis crítico, Twining, *Rethinking evidence. Exploratory essays*, p. 283 y 308.

[47] Cfr., por ejemplo, Amaya, "Coherencia y verdad en el derecho", en Cerdio Herrán - Súcar (eds.), *Derecho y verdad*, vol. IV, p. 973.

[48] Ver, en particular, D'Agostini, *Introduzione alla verità*, p. 55 a 58.

falsa, como ocurre en una novela, mientras que otra narración puede no ser buena pero ser cierta[49].

Es cierto, como dice Douglas Price, que vivimos dentro de narraciones aceptadas, pero también es cierto que a menudo se trata de narraciones falsas, como aquella que aceptaba el cardenal Belarmino, y con él la Iglesia y millones de personas, o aquellas que se encuentran en la mayor parte de los discursos de los políticos y de la publicidad comercial.

Por el contrario, en el ámbito de las numerosas teorías de la verdad, que aquí no pueden ser discutidas, se manifiesta aquello que se ha definido como "la primacía de la verdad realista"[50], es decir, la prevalencia de la idea de que es la propia realidad acerca de la que estamos hablando la que ha de determinar la verdad o falsedad de lo que se dice en torno a ella. Naturalmente, esto presupone una opción metafísica de naturaleza realista, dado que solo admitiendo la existencia de la realidad se puede pensar que ella determina la verdad o la falsedad de los discursos que se hacen a su respecto; por lo tanto, la idea de verdad realista no puede ser aceptada por antirrealistas[51]. Por lo tanto, reaparece en versión moderna una idea de la verdad que se remonta a Aristóteles, o sea la concepción de la verdad fundada sobre la *correspondencia* de los enunciados fácticos con la realidad que tales enunciados describen[52]. Por otro lado, alguna forma de *external realism* no es una simple teoría que pueda ser compartida o rechazada, sino que es una condición necesaria para que se puedan tener opiniones y hacerse discursos sobre la realidad[53]. Sin embargo, Douglas Price no comparte este punto de vista, y está convencido de que no existe un método racional que permita conocer la realidad como una entidad independiente de la experiencia subjetiva: tal vez él no cae plenamente en la cuenta, pero de esta ma-

[49] Taruffo, *La semplice verità. Il giudice e la costruzione dei fatti*, p. 69.

[50] Cfr. D'Agostini, *Introduzione alla verità*, p. 86.

[51] Sobre el tema, ver también D'Agostini, *Introduzione alla verità*, p. 189.

[52] Para todo el tema, ver D'Agostini, *Introduzione alla verità*, p. 48.

[53] Ver Searle, *Mind, language and society. Philosophy in the real world*, p. 32.

nera elimina completamente "la fiabilidad de cualquier conocimiento racionalmente justificado" y, en sustancia, incluso de cualquier conocimiento científico.

Las consideraciones de orden general que hasta ahora he desarrollado tienen consecuencias sobre la forma en que el problema de la verdad se formula en las decisiones judiciales. A decir verdad, DOUGLAS PRICE, evita sustancialmente ocuparse de ello, con argumentos envueltos en un confuso relativismo discursivo. Si para él, como ya he mencionado, entre la reconstrucción de los hechos realizada por el juez y la página de una novela no hay diferencia alguna, es claro que la decisión del juez pierde toda relevancia y, en sustancia, no interesa establecer si ella es o no es en algún sentido verdadera.

También sobre este problema mi desacuerdo es neto, por, al menos, dos razones, que sintetizo porque he hablado difusamente en otros diversos escritos[54].

La primera razón es esencialmente legal (y luego explico por qué DOUGLAS PRICE no la tiene en cuenta). Se deriva del hecho de que la decisión judicial debe basarse en una correcta interpretación y aplicación del Estado de derecho que se refiere al caso concreto, pero tal correcta aplicación implica que la verdad de los hechos del caso ha sido establecida, dado que se aplica la norma en cuestión. Si estos hechos (definidos por *abstrakte Tatbestand* de la norma) no se han verificado, o se han verificado hechos diferentes, esa norma no puede aplicarse válidamente y, si lo es, el resultado es la injusticia de la decisión. Se trata de lugares comunes actualmente aceptados en general en la teoría del derecho y del proceso, y no se ve por qué deban ser rechazados. Aquí interesa, sin embargo, un aspecto específico, esto es, se puede hablar de justicia de la decisión *si y solo si* se basa en una evaluación justificada de la verdad de los hechos que constituyen el *Tatbestand konkrete* al que la norma se refiere.

[54] Ver, en particular, TARUFFO, *La semplice verità. Il giudice e la costruzione dei fatti*, p. 97 y 113.

Por el contrario, cualquier decisión que no tenga en cuenta esta verdad o que la desconozca, o que de algún modo sea falsa, se configura como radicalmente injusta.

La segunda razón es que el proceso no tiene lugar en otro mundo, y no se trata solo de palabras y discursos. Por el contrario, está dirigido a tomar decisiones que, como ya se ha dicho, deben aplicar válidamente normas a *hechos*, y estos hechos no pueden ser otros que eventos verificados en la *realidad*, o sea en la vida concreta y material de las personas involucradas. Estas no son abstracciones lingüísticas, circunstancias que se suponen histórica y empíricamente ocurridas. Ellas vienen, es cierto, "renarradas" en el proceso, pero a fin de determinar si las narraciones relacionadas son verdaderas o falsas. Es entonces que una consideración adecuada de lo que sucede en el proceso implica la adopción de dos de las premisas mencionadas anteriormente, en neta contraposición con el pensamiento de DOUGLAS PRICE: por un lado, la orientación que admite la existencia de un una realidad externa a los discursos que se realizan sobre ella, y por lo tanto la aceptación de una filosofía realista, y por otro lado la adopción de un concepto de verdad como correspondencia, según el cual es la realidad la que establece la verdad o falsedad de las narraciones que se ocupan de ella.

Respecto de la verdad judicial, tal vez vale la pena mencionar una consideración final, para aclarar una vez más la diferencia respecto del pensamiento de DOUGLAS PRICE. Un cliché generalmente aceptado, y que no merece ser discutido analíticamente en el contexto actual, dice que no hay –o sin embargo no son alcanzables– sino dentro de alguna religión fundamentalista, verdades absolutas: la misma ciencia es falible y variable, y como regla en la experiencia común, así como en el contexto del proceso, solo es posible establecer verdades relativas. En este sentido, sin embargo, es preciso realizar una aclaración.

Por un lado, esto muestra cómo es esencialmente errado el argumento de quien asume la actitud popperiana del "absolutista decepcionado" y piensa que si no es posible alcanzar verdades absolutas, entonces no es posible llegar a *ninguna* verdad. Se trata de una actitud generalizada entre los procesalistas, incluso autorizados[55], pero que es completamente infundada, puesto que es evidente que tanto en el proceso como fuera de él se alcanzan verdades relativas.

Por el otro lado es necesario, sin embargo, observar que aquí no está en juego la *relatividad subjetiva* de la que se ha hablado precedentemente, según la cual cada sujeto singular tiene *su propia* verdad, de modo que el error no existe y no importa establecer si aquello que cada uno piensa o dice es verdadero o falso. Se trata en cambio de una *relatividad objetiva*: cualquier afirmación respecto de un hecho puede considerarse verdadera *en la medida en que* sea confirmada racionalmente por todas las informaciones relevantes que se refieren a ella. Esto vale en la vida cotidiana, en la que se establecen hechos sobre los que se toman decisiones, sobre la base de informaciones que jamás son todas las informaciones posibles en abstracto, pero son las informaciones concretamente disponibles en cada situación concreta. Esto también vale en el contexto del proceso, en el que la decisión sobre los hechos del caso está relacionada con la cantidad y calidad de las pruebas que se pueden utilizar. Por esta razón, es necesario maximizar el *weight of evidence* disponible en cada caso, porque esto favorecería la obtención de una decisión correcta y veraz en el mayor grado posible[56].

Esto lleva a subrayar que en el proceso se considera como verdadera, y el juez la determina como tal, la narración de los hechos que alcanza el grado de confirmación probatoria requerida por el estándar de prueba que se aplica

[55] Un caso paradigmático es el de CARNELUTTI, sobre el cual ver TARUFFO, *Carnelutti e la teoria della prova*, "Rivista Trimestrale di Diritto e Proceduria Civile", 2016, p. 401.

[56] Cfr., en particular, NANCE, *The burdens of proof. Discriminatory power, weight of evidence, and tenacity of belief.*

en el caso específico. En esencia, en el proceso es verdadero aquello que resulta probado a la luz de una evaluación analítica y exhaustiva que puede y debe ser formulada por el juez de acuerdo con criterios de racionalidad y en la que debe utilizar toda la evidencia disponible[57].

[57] Ver, sobre el tema, FERRER BELTRÁN, *La valutazione razionale della prova*.

BIBLIOGRAFÍA

AA.VV., *Bentornata realtà. Il nuovo realismo in discussione*, Torino, Einaudi, 2012.

— *El precedente judicial y el ejercicio del derecho ante las altas cortes*, Medellín, Universidad de Medellín, 2015.

— *Estudios sobre la prueba*, México, Instituto de Investigaciones Jurídicas - Unam, 2006.

— *Garantismo y crisis de la justicia*, Medellín, Universidad de Medellín, 2010.

— *Giurisprudenza e scienza*, Roma, Bardi, 2017.

— *La fabbrica delle interpretazioni*, Milano, Giuffrè, 2012.

AARNIO, AULIS, "Precedent in Finland", en MACCORMICK, NEIL - SUMMERS, ROBERT S. (eds.), *Interpreting precedents. A comparative study*, Aldershot, Ashgate - Dartmouth, 1997.

AGUILÓ REGLA, JOSEP-VIGO, RODOLFO, *Fuentes del derecho*, Bs. As., Astrea, 2018.

AINIS, MICHELE, *La legge oscura. Come e perché non funziona*, Bari, Laterza, 2002.

ALCHOURRÓN, CARLOS E. - BULYGIN, EUGENIO, *Análisis lógico y derecho*, Madrid, Centro de Estudios Constitucionales, 1991.

ALEXY, ROBERT, *Argumentación, derechos humanos y justicia*, con la coordinación de JUAN P. ALONSO y RENATO RABBI-BALDI CABANILLAS, Bs. As., Astrea, 2019.

ALEXY, ROBERT - DREIER, RALF, "Precedent in the Federal Republic of Germany", en MACCORMICK, NEIL - SUMMERS, ROBERT S. (eds.), *Interpreting precedents. A comparative study*, Aldershot, Ashgate - Dartmouth, 1997.

AMAYA, AMALIA, "Coherencia y verdad en el derecho", en CERDIO HERRÁN, JORGE - SÚCAR, GERMÁN (eds.), *Derecho y verdad*, Valencia, Tirant lo Blanch, 2017.

ANDRÉS IBÁÑEZ, PERFECTO, *Acerca de la motivación de los hechos en la sentencia penal*, "Doxa", nº 12, 1992, p. 257.

— *De nuevo sobre la motivación de los hechos. Respuesta a Manuel Atienza*, "Jueces para la Democracia", nº 22, feb. 1994, p. 87.

— "La 'cara oculta' de las garantías procesales", en AA.VV., *Garantismo y crisis de la justicia*, Medellín, Universidad de Medellín, 2010.

Andrews, Neil, *The United Kingdom's Supreme Court: four hopes (individual modesty; institutional neutrality; a diverse case load; clear and succinct judgments)*, "Annuario di Diritto Comparato e Studi Legislativi", 2011, p. 129.

Arazi, Roland (dir.), *Prueba ilícita y prueba científica*, Santa Fe, Rubinzal-Culzoni, 2008.

Arendt, Hannah, *Entre el pasado y el futuro. Ocho ejercicios sobre la reflexión política*, Barcelona, Península, 1996.

— "Verdad y política", en Arendt, Hannah, *Entre el pasado y el futuro. Ocho ejercicios sobre la reflexión política*, Barcelona, Península, 1996.

Atienza, Manuel, *Argumentación legislativa*, Bs. As., Astrea, 2019.

— *Una filosofía del derecho para el mundo latino. Otra vuelta de tuerca*, "Doxa", vol. 37, 2014, p. 299.

Bachelard, Gastón, *La formación del espíritu científico*, Bs. As., Siglo Veintiuno, 1972.

Bahdi, Reem, *Globalization of judgment: transjudicialism and the five faces of international law in domestic courts*, "George Washington International Law Review", vol. 34, 2002-2003, p. 555.

Bahia, Alexandre G., *As súmulas vinculantes e a Nova Escola da Exegese*, "Revista de Processo", nº 206, p. 362.

Bankowski, Zenon - MacLean, James (eds.), *Between the universal and the particular in legal reasoning*, Aldershot, Ashgate, 2006.

Bankowski, Zenon - MacCormick, D. Neil - Marshall, Geoffrey, "Precedent in the United Kingdom", en MacCormick, Neil - Summers, Robert S. (eds.), *Interpreting precedents. A comparative study*, Aldershot, Ashgate - Dartmouth, 1997.

Bergholtz, Gunnar - Peczenik, Aleksander, "Precedent in Sweden", en MacCormick, D. Neil - Summers, Robert S. (eds.), *Interpreting precedents. A comparative study*, Aldershot, Ashgate - Dartmouth, 1997.

Berizonce, Roberto O., *Control judicial de la prueba científica*, "Revista de Derecho Procesal", nº 2, 2005, p. 157.

Bidart Campos, Germán, *Medios probatorios que requieren prestar el cuerpo propio, ED*, 150-524.

Bin, Roberto, *A discrezione del giudice: ordine e disordine: una prospettiva "quantistica"*, 2ª ed., Milano, Franco Angeli, 2014.

Bobbio, Norberto, *Contribución a la teoría del derecho*, Valencia, F. Torres, 1980.

Borges, Jorge L., *Finzioni*, Torino, Einaudi, 1955.

— "Il giardino dei sentieri che si biforcano", en Borges, Jorge L., *Finzioni*, Torino, Einaudi, 1955.

Bouvier, Hernán G., *Particularismo y derecho. Un abordaje postpositivista en el ámbito práctico*, Madrid, Marcial Pons, 2012.

Brenner, Saul - Spaeth, Harold J., *Stare indecisis. The alteration of precedents in the Supreme Court. 1946-1992*, Cambridge, Cambridge University Press, 1995.

Bulygin, Eugenio, "Sentencia judicial y creación del derecho", en Alchourrón, Carlos E. - Bulygin, Eugenio, *Análisis lógico y derecho*, Madrid, Centro de Estudios Constitucionales, 1991.

Bustamante Rúa, Mónica (coord.), *Proceso judicial y cultura, una mirada global*, Medellín, Universidad de Medellín, 2013.

Cadiet, Loïc, *Le rôle institutionnel et politique de la Cour de Cassation en France: tradition, transition, mutation?*, "Annuario di Diritto Comparato e di Studi Legislativi", 2011, p. 183.

Calamandrei, Piero, *Casación civil*, trad. S. Sentís Melendo - M. Ayerra Redín, Bs. As., Ejea, 1959.

— "El juez y el historiador", en Calamandrei, Piero, *Estudios sobre el proceso civil*, trad. S. Sentís Melendo, Bs. As., Bibliográfica Argentina, 1961.

— *Estudios sobre el proceso civil*, trad. S. Sentís Melendo, Bs. As., Bibliográfica Argentina, 1961.

— "La cassazione civile. II. Disegno generale dell'istituto", en Calamandrei, Piero, *Opere giuridiche*, Napoli, Morano, 1976.

— *Opere giuridiche*, Napoli, Morano, 1976.

Calvo González, José, *La verdad de la verdad judicial. Construcción y régimen narrativo*, "Rivista Internazionale di Filosofia del Diritto", fasc. 1, 1999.

Canale, Damiano, *Conflitti pratici. Quando il diritto diventa immorale*, Bari - Roma, Laterza, 2017.

Castro, Edgardo (comp.), *El vocabulario de Michel Foucault, un recorrido alfabético por sistemas, conceptos y autores*, Bs. As., Universidad de Quilmes, 2003.

Cerdio Herrán, Jorge - Súcar, Germán (eds.), *Derecho y verdad*, Valencia, Tirant lo Blanch, 2017.

Chaumet, Mario E., *Argumentación*, Bs. As., Astrea, 2019.

— *Constitucionalización del derecho. Necesidad de asumir un cambio de paradigma para la adjudicación judicial*, "Revista del Colegio de Magistrados y Funcionarios del Poder Judicial de la Provincia de Santa Fe", nº 2, 2012, p. 194.

Chaumet, Mario E. - Meroi, Andrea A., *Constitucionalización del derecho y recodificación del derecho privado: ¿será en definitiva el derecho solo el juego de los jueces?*, en prensa.

CHIASSONI, PIERLUIGI, "Il precedente giudiziale: tre esercizi di disincanto", en CALAMANDREI, PIERO - GUASTINI, RICCARDO (eds.), *Analisi e diritto 2004. Ricerche di giurisprudenza analitica*, Torino, Giappichelli, 2005.

CIURO CALDANI, MIGUEL Á., *Derecho y política*, Bs. As., Depalma, 1976.

— *El juez en el cambio histórico*, *LL*, 2001-D-1150.

— *Estudios de filosofía jurídica y filosofía política*, Rosario, Fundación para las Investigaciones Jurídicas, 1982-1984.

— *La conjetura del funcionamiento de las normas jurídicas. Metodología jurídica*, Rosario, Fundación para las Investigaciones Jurídicas, 2000.

— *La teoría trialista del mundo jurídico, superación de la insuficiencia de los paradigmas jurídicos de nuestro tiempo*, "Boletín del Centro de Investigaciones de Filosofía Jurídica y Filosofía Social", nº 18, p. 19.

— *Las teorías jurídicas y la sociedad civil*, *JA*, 2007-I-1000.

CLARK, DAVID S. (ed.), *Encyclopedia of law & society. American and global perspectives*, Los Angeles, Sage, 2007.

COMANDUCCI, PAOLO, "La interpretación jurídica", en FERRER BELTRÁN, JORDI - RATTI, GIOVANNI B. (eds.), *El realismo jurídico genovés*, Madrid, Marcial Pons, 2011.

COMANDUCCI, PAOLO - GUASTINI, RICCARDO (eds.), *Analisi e diritto 2004. Ricerche di giurisprudenza analitica*, Torino, Giappichelli, 2005.

CROSS, RUPERT - HARRIS, J. W., *Precedent in english law*, Oxford, Oxford University Press, 1991.

D'AGOSTINI, FRANCA, *Introduzione alla verità*, Torino, Bollati Boringhieri, 2011.

D'ALESSANDRO, ELENA, *Il procedimento pregiudiziale interpretativo dinanzi alla Corte di Giustizia. Oggetto ed efficacia della pronuncia*, Torino, Giappichelli, 2012.

DABOVE, MARÍA I., *El derecho como complejidad de saberes diversos*, "Ideas y Derecho. Anuario de la Asociación Argentina de Filosofía del Derecho", año III, nº 3, 2003, p. 95.

DAMARIS PABÓN, GIRALDO, "Incidencia de criterios jurisprudenciales desarrollados por algunos tribunales internacionales en las reformas procesales y práctica judicial colombiana", en AA.VV., *El precedente judicial y el ejercicio del derecho ante las altas cortes*, Medellín, Universidad de Medellín, 2015.

DAMAŠKA, MIRJAN R., *Evidence law adrift*, New Heaven, Yale University Press, 1997.

— *Rational and irrational proof revisited*, "Cardozo Journal of International and Comparative Law", nº 5, 1997, p. 25.

— *Truth in adjudication*, "Hastings Law Journal", nº 49, Jan. 1998, p. 289.

DENTI, VITTORIO, "Cientificidad de la prueba y libre valoración del juzgador", presentada en V Congreso Internacional de Derecho Procesal, México, 1972.

DONINI, MASSIMO, *Europeismo giudiziario e scienza penale. Dalla dogmatica classica alla giurisprudenza-fonte*, Milano, Giuffrè, 2011.

DOUGLAS PRICE, JORGE E., *La decisión judicial*, Santa Fe, Rubinzal-Culzoni, 2012.

DUXBURY, NEIL, *The nature and authority of precedent*, New York, Cambridge University Press, 2008.

ECO, UMBERTO, *Kant y el ornitorrinco*, Barcelona, Lumen, 1999.

ENG, SVEIN, "Precedent in Norway", en MACCORMICK, NEIL - SUMMERS, ROBERT S. (eds.), *Interpreting precedents. A comparative study*, Aldershot, Ashgate - Dartmouth, 1997.

ENGEL, PASCAL - RORTY, RICHARD, *¿Para que sirve la verdad?*, Bs. As., Paidós, 2007.

EROSTARBE, IZASKUN I., *Psicología del testimonio*, Donostia, Erein, 2000.

FALCÓN, ENRIQUE M., *Manual de referencia para la evidencia científica*, Washington, Centro Judicial Federal, 2000.

— "Pruebas científicas", presentada en XXIV Congreso Nacional de Derecho Procesal, Mar del Plata, 2007.

— *Tratado de la prueba*, 2ª ed., Bs. As., Astrea, 2009.

FERRAJOLI, LUIGI, *Derecho y razón*, Madrid, Trotta, 1998.

— *Principia iuris. Teoria del diritto e della democrazia*, Roma - Bari, Laterza, 2007.

FERRARIS, MAURIZIO, *Manifesto del nuovo realismo*, Roma-Bari, 2012.

— *Postverità e altri enigmi*, Bologna, il Mulino, 2017.

FERRATER MORA, JOSÉ, *Diccionario de filosofía*, Madrid, Alianza, 1983.

FERRER BELTRÁN, JORDI, *La valutazione razionale della prova*, Milano, Giuffrè, 2007.

— *Prueba y verdad en el derecho*, Madrid, Marcial Pons, 2005.

— "Sobre la posibilidad del error judicial y los desacuerdos irrecusables en el derecho. Once comentarios a las tesis de José Juan Moreso", en MORESO, JOSÉ J. - PRIETO SANCHÍS, LUIS - FERRER BELTRÁN, JORDI, *Los desacuerdos en el derecho*, Madrid, Fundación Coloquio Jurídico Europeo, 2010.

— "Un jurista pluridisciplinar: en torno al pensamiento de Michele Taruffo", *YouTube*, www.youtube.com/watch?v=mTsT0J8qZWQ&list=PLkf6kBA56LKwbXLpptAlugRAaN7RP8Tij.

FERRER BELTRÁN, JORDI - RATTI, GIOVANNI B. (eds.), *El realismo jurídico genovés*, Madrid, Marcial Pons, 2011.

FERRER BELTRÁN, JORDI - RODRÍGUEZ, JORGE L., *Sobre dinámica jurídica y jerarquías normativas: algunas respuestas a los críticos*, "Analisi e Diritto", 2013, p. 95.

FERRER BELTRÁN, JORDI - VÁZQUEZ, CARMEN (eds.), *Debatiendo con Taruffo*, Madrid, Marcial Pons, 2016.

Ferreyra de De la Rúa, Angelina - Bella, Gabriela M., "Prueba científica. Examen de ADN y otros análogos. Inspección corporal", en Arazi, Roland (dir.), *Prueba ilícita y prueba científica*, Santa Fe, Rubinzal-Culzoni, 2008.

Feyerabend, Paul, *Contra el método. Esquema de una teoría anarquista del conocimiento*, Barcelona, Ariel, 1974.

— *¿Por qué no Platón?*, Madrid, Tecnos, 1985.

Forza, Antonio - Menegon, Giulia - Rumiati, Rino, *Il giudice emotivo. La decisione tra ragione ed emozione*, Bologna, il Mulino, 2017.

Foucault, *Genealogía del racismo*, La Plata, Altamira, 1996.

— *La verdad y las formas jurídicas*, Barcelona, Gedisa, 1999.

— *Las palabras y las cosas*, Bs. As., Siglo Veintiuno, 1985.

Frank, Jerome, *Derecho e incertidumbre*, Bs. As., Centro Editor de América Latina, 1968.

Frosini, Vittorio, *Ordine e disordine nel diritto*, Napoli, Guida, 1979.

Gadamer, Hans-Georg, *Verdad y método. Fundamentos de una hermenéutica filosófica*, Salamanca, Sígueme, 1988.

— *Verità e metodo*, Milano, Bompiani, 2000.

García Ramírez, Sergio G., "Relación entre la jurisdicción interamericana y los Estados (sistemas nacionales). Algunas cuestiones relevantes", en AA.VV., *El precedente judicial y el ejercicio del derecho ante las altas cortes*, Medellín, Universidad de Medellín, 2015.

Gascón Abellán, Marina, *La técnica del precedente y la argumentación racional*, Madrid, Tecnos, 1993.

— *Los hechos en el derecho. Bases argumentales de la prueba*, Madrid, Marcial Pons, 1999.

Gianformaggio, Letizia - Jori, Mario (eds.), *Scritti per Uberto Scarpelli*, Milano, Giuffrè, 1998.

Giannini, Leandro J., *El certiorari. La jurisdicción discrecional de las cortes supremas*, La Plata, Platense, 2016.

Goldschmidt, Werner, *Introducción filosófica al derecho*, Bs. As., Depalma, 1987.

Goldstein, Laurence (ed.), *Precedent in law*, Oxford, Clarendon Press, 1987.

González Lagier, Daniel, *Hechos y argumentos. Racionalidad epistemológica y prueba de los hechos en el proceso penal (I y II)*, "Jueces para la Democracia", nº 46-47, 2003.

— *Los hechos bajo sospecha. Sobre la objetividad de los hechos y el razonamiento judicial*, "Analisi e Diritto", 2000, p. 36.

— *Quæstio facti. Ensayos sobre prueba, causalidad y acción*, Lima - Bogotá, Palestra - Temis, 2005.

Graham, Michael H., *Federal rules of evidence in a nutshell*, St. Paul, West Academic Publishing, 2015.

GROPPI, TANIA, "El uso de precedentes extranjeros por parte de las cortes constitucionales", en AA.VV., *El precedente judicial y el ejercicio del derecho ante las altas cortes,* Medellín, Universidad de Medellín, 2015.

GROSSI, PAOLO, *Universalismo e particolarismo nel diritto,* Napoli, Editoriale Scientifica, 2011.

GUASTINI, RICCARDO, *L'interpretazione dei documenti normativi,* Milano, Giuffrè, 2004.

HAACK, SUSAN, *Evidence and inquiry. A pragmatist reconstruction of epistemology,* Amherst, Prometheus Books, 2009.

— *Evidence matters. Science, proof and truth in the law,* New York, Cambridge University Press, 2014.

HAYLES, KATHERINE (ed.), *Chaos and order. Complex dynamics in literature and science,* Chicago - London, The University of Chicago Press, 1991.

HIGASHIYAMA, EDUARDO, *Teoria do direito sumular,* "Revista de Processo", 2011, p. 74.

HONDIUS, EWOUD (ed.), *Precedent and the law,* Bruxelles, Bruylant, 2007.

HRUSCHKA, JOACHIM, *Die Konstitution des Rechtsfalles. Studien zum Verhältnis von Tatsachenfestellung und Rechtsanwendung,* Berlin, Duncker & Humblot, 1965.

KAHNEMAN, DANIEL, *Pensieri lenti e veloci,* Milano, Mondadori, 2012.

KLIMOVSKY, GREGORIO, *Las desventuras del conocimiento científico. Una introducción a la epistemología,* Bs. As., A-Z, 1999.

KUHN, THOMAS S., *La estructura de las revoluciones científicas,* México, Fondo de Cultura Económica, 1980.

— *La tensión esencial,* México, Fondo de Cultura Económica, 1996.

LAMARQUE, ELISABETTA, *Le relazioni tra l'ordinamento nazionale, sovranazionale e internazionale nella tutela dei diritti,* "Diritto Publico", 2013, p. 727.

LAPENTA, EDUARDO V. - RONCHETTI, ALFREDO F. (coords.), *Derecho y complejidad en homenaje al Prof. Miguel Ángel Ciuro Caldani,* Tandil, Universidad Nacional del Centro de la Provincia de Buenos Aires, 2011.

— *Le nuove leggi civili commentate,* Padova, Cedam, 1978-2019.

LOPES FILHO, JURACI M., *Os precedentes judiciais no constitucionalismo brasileiro contemporâneo,* Salvador, Bahia, JusPodivm, 2016.

MACCORMICK, NEIL, "Particulars and universals", en BANKOWSKI, ZENON - MACLEAN, JAMES (eds.), *The universal and the particular in legal reasoning,* Aldershot, Ashgate, 2006.

— "Why cases have rationes and what there are", en GOLDSTEIN, LAURENCE (ed.), *Precedent in law,* Oxford, Clarendon Press, 1987.

MACCORMICK, NEIL - SUMMERS, ROBERT S. (eds.), *Interpreting precedents. A comparative study,* Aldershot, Ashgate - Dartmouth, 1997.

MANES, VITTORIO, *Il giudice nel labirinto. Profili delle intersezioni tra diritto penale e fonti sovranazionali*, Roma, Dike, 2012.

MARCONI, DIEGO, *Per la verità. Relativismo e filosofia*, Torino, Einaudi, 2007.

MARINONI, LUIZ G., *O STJ enquanto corte de precedentes. Recompreensão do sistema processual da Corte Suprema*, São Paulo, Revista dos Tribunais, 2013.

— *Precedentes obrigatórios*, São Paulo, Revista dos Tribunais, 2012.

MARKESINIS, BASIL - FEDTKE, JÖRG, *Engaging with foreign law*, Oxford - Portland, Hart, 2009.

— *Judicial recourse to foreign law. A new source of inspiration?*, London, Routledge-Cavendish, 2006.

MARSHALL, JEFFREY, *Trentatré cose che si possono fare con i precedenti*, "Ragion Pratica", fasc. 6, 1996, p. 29.

MATURANA ROMESÍN, HUMBERTO, *La objetividad. Un argumento para obligar*, Santiago de Chile, Dolmen, 1997.

MAZZARESE, TECLA (ed.), *Neocostituzionalismo e tutela (sovra)nazionale dei diritti fondamentali*, Torino, Giappichelli, 2002.

MENICOCCI, ALEJANDRO A., *Complejidad y simplicidad en la conceptualización del derecho*, "Boletín del Centro de Investigaciones de Filosofía Jurídica y Filosofía Social", nº 10, 1988, p. 43.

MEROI, ANDREA A., "El derecho procesal y la metodología jurídica trialista", en LAPENTA, EDUARDO V. - RONCHETTI, ALFREDO F. (coords.), *Derecho y complejidad en homenaje al Prof. Miguel Ángel Ciuro Caldani*, Tandil, Universidad Nacional del Centro de la Provincia de Buenos Aires, 2011.

— *La emergencia y el derecho procesal (el derecho procesal de la anarquía)*, *JA*, número especial "Emergencia y revisión de los contratos", 4/12/02, p. 49.

MEROI, ANDREA A. - CHAUMET, MARIO E., *Argumentación y constatación de hechos en la decisión judicial*, "Revista de la Facultad de Derecho de la UNR", nº 20, 2012, p. 383.

MIDÓN, MARCELO S., *Pericias biológicas*, Mendoza, Ediciones Jurídicas Cuyo, 2005.

MITIDIERO, DANIEL, *Precedentes da persuasão à vinculação*, São Paulo, Revista dos Tribunais, 2017.

MONETA, GABRIELE, *I mutamenti nella giurisprudenza della cassazione civile. Ottocentosessantasette casi di contrasto nel quinquennio 1988-1992*, Padova, Cedam, 1993.

MONTERO AROCA, JUAN, *Valoración de la prueba, reglas legales, garantía y libertad en el proceso civil*, "Revista de Derecho Procesal Garantista", 2007, p. 4.

MORELLO, AUGUSTO M., *La prueba científica*, *LL*, 1999-C-897.

MORESO, JOSÉ J., "La doctrina Julia Roberts y los desacuerdos irrecusables", en MORESO, JOSÉ J. - PRIETO SANCHÍS, LUIS - FERRER BELTRÁN, JORDI, *Los desacuerdos en el derecho*, Madrid, Fundación Coloquio Jurídico Europeo, 2010.

MORESO, JOSÉ J. - PRIETO SANCHÍS, LUIS - FERRER BELTRÁN, JORDI, *Los desacuerdos en el derecho*, Madrid, Fundación Coloquio Jurídico Europeo, 2010.

MUÑOZ, JACOBO - VELARDE, JULIÁN, *Compendio de epistemología*, Madrid, Trotta, 2000.

MURRAY, PETER L. - STÜRNER, ROLF H., *German civil justice*, Durham, Carolina Academic Press, 2004.

NANCE, DALE A., *The burdens of proof. Discriminatory power, weight of evidence, and tenacity of belief*, Cambridge, Cambridge University Press, 2016.

NIEVA FENOLL, JORDI, *La valoración de la prueba*, Madrid - Barcelona - Bs. As., Marcial Pons, 2010.

PALAZZO, FRANCESCO, *Il diritto penale tra universalismo e particolarismo*, Napoli, Editoriale Scientifica, 2011.

PANIGADI, MARIELA - MOSMANN, MARÍA V. (coords.), *Problemática de la prueba*, Bs. As., Astrea, 2018.

PASTORE, BALDASSARE, *Decisioni, argomenti, controlli. Diritto positivo e filosofia del diritto*, Torino, Giappichelli, 2015.

PECES MORATE, JESÚS E., *Valor de la jurisprudencia*, "Estudios de Derecho Judicial", nº 34, 2001.

PECZENIK, ALEKSANDER, "The binding force of precedent", en MACCORMICK, NEIL - SUMMERS, ROBERT S. (eds.), *Interpreting precedents. A comparative study*, Aldershot, Ashgate - Dartmouth, 1997.

PESCE, GIOVANNI, *L'adunanza plenaria del Consiglio di Stato e il vincolo del precedente*, Napoli, Editoriale Scientifica, 2012.

PISCITELLI, ALEJANDRO, *Ciencia en movimiento. La construcción social de los hechos científicos*, Bs. As., Centro Editor de América Latina, 1995.

PIZZORUSSO, ALESSANDRO, *Fonti del diritto*, Bologna - Roma, Zanichelli, 2011.

PORUSH, DAVID, "Fiction as dissipative structures. Prigogine's theory and postmodernism's roadshow", en HAYLES, KATHERINE (ed.), *Chaos and order. Complex dynamics in literature and science*, Chicago - London, The University of Chicago Press, 1991.

PRIGOGINE, ILYA, *El futuro no está escrito*, "Clarín", 11/9/00.

— *Le leggi del caos*, Bari, Laterza, 1993.

PRIGOGINE, ILYA - STENGERS, ISABELLE, *La nuova alleanza. Metamorfosi della scienza*, Torino, Einaudi, 1999.

RABBI-BALDI CABANILLAS, RENATO, *Interpretación jurídica*, Bs. As., Astrea, 2020.

RICCI, GIAN F., *Il giudizio civile di cassazione*, Torino, Giappichelli, 2013.

ROBERTS, PAUL, "¿Fue el bebé sacudido? Prueba, pericia y epistemología jurídica en el proceso penal inglés", en VÁZQUEZ, CARMEN (ed.), *Estándares de prueba y prueba científica. Ensayos de epistemología jurídica*, Madrid, Marcial Pons, 2013.

ROJAS LÓPEZ, JUAN G., "Reflexiones en torno a la aplicación del precedente jurisprudencial en el campo administrativo", en AA.VV., *El precedente judicial y el ejercicio del derecho ante las altas cortes*, Medellín, Universidad de Medellín, 2015.

RORTY, RICHARD, *Objetividad, relativismo y verdad*, Barcelona, Paidós, 1996.

RUDOVKAS, ANTON, "Precedente giudiziario come fonte di diritto nell'ordinamento giuridico della Federazione Russa", en VACCA, LETIZIA (ed.), *Casistica e giursprudenza. Convegno ARISTEC. Roma 22-23 febbraio 2013*, Napoli, Jovene, 2014.

SACCO, RODOLFO, *Il diritto tra uniformazione e particolarismi*, Napoli, Editoriale Scientifica, 2011.

SCHAUER, FREDERIK, *Thinking like a lawyer*, Cambridge, Harvard University Press, 2009.

SEARLE, JOHN R., *Mind, language and society. Philosophy in the real world*, New York, Basic Books, 1999.

SERIO, MARIO, "La rilevanza del fatto nella struttura del precedente giudiziario inglese", en VACCA, LETIZIA (ed.), *Casistica e giurisprudenza. Convegno ARISTEC. Roma 22-23 febbraio 2013*, Napoli, Jovene, 2014.

SLAUGHTER, ANNE-MARIE, *Judicial globalization*, "Virginia Journal of International Law", vol. 40, 1999-2000.

SMITH, KERI, *Caos*, Torino, 2008.

SNOW, CHARLES P., *Las dos culturas. Un segundo enfoque*, Madrid, Alianza, 1987.

SOARES, CARLOS E., "O precedente judicial e a súmula com efeito vinculante no novo Código de Processo Civil brasileiro", en AA.VV., *El precedente judicial y el ejercicio del derecho ante las altas cortes*, Medellín, Universidad de Medellín, 2015.

Strengthening forensic science in the United States. A path forward, Washington, Washington Academy Press, 2009.

STÜRNER, ROLF, *The new role of Supreme Courts in a political and institutional context from the german point of view*, "Annuario di Diritto Comparato e Studi Legislativi", 2011, p. 335.

SUMMERS, ROBERT S., "Precedent in the United States (New York State)", en MACCORMICK, NEIL - SUMMERS, ROBERT S. (eds.), *Interpreting precedents. A comparative study*, Aldershot, Ashgate - Dartmouth, 1997.

SZTAJNSZRAJBER, DARÍO, *¿Para qué sirve la filosofía? Pequeño tratado sobre la demolición*, Bs. As., Planeta, 2013.

TARUFFO, MICHELE, *Aspetti del precedente giudiziale*, "Criminalia, Anuario di Scienze Penalistiche", 2014, p. 37.

— *Carnelutti e la teoria della prova*, "Rivista Trimestrale di Diritto e Proceduria Civile", 2016, p. 39.

— *Cinco lecciones mexicanas: Michele Taruffo, memoria del taller de derecho procesal*, México, Tribunal Electoral del Poder Judicial de la Federación, Escuela Judicial Electoral, 2003.

— *Conocimiento científico y estándares de prueba judicial*, "Boletín Mexicano de Derecho Comparado", nº 114, nueva serie, año XXXVIII, 2005, p. 1297.

— *Cultura e processo*, "Rivista Trimestrale di Diritto e Procedura Civile", vol. LXIII, nº 1, 2009, p. 63.

— *Dimensioni del precedente giudiziario*, "Rivista Trimestrale di Diritto e Proceduria Civile", 1994, nº 2, p. 411.

— *Dimensioni transculturali della giusticia civile*, "Rivista Trimestrale di Diritto e Procedura Civile", vol. XXX, nº 4, 2000, p. 1047

— "Diritti fondamentali, tutela giurisdizionale e alternative", en MAZZARESE, TECLA (ed.), *Neocostituzionalismo e tutela (sovra)nazionale dei diritti fondamentali*, Torino, Giappichelli, 2002.

— *El vértice ambiguo. Ensayos sobre la Casación Civil*, Lima, Palestra, 2006.

— "Globalization, processes of judicial", en CLARK, DAVID S. (ed.), *Encyclopedia of law & society. American and global perspectives*, Los Angeles, Sage, 2007.

— "Ideologías y teorías de la justicia civil", en BUSTAMANTE RÚA, MÓNICA (coord.), *Proceso judicial y cultura, una mirada global*, Medellín, Universidad de Medellín, 2013.

— "Il fatto e l'interpretazione", en AA.VV., *La fabbrica delle interpretazioni*, Milano, Giuffrè, 2012.

— *Il vertice ambiguo. Saggi sulla Cassazione civile*, Bologna, il Mulino, 1991.

— *Jueces y política: De la subordinación a la dialéctica*, "Isonomía", nº 22, 2005, p. 9.

— "La Corte di Cassazione e la legge", en TARUFFO, MICHELE, *Il vertice ambiguo. Saggi sulla Cassazione civile*, Bologna, il Mulino, 1991.

— "La función epistémica de la prueba", en PANIGADI, MARIELA - MOSMANN, MARÍA V. (coords.), *Problemática de la prueba*, Bs. As., Astrea, 2018.

— *La motivación de la sentencia civil*, trad. L. CÓRDOVA VIANELLO, Madrid, Trotta, 2011.

— *La prueba*, Madrid, Marcial Pons, 2008.

— "La prueba científica en el proceso civil", en AA.VV., *Estudios sobre la prueba*, México, Instituto de Investigaciones Jurídicas- Unam, 2006.

— *La prueba de los hechos*, trad. J. FERRER BELTRÁN, Madrid, Trotta, 2002.

— *La prova scientifica. Cenni generali*, "Ragion Pratica", nº 47, 2016, p. 335.

— *La semplice verità. Il giudice e la ricostruzione dei fatti*, Bari, Laterza, 2009.

— "Las funciones de las cortes supremas. Aspectos generales", en TARUFFO, MICHELE -MARINONI, LUIZ G. - MITIDIERO, DANIEL (coords.), *La misión de los tribunales supremos*, Madrid, Marcial Pons, 2016.

— *Le funzioni delle corti supreme tra uniformità e giustizia*, "Rivista Trimestrale di Diritto e Proceduria Civile", 2014, p. 35.

— *Páginas sobre justicia civil*, trad. M. ARAMBURO CALLE, Madrid, Marcial Pons, 2009.

— *Per un'analisi comparata del precedente giudiziario*, "Ragion Pratica", fasc. 6, 1996, p. 29.

— *Precedente e giurisprudenza*, Napoli, Università degli studi Suor Orsola Benincasa - Editoriale Scientifica, 2007.

— *Precedente e giurisprudenza*, "Rivista Trimestrale di Diritto e Proceduria Civile", 2007, p. 709.

— "Precedente ed esempio nella decisione giudiziaria", en GIANFORMAGGIO, LETIZIA - JORI, MARIO (eds.), *Scritti per Uberto Scarpelli*, Milano, Giuffrè, 1998.

— "Precedents in Italy", en HONDIUS, EWOUD (ed.), *Precedent and the law*, Bruxelles, Bruylant, 2007.

— *Proceso y decisión*, Madrid, Marcial Pons, 2012.

— "Proceso y neurociencia. Aspectos generales", en TARUFFO, MICHELE - NIEVA FENOLL, JORDI (dirs.), *Neurociencia y proceso judicial*, Madrid, Marcial Pons, 2013.

— "Prova scientifica e giustizia civile", en AA.VV., *Giurisprudenza e scienza*, Roma, Bardi, 2017.

— "Sentido común, experiencia y ciencia en el razonamiento del juez", en TARUFFO, MICHELE, *Sobre las fronteras: escritos sobre la justicia civil*, Bogotá, Temis, 2006.

— *Simplemente la verdad. El juez y la construcción de los hechos*, Madrid, Marcial Pons, 2010.

— *Sobre las fronteras: escritos sobre la justicia civil*, Bogotá, Temis, 2006.

TARUFFO, MICHELE - MARINONI, LUIZ G. - MITIDIERO, DANIEL (coords.), *La misión de los tribunales supremos*, Madrid, Marcial Pons, 2016.

TARUFFO, MICHELE - NIEVA FENOLL, JORDI (dirs.), *Neurociencia y proceso judicial*, Madrid, Marcial Pons, 2013.

TARUFFO, MICHELE - PRIETO QUINTERO, ANDRÉS - OVALLE FAVELA, JOSÉ - LÓPEZ, DIEGO E. - RAMÍREZ CARVAJAL, DIANA M. - DE GIORGI, RAFFAELE, *Nuevas tendencias del derecho procesal constitucional y legal*, Medellín, Sello Editorial–Universidad de Medellín, 2005.

TAYLOR, MARK C., *The moment of complexity. Emerging network culture*, Chicago - London, The University of Chicago Press, 2003.

Travaux de l'Association Henri Capitant. Deuxième congrès international Canadien. Québec et Montréal septembre 1952, Paris - Montréal, Dalloz - E. Doucet, 1956.

TWINING, WILLIAM, *Rethinking evidence. Exploratory essays*, Evanston, Northwestern UniversityPress, 1994.

UBERTIS, GIULIO, "Prova scientifica e giustizia penale", en AA.VV., *Giurisprudenza e scienza*, Roma, Bardi, 2017.

VACCA, LETIZIA (ed.), *Casistica e giurisprudenza. Convegno ARISTEC. Roma 22-23 febbraio 2013*, Napoli, Jovene, 2014.

VAN DE KERCHOVE, MICHEL - OST, FRANÇOIS, *Le système juridique entre ordre et désordre*, Paris, Presses Universitaires de France, 1988.

VÁSQUEZ, CARMEN, *De la prueba científica a la prueba pericial*, Madrid, 2015.

VÁZQUEZ, CARMEN (ed.), *Estándares de prueba y prueba científica. Ensayos de epistemología jurídica*, Madrid, Marcial Pons, 2013.

VATTIMO, GIANNI, *Adiós a la verdad*, Barcelona, Gedisa, 2010.

— *Della realtà. Fini della filosofia*, Milano, Garzanti, 2012.

VERÓN, ELISEO, *La semiosis social. Fragmentos de una teoría de la discursividad*, Barcelona, Gedisa, 1993.

VISINTINI, GIOVANNA (ed.), *La giurisprudenza per massime e il valore del precedente con particolare riguardo alla responsabilità civile*, Padova, Cedam, 1988.

VON WRIGHT, GEORG H., *Explicación y comprensión*, Madrid, Alianza Universidad, 1987.

WALLERSTEIN, IMMANUEL, *Las incertidumbres del mundo*, Barcelona, Gedisa, 2004.

WALTON, DOUGLAS, *Similarity, precedent, and argument from analogy*, "Artificial Intelligence and Law", vol. 18, nº 3, Sep. 2010.

WEINREB, LLOYD L., *Legal reason. The use of analogy in legal argument*, Cambridge, Cambridge University Press, 2005.

WEISSERT, THOMAS P., "Representation and bifurcation: Borges's garden of chaos dynamics", en HAYLES, KATHERINE (ed.), *Chaos and order. Complex dynamics in literature and science*, Chicago - London, The University of Chicago Press, 1991.

WHITTAKER, SIMON, "Precedent in english law: a view from the citadel", en HONDIUS, EWOUD (ed.), *Precedent and the law*, Bruxelles, Bruylant, 2007.

XIOL RÍOS, JUAN A., *El precedente judicial en nuestro derecho, una creación del Tribunal Constitucional*, "Revista Poder Judicial", 2ª época, nº 3, 1986.

ZAGREBELSKY, VLADIMIRO, "La giurisprudenza casistica della Corte europea dei diritti dell'uomo; fatto e diritto alla luce dei precedenti", en AA. VV., *La fabbrica delle interpretazioni*, Milano, Giuffrè, 2012.

ZANETI JR., HERMES, O *valor vinculante dos precedentes*, Salvador, Bahia, JusPodivm, 2016.